VON DER SEELE
Essays

CARL LUDWIG SCHLEICH

INHALT

DER RHYTHMUS

Wenn ich es wage, nach einer Zeit langen Reifens die Frucht stiller Gedanken den Lesern dieser Abhandlungen darzubieten, so geschieht es gleich bei meinem ersten Thema mit einem besonderen Zagen. Es ist nicht die Furcht vor dem gewohnheitsmäßigen Überschäumen, eines wissenschaftlich vielleicht tadelnswerten Subjektivismus, die mich zweifelhaft macht, ob es mir gelingen wird, ein Interesse für das Gebotene zu wecken, als vielmehr eine gewisse, nicht zu überwindende Ehrfurcht vor dem Thema selbst, die immer wieder die einsamen Versuche, mich seinem letzten Sinn zu nähern, zurückgeworfen hat. Ist doch das Feld des Rhythmischen für jeden Denkenden ein heiliges Land, ein stiller Hort der letzten Geheimnisse. Ahnen wir doch alle, daß seinen dunklen Hainen die Quellen entrauschen müssen, die allen Erscheinens, allen Bewegens, allen Lebens unermessene Ströme speisen! Statt trocken aufzuzählen, was alles für unser letztes Streben und für unsere letzten aus dem Geschehen abstrahierten Gesetzmäßigkeiten dem Rhythmus unterliegt, dem Rhythmus, diesem wogenden Wellen von Sein und Nichtsein, von Stirb und Werde der Bewegung, von Aufbäumen und Verlöschen tiefinnerlichster Triebe, statt diese endlose Kette der rhythmischen Beziehungen trocken aufzuzählen, kann man kühn fragen: was ist denn eigentlich nicht rhythmisch?--und es gibt auf diese Frage nur eine Antwort: Es ist nichts ohne Rhythmus! Wo etwas Arhythmisches sich zeigt, da ist es schon in Gefahr, vom Räderwerk des Weltallgetriebes zentrifugal aus den Bahnen geschleudert zu werden, falls es nicht schleunigst wieder sich einfügt in den Rhythmus der Gesamtheit. Je weiter unser Wissen oder sagen wir besser unser Glaube an unser Wissen sich vorwagt in die Labyrinthe geheimsten, nicht mehr am lichten Tage offenbarten Geschehens des kosmischen und irdischen Getriebes, um so mehr erkennen wir, daß wir vor dem Rhythmus wie vor einer letzten Schwelle anlangen, welche menschliches Verstehen von göttlichen Gesetzen trennt. In der

—

Tat, das Rhythmische ist wohl der tiefste und grundumfassendste Gedanke, den wir der schöpferischen Natur nachzudenken vermögen; hier beim Rhythmischen, das wir in den Bewegungen der gigantischen Weltkörper nicht weniger am Werke sehen, als in den wirbelnden Atomen der sich zu Kristallen formenden Schneeflöckchen, dürfen wir uns allerdings einem letzten Geheimnis, einem unsern Menschenhirnen beinahe greifbaren Ahnen von einem verständlichen Sein des Weltganzen erschreckend nahe fühlen. Wir atmen gerade hier im Rhythmischen gleichsam mit den Atemzügen des Weltganzen; das Rhythmische ist die zuckende Scheinwerferbeleuchtung, in dessen Licht wir alles Erkennbare sich abspielen sehen, ja es ist vielleicht die einzige gemeinsame Kette, die uns, die Betrachter mit dem Betrachtbaren, an ein letztes unbekanntes Ewiges bindet. Können wir uns doch das Chaos nur vorstellen als einen Gegensatz zum Rhythmus, also nur negativ, nämlich durch das Fehlen alles Rhythmischen in dem Kosmos, und insofern ist Hans v. Bülows Paraphrase auf Faust «im Anfang war der Rhythmus» ein verblüffend moderner, tiefgreifender Gedanke. Hier ist eine Möglichkeit, wenigstens auf dem Umwege der Wahrscheinlichkeit sich der Gewißheit zu nähern. Würde doch sicherlich der endliche Fortfall alles Rhythmischen aus dem All die Welt ins Chaotische zusammenstürzen lassen. Der Rhythmus ist der Pulsschlag des Kosmos, der lebendige Atemzug des Alls, der alles mit Bewegung weckendem Odem durchströmt. Und, wie unser persönliches Leben in Staub sinkt, wenn Puls und Atmung aufhören, so müßte auch die Welt sterben, wenn ihr Rhythmus stillstände! Wie sollte nicht eine ehrfurchtsvolle Scheu jeden befallen, der es wagen will, auch nur einen Zipfel zu heben von dem tiefverschleierten Geheimnis? Und doch ist das Problem ein so recht modernes, immer wieder uns in jeder neuen Epoche unserer technischen Klassizität greifbar vor Augen gerücktes, daß es an der Zeit erscheint, einmal auch die Stellung der menschlichen Seele zu dem Rhythmus des Weltganzen, ihr Eingespanntsein in die zuckenden, rollenden Rahmen, in die sich her- und hinschiebenden, unendlich großen oder unendlich kleinen Weberspulen des Weltalls zu untersuchen und die Rolle

—

4

des geschwungenen Mikrokosmus in konzentrischer Anpassung an den schwingenden Makrokosmus einer zusammenfassenden Betrachtung zu unterziehen. Mein Thema, die Psychophysik des Rhythmus, soll also nicht so sehr sich mit dem Wesen des Rhythmus befassen, obwohl ich einer solchen Definition nicht auszuweichen gedenke, sondern es soll im wesentlichen feststellen, inwieweit auch unser seelisches Geschehen, unser Fühlen und Denken, unsere Ethik und Ästhetik, unser Handeln und Schaffen, unsere Liebe und unser Haß, Sympathie und Reaktion vom Grundgesetz des Rhythmischen beeinflußt und beherrscht werden, um daran die psychophysischen Möglichkeiten zu erwägen, welcher Mechanismen wohl die Natur sich bedient, um unsere menschliche Seele den kreisenden Ringen des Ganzen einzufügen. Daß bei der unendlichen Reihe der Beziehungen der Psyche zum Gesamtrhythmus diese Betrachtung nicht erschöpfend, sondern ein Versuch, eine Skizze, vielleicht nur eine Anregung sein kann, bedarf wohl nicht einer besonderen Begründung.

Schon mehrfach habe ich versucht, eine Art philosophischen Glaubensbekenntnisses abzulegen, das in dem Satze wurzelt: Die treibende Kraft des Weltganzen ist für den Menschengeist ewig unerkennbar, undefinierbar, unverständlich, kann niemals der Gegenstand wissenschaftlicher Analyse sein. Was wir von ihr zu verstehen glauben, ist nur ihr Verhältnis zu den wechselnden, erforschbaren, variierbaren Hemmungen, die ihr eingeschaltet sind, bzw. die wir ihr selbst künstlich einschalten, um dann ihre von den Widerständen erzwungenen Äußerungen zu studieren. Die Kraft, an sich einheitlich und unzertrennbar, überall und unvergänglich, allgegenwärtig und allmächtig, wird zu einem sich nur scheinbar selbstwandelnden, metamorphisierenden, irisierenden Proteus, nicht aus eigener spielerischer Variationslust, sondern die Hand der Hemmung zwingt sie, ihr Gewand von Fall zu Fall zu wechseln. Die Art der Widerstände bestimmt die Art der Äußerung der an sich unveränderlichen Urkraft.

Die gesamte Physik ist nichts als eine Lehre von den Widerständen. Die Chemie ist ebenso nichts als eine Lehre von

—

der Variabilität der Körpereigenschaften unter der Variabilität der Bedingungen, unter denen sie aufeinander wirken. Wir wissen z.B. nichts vom Wesen der Schwerkraft, wir studieren aber ihre Gesetze am Widerstand, welche den fallenden Kräften die verschiedenartig abgeänderte Luft entgegensetzt. Wir wüßten nichts von der Elektrizität, wenn wir nicht gelernt hätten, der Gesamtkraft spezifische Widerstände einzuschalten, welche sie zwingen in einer Form sich zu äußern, welche wir elektrisch nennen. Die Art, in welcher die Kraft die Hemmung durchbricht, ihr ausweicht, um sie herumzukommen sucht, ist entscheidend für die neuen Eigenschaften, welche die unendlich variable Urkraft anzunehmen befähigt ist. Die Faust der Hemmung und des Widerstandes ist es, welche dem Weltganzen Form und Richtung gibt und welche auch in dem Organischen als Gesetz der variablen Bedingungen, als Anpassung an die Widerstände des Milieus ihre universelle Macht täglich mehr erkennbar entfaltet. Wir werden uns ewig umsonst bemühen, das Wesen irgendeiner Kraft zu analysieren, es gibt keine Erforschung von dem eigentlichen Agens der Welt--sein fühlbares Dasein verdichtet unser Denken zum Gedicht, zur Andacht, zum Glauben, die Kraft und ihr religiöser Name "Gott" ist darum kein Gegenstand wissenschaftlicher Analysen. Was aber um so erfolgreicher der menschlichen Erkenntnis unterworfen ist, was in gewissem Sinne sogar unserer experimentellen, künstlichen Abänderung der Weltbedingungen unterliegt, das ist die Hemmung, die Lehre von den Widerständen: das ist eigentlich das Problem aller Wissenschaft. Die Lehre von der Macht der Hemmungen ist eins der Grundgesetze der Weltmechanik. Hier hat auch die Definition von dem Sinne des Rhythmus im Weltganzen einzusetzen, wenn sie bis zu den erkennbaren Grundanschauungen, gleichsam bis zu den Müttern des Wissens vordringen will.

Der Rhythmus ist nämlich eine Art Kompromiß zwischen Kraft und Widerstand, ein wechselseitiges Gegeneinanderprallen, Sichausweichen, Sichfliehen und -finden, ein harmonisches Spiel von Energieentfaltung und Hemmungsbetätigung, das Sichumkreisen und Sichumsprudeln zweier nie ganz vereinbarer

Gegensätze; der Rhythmus ist gleichsam eine Ehe zwischen Kraft und Hemmung, die in Harmonie nur durch ein ständiges wechselndes Nachgeben des einen und des andern zu erhalten ist. Der Rhythmus bekundet die immer hin- und herschwankende Bilanz zwischen dem Ja und Nein des Lebens und der Bewegung, er ist ein immer hin- und herpendelnder, wechselnder Wert zwischen Plus und Minus, eine an- und abschwellende Diagonale im Parallelogramm von Kraft und Widerstand. Und seine eigentliche Ursache? Die Aktivität der Kraft auf der einen Seite und die Elastizität der Materie auf der andern. Die Kraft, nach allen Seiten gleichmäßig aktiv, geht gegen den Stoff gleichsam an, um ihn aus dem Wege zu schleudern, er weicht aus, verdichtet sich, diese Verdichtung komprimiert sein innerstes Gefüge, wodurch wiederum der Widerstand erhöht wird, den er der Kraft bietet, so daß diese nicht wie eine Welle den Schlamm langsam durchrinnt, sondern wie eine Woge vom starren Felsen schäumend zurückgeworfen wird. Aus diesem Anprall, dieser Verdichtung der Materie und dem Wachsen ihres rückstoßgebenden Widerstandes setzt sich der Rhythmus, dieser Tanz zwischen Aktion und Hemmung, zusammen. Das Herz der Welt, die Kraft, treibt seinen Strom in alle Adern, die ihm die Widerstände lassen, und alle Ströme rinnen, abprallend und abgeschleudert vom Widerstande des Alls, zurück in ihre anfängliche, urewige Quelle. Das ist der Kreislauf der Kraft, das ist der Puls der Welt, der Rhythmus!

War das Gesetz des Rhythmischen, der "ewigen Wiederkehr" aller Dinge vom Sternenhimmel her, von Tag und Nacht, von Schlaf und Wachen, von Ebbe und Flut, von Jahreszeiten, von Krankheiten und Störungen des Wohlbefindens, von Geburt und Tod, von Saat und Ernte, von Wind und Wetter, von Haß und Liebe--kurz von jeder Form der Polarität her bekannt, die einzig auf unsere Sinne zu wirken imstande ist, und hat man zu allen Zeiten in dem Bewegten leicht und schon in den Kinderschuhen der Wissenschaft dies Gesetz des metrischen Bewegungswiederholens, dieses Pendelns der Erscheinungen sinnfällig beobachtet, so ist doch erst den neuesten Forschungen über Elektrizität, nämlich der Lehre von den Ionen und

Elektronen, die Anschauung zu danken, daß auch die festesten Körper der Erde nur scheinbar fest sind, daß wir annehmen müssen, im inneren Gefüge des starren Steins eines Felsens kreisen Milliarden kleinster Teilchen mit einer so unendlichen Schnelligkeit und einer so vollkommen harmonischen Gleichmäßigkeit, daß unseren Sinnen so ein innerlich von rasender Bewegung durchströmter Körper eben fest nur erscheint, ähnlich wie ja auch das scheinbar festeste Ding der Welt, die Erde, in Wirklichkeit in sausendem Rhythmus der Selbstdrehung und der Drehung um die Sonne dahinrast. Es gibt schlechterdings vom heutigen Standpunkte aus nichts Festes mehr, sondern alles ist rhythmisch bis in die mikroskopischen Skelettgefüge hinein, mehr oder weniger in schwingender Bewegung, so daß der Unterschied der Aggregatzustände der Körper, fest, flüssig, luftförmig, sich als ein ganz ärmlicher Schulmeisterkniff herausgestellt hat, um den braven Faustlehrlingen statt des Brotes der Wahrheit den Stein gröbster Sinnentäuschung hinzureichen. Es müßte für einen phantasiebegabten Mathematiker eine seltsam lockende Aufgabe, wie ein letzter Triumph des mathematischen Gedankens sein, für jeden sogenannten festen Körper die Idealformel finden zu wollen, gewissermaßen die unendlich schnell rotierende lineare Kurve darzustellen, die, um ihre Achse sich drehend, dem Auge nicht minder wie der tastenden Hand den Eindruck des Körperlichen hervorruft. Nach Graßmann hat jede auch noch so komplizierte Form, jeder Kristall, aber auch jede amorphe Gestalt eines Körpers gewissermaßen ihr ideelles Rotationsskelett, ebenso wie etwa eine Kugel entstanden gedacht werden kann durch einen Komplex unzähliger konzentrischer Kreise, welche alle in den verschiedensten Achsen sich um- und durcheinander drehen. Hätte Graßmann doch die Zeit der elektrischen Analyse der Atombewegung erlebt, die uns zwingend gelehrt hat, daß tatsächlich alle Eigenschaften der Stoffe, auch ihre Form, Folgen unendlich variabler, rhythmischer Atomschwingungen, kleinster symmetrisch bewegter Stoffteilchen, der aktiven Elektronen, sind! Wir wissen jetzt mit aller Bestimmtheit, daß durch diese gleichmäßige, bis in das

—

feinste Körpernetz ausgedehnte, symmetrische Atombewegung Farbe, Gefüge, Aussehen und das ganze Heer der physischen und chemischen Eigenschaften der Körper bedingt ist. Wir Modernen wissen also auch, daß der Rhythmus somit auch im Unsichtbaren oder auch nur Erschließbaren, selbst in der Idee der Dinge seine Macht entfaltet. Die Wellen, die das Meer aufwirft und am Widerstand der Düne verrinnen läßt, nur um im mikroskopischen Gefüge des Sandes, der Luft, der Pflanzen, der Tiere ihren Rhythmus weiter zu spinnen, sie durchrauschen auch das Meer der Luft, als Licht und Ton, als Elektrizität und Wärme in unendlich variabler Gestalt, und alles dies Bewegte, Wogende, Wellende ist nichts als die Urkraft "Äther", von dem Urwiderstand, in unausdenkbaren Variationen zu kleinsten Körperchen zusammengeballt oder zerrissen, die wiederum in unbeschreibbar zahlreichen Bewegungskurven sich untereinander umkreisen und tatsächlich nicht den Gegenstand stofflich ausmachen, sondern ihn immer kreisend, rollend, kurven- und wellenbildend jeden Augenblick von neuem bilden. Es sind Weberschiffchen, goldene Eimer, Tautröpfchen des Alls, die nach ewigen Gesetzen ihres Daseins Kreise mit Bewegung vollenden, und zugleich ist hier das Webende das Gewebte, der schöpfende Eimer ist der Trank, der Tropfen die neue Quelle! Die ganze moderne Elektrizitätslehre ist nichts als ein Hymnus auf den schwingenden Äther, aus dessen unendlich variabler Bewegungsschnelle um den Widerstand des Körperlichen alle Form und alle Bewegung geboren wird. Es könnte dem Denker schwindeln bei der Vorstellung, daß das Sandkorn mit seinen Milliarden schwingender Ätherklümpchen nichts mehr und nichts weniger ist als ein Weltall für sich, ein Weltall mit einem geschlossenen System sich umrasender Sterne, wenn nicht dieser Gedanke zugleich etwas unendlich Befreiendes hätte. Es gibt eben kein Groß und Klein in der Welt, die Sorgfalt des Gesetzmäßigen war nicht um ein Titelchen weniger intensiv beim Aufbau des Eiskristalles als bei der Komposition des Planetendiadems um den Edelstein Sonne. Weder im Größten noch im Kleinsten kennt die Natur eine Begrenzung, und jedes neue Untersuchungsmittel erweitert nur den Kreis der Probleme

—

nach oben ins Gigantische, nach unten ins Winzigste! Also sind auch wir, die Menschen, denen die Sonne Augen schuf, um sie zu bewundern und in ihren Strahlen Leid und Glück dieser Erde zu beweinen oder zu bejauchzen, also sind auch wir genau soviel wert und wichtig wie die Sonne selbst, aber auch das Sandkorn ist ihr und uns gleich wert. Lehrt diese Lehre nicht eine grandiose Pietät nicht nur gegen das Mitlebende, sondern auch gegen das Mitunbelebte?

Da es nun also feststeht, daß aus allem Sichtbaren und Unsichtbaren (alles als physikalisch bewegte Materie gedacht) ein unendlich komplizierter Bewegungsrhythmus sich gleichsam herauskristallisieren läßt, da es nun auf der Welt nichts Unbewegtes und nichts Arhythmisches geben kann, so muß auch das Organische dem Gesetze des Rhythmus in gleicher Weise unterstellt sein. Und in der Tat ist ja die Lehre von der Determination nur eine Variation von der rhythmischen Abhängigkeit auch alles organischen Geschehens vom Rhythmus des Weltganzen. Was wir Geschick oder Zufall nennen, ist immer nur der Schnittpunkt, wo der Rhythmus des inneren Lebens mit dem Rhythmus des äußeren zusammentrifft.

Wenn man sagt mit Darwin, das Organische hat sich den wechselnden Bedingungen angepaßt, so kann man das bis in die gleichsam mikroskopische Denkweise auch so ausdrücken, daß der Rhythmus der organischen Substanz in Bewegung sich, um lebensfähig zu sein, stets dem Rhythmus der Gesamtheit einfügen mußte. Leben konnte also nur bestehen in gleichsam konzentrischer Einfügung des Einzelrhythmus in den kosmisch-tellurischen Gesamtrhythmus. Wenn dieser Allrhythmus variierte, so mußte also auch der Sonderrhythmus folgen, und so löst sich für uns die Entwicklungslehre auf in eine Lehre von der variablen Hemmung als eigentlicher Gestalterin der Variationen der Lebenserscheinungen, welche stets dem Hemmungsfortfall der Weltbewegungen als Ganzes gedacht unweigerlich folgen mußten und noch müssen. Solche Hemmungsfortfälle und rhythmischen Variationen sind nun im All und auf Erden durch Versinken und Erlöschen zahlloser Welten direkt erweislich, und ich bekenne mich in diesem Sinne ohne Zögern zu einer Art moderner Astrologie, wonach das Organische sehr wohl seine Bildungsvariationen dem kosmischen Geschehen verdanken kann und wonach die Form der Lebewesen, die Entwicklung neuer Arten vielmehr buchstäblich im Himmel beschlossen wird als auf unserem winzigen Planeten. Der mechanische Weg dieser Abweichungen wird uns einzig und allein verständlich mit dem Bilde der rhythmischen Einbeziehung alles Mitbewegten in den Strudel des Weltganzen, der in den Nebeln des Orion nicht weniger am Werke ist als bei der Bildung einer Emulsion aus Fett und Wasser oder dem Zusammenrühren einer Mayonaise. Der Weltallsrhythmus weist auch dem Organischen Pole und Äquator zu und gibt ihm, seinem eigenen gewaltigen Takte eingefügt, das stabil-harmonische Gleichgewicht. Zu diesem Gleichgewicht gehört, was meines Wissens noch nie betont ist, auch die Form, die, wie wir nun gezeigt haben, ja sich mit Hilfe der Elektronenlehre sehr wohl auffassen läßt als in direkter Abhängigkeit von der Rhythmik der Atome.

Die gesamte Morphologie wird sich einst auflösen lassen in eine ideelle Rhythmologie! Wie aber sollen wir uns überhaupt die Rhythmik des Organischen vorstellen? Wie konnte sich vom anorganischen Kreisen der Materie, gleichsam gegen den Gesamttakt, die Synkope des Lebens loslösen?

Nun, die Wissenschaft der Kristallisationen und der Kolloidalsubstanz, die Chemie der Eiweißvorstufen der Peptone und Albumosen erkennt einen prinzipiellen Gegensatz zwischen belebter und unbelebter Substanz schon lange nicht mehr an. Mit Fug und Recht kann man jetzt schon von einem Kristalleben sprechen, wie von Haß und Lieben der Elemente. Die Wahlverwandtschaft im Goetheschen Sinne ist längst ein chemischer Begriff, und schon lange hat man das Lächeln verlernt über den alten Fechner, welcher kühn den Sternen und auch der Erde alle Kriterien lebendiger Wesen zusprach. Aber trotz allem bleibt dem organischen Leben deutlich ein Sonderrhythmus übrig, der mit der vielleicht nur scheinbaren Freiheit der Bewegungen der belebten Materie eine Ausnahmsstellung vom starren und konstanten Rhythmus des Anorganischen sichert. Möglich, daß keine anderen Gesetze im

Organischen walten als im Unorganischen, eine durchgreifende, prinzipielle Variation des Kräftekreises muß doch stattgefunden haben, damit die Materie zum Stoffwechsel, zur Eigenbewegung, zur Fortpflanzung, schließlich zum Denken gelangte.

Ich will hier der Versuchung widerstehen, ein neues Märchen der Schöpfungslehre auszuspinnen und es den wundervollen Dichtungen der Bibel und dem Traum Goethes und Darwins, dieser beiden Patriarchen des Entwicklungsgedankens, anmaßlich anzureihen--um ein Märchen mit dem Beginn "es war einmal!" kommen wir ja bei den Schöpfungsphantasien nie herum, denn kein Mensch wird je wie Mephisto ausrufen können: "wir waren selbst dabei"--: ich will nur auf die Möglichkeit hinweisen, daß ein Fortfall kosmischer Hemmungen bestimmend gewesen sein kann für eine bis dahin neue, aber doch im Wesen der allmächtigen Kräfte liegende Variante kompliziertester Rhythmen, die wir eben Leben nennen.

Unter der Faust der Hemmungen mag sehr wohl das rhythmische Gefüge des Anorganischen unendlich konzentriert und zu besonders dichter, latenter Energie in den Stickstoffverbindungen zusammengepreßt, gleichsam zu einer unendlich komplizierten Kraftspirale aufgezogen und verankert worden sein, bis dann wieder durch himmlisches Geschehen die letzte Hemmung der aufgespeicherten latenten Kräfte fortfiel: gleichsam wie lebendiges Gewürm hervorquillt unter einem erhobenen Stein, wo es zuvor dem Auge unerreichbar in Fesseln lag, oder wie ein Schlüssel, ein Funke, ein Schlag, ein Sprung eines Kessels Dinge sind, die aufgespeicherten Energien Gelegenheit zum Hervorbrausen gewaltiger Spannungen Veranlassung gibt. Schließt nicht die befruchtende Samenzelle, das Spermatozoon, am Ei mit goldnem Schlüssel die Hemmungen auf, so daß sich die verborgenen Wunderwerke des Leibes auftun und emporblühen zu königlichen Thronen des Lebens und der Gedanken? Schläft nicht alles Leben im Mutterschoß wie Dornröschen in den Hecken, bis ein einziger Ritterkuß den hemmenden, bannenden Zauberschlaf hinwegscheucht? In sich geschlossen, in immer gleichem Rhythmus um sich selber kreisend, liegen die anorganischen

---

12

Bausteine wie in einer undurchdringlichen Zauberkapsel, bis der Keim der Befruchtung eindringt, die Hemmung aufschließt und sich das Werk vollendet. Was ist denn Zeugung und Ernährung anderes, als ein ewiger Austausch verschiedenartigster rhythmischer Spannkräfte auf kleinstem Raum der Zellsubstanzen zusammengepreßt, ein dauerndes Kartenmischen tierischer und pflanzlicher Rhythmenträger durcheinander? Was ist Arzenei- und Giftwirkung anders, als das Eingreifen aufgesammelter, von der Sonne akkumulierter Spannkräfte in die Rhythmen des organischen Geschehens? Wie kann eine Außenkraft dem inneren Gefüge anders nützen, als indem sie Schwungkraft den ermattenden Rhythmen hinzufügt? Das Leben wird nur vom Leben gepeitscht, getrieben, emporgehoben wie der brodelnde Schaum der Flüssigkeiten, in die ein Tröpfchen Säure fällt. Auch in chemischen Verbindungen werden Hemmungsketten fortgerissen, damit latente Kräfte zu neuen Formenkreisen sich stabilisieren. Ich will das berauschende Bild, wo Rhythmus sich zum Rhythmus gesellt, um neue Formen hervorzubringen, nicht weiter ausspinnen, es genügt mir, die Möglichkeit betont zu haben, daß das Leben nichts ist als eine neue, durch Hemmungsfortfall ermöglichte rhythmische Wellenform der sogenannten unbelebten Kräfte. In diesem Sinne kann in der Tat das Leben rhythmisch als eine Synkope des Weltallrhythmus, als eine Sondertaktbewegung, nur scheinbar losgetrennt von der Symphonie des Ganzen, definiert werden. Es mag einen langen Schlaf gehabt haben im ewigen Barbarossagrab: der Felsen brach, die Hemmung fiel, und die junge Majestät des Organischen stieg auf den Thron der Erde.

Wenn wir diese Anschauungen in uns lebendig werden fühlen, so muß natürlich zwingend das Motiv des Rhythmischen in allen Phasen des menschlichen Betriebes, körperlich und geistig, nachweisbar sein. Es ist längst bekannt, welche Rolle die Periodizität im Körperlichen und Geistigen spielt, wie die ganze Summe physischen und psychischen Geschehens in unserem Leibe und unserer Seele in dauernder Abhängigkeit vom Rhythmus ist, von dem wiederum gar nicht anders zu denken ist, als daß er in Harmonie mit dem Welttakte sein muß, um nicht einfach hinweggefegt zu werden vom Schwungrad des Kosmos, wie ein Sonnenstäubchen vom wehenden Atem. Ich will niemand behelligen mit der Aufzählung aller physiologischen und pathologischen Periodizitäten, den Bedingungen des Pulsschlags und der Atmungszahl, den periodischen Sekretionen, Schlaf und Wachsein, Pubertät und Adynamie, Ein- und Ausgabe der Nahrungsmittel, nicht mit der Rhythmik der Schmerzanfälle, der Krämpfe, der Zuckungen, Wallungen und Blutungen, ich will nur verweilen bei dem psycho-physischen Grundgesetz des Rhythmischen auch im menschlichen Leben und will den Mechanismus zu ergründen suchen, auf dem sich auch dieses psycho-physische Geschehen auf einem Widerspiel zwischen Aktion und Hemmung, als dem eigentlichen Grunde der Rhythmik, aufbauen läßt. Ich muß hier bemerken, daß ich alles seelische Geschehen in Abhängigkeit setze von einer Aktion der Nervenströme und einem Hemmungsmechanismus, einer Art periodischer Isolation durch die Neuroglia, bzw. von dem sie durchströmenden Blutsafte, welcher ja nach Ritters Untersuchungen aus Biers Schule in der Tat stromhemmende, Nervenerregungen einbettende Kraft hat. Danach ist es leicht, sich vorzustellen, daß das mit dem Herzpulse einströmende Blut periodisch die Ganglien außer Kontakt setzt und daß die Pause der Herzbewegung diejenige Zeit ist, innerhalb welcher die Ganglien Anschlußfreiheit besitzen. Die Ärzte wissen, welche Rolle Blutmischungsanomalien für die Art der Anschlüsse im Gehirn spielen, wie ein verdünntes, hemmungsarmes Blut naturgemäß zu Erregungen und Unruhen, Ängsten und Wahnvorstellungen und Schmerzempfindungen disponiert; wie Hunger und Krankheit, veränderte innere Sekretion ein ganzes Heer abnormer Nervenstörungen hervorrufen kann. Sie wissen alle, wie die Herausnahme der Schilddrüse unter Überladung des Blutes mit Hemmungssäften, wie bekannt, auch den geistreichsten Menschen zu einem Idioten machen kann. Wir wissen, daß die Nebennieren einen Stoff produzieren, welcher selbst auf peripheren Nerven die allerenergischste Stromausschaltung zuwege bringt, und den Irrenärzten ist bekannt, wie wichtig ein normaler Hemmungsmechanismus für

---

den Bestand der Seele ist.

Es kann keine Frage sein, daß, wenn der Blutsaft die ihm von mir vindizierte Kraft der Ein- und Ausschaltung besitzt, das eigentliche Wesen der Persönlichkeit, das Temperament eine Frage der rhythmischen größeren oder geringeren Reaktionsfähigkeit der Nervenzentren sein muß, daß die Zahl der aufgenommenen Eindrücke and ihre Verarbeitung zu Vorstellungs- und Willensimpulsen in direkter Abhängigkeit von rhythmischen Individualitäten sein muß, die wiederum in Abhängigkeit von der rhythmisch ein- und ausschaltenden Saftfüllung des Gehirns steht. Der alte Volksglaube von dem leichten und schweren Blute findet hier also seine durchaus plausible wissenschaftliche Begründung; das Menschenherz ist nicht nur die grobmechanische Druckpumpe für Blutbewegungen, es spielt in seinen rhythmischen Zuckungen auch für das Nerven- und Gemütsleben eine wichtige, wenn auch bisher noch wenig gewürdigte Rolle. Aber noch in einem ganz anderen Sinne ist die Herzbewegung der eigentliche Manometer der harmonischen Einstellung des Nervenlebens in den Gesamtrhythmus aller Erscheinungen. Schon Ernst v. Baer hat die geistreiche Frage gewagt, wie wohl unsere Wahrnehmungen sich anders gestalten würden, wenn wir nicht, wie jetzt, in einer Sekunde etwa zehn Einzelwahrnehmungen zu apperzipieren fähig wären, in einem Zeitraum, der durchschnittlich genau übereinstimmt mit dem Ablauf eines Herzpulses, und er hat plausibel gemacht, daß schon die Fähigkeit, innerhalb einer Sekunde etwa 30 Beobachtungen machen zu können, uns zwingen würde, das ganze Weltbild anders zu sehen. Wir würden die Flintenkugel als einen Strich, alle Himmelskörper als leuchtende Kreise wahrnehmen können, und würden von jedem Sinne her der Welt als total anders erkennende Wesen gegenüberstehen. Wir können jetzt hinzufügen, daß wir schon mit bloßem Auge die festen Gegenstände nicht mehr als fest bezeichnen könnten, sondern daß wir etwas von ihrer innerlichen, rasenden Bewegung wahrzunehmen vermöchten. Wir sind also mit unserm rhythmischen Spiel von Puls- und Nervenaktion einerseits und Sinneseindrücken andererseits so in

———

den Rhythmus des Ganzen eingestellt, daß unser Harmoniegefühl direkt abhängig ist von diesem rhythmischen Maß unserer Wahrnehmung in Sekunden. Natürlich erklärt sich auf diese Weise am einfachsten das "Zeitliche" im Begriff alles Rhythmischen. Zeit ist eben die mit dem Maß unseres eigenen rhythmischen Wahrnehmens gemessene und empfundene Bewegung des Alls. Das führt uns direkt zu einem Verständnis des Ästhetischen.

Wir haben nur von denjenigen Rhythmen der Außenwelt den Eindruck des Lebenfördernden, Erhebenden, Daseinsteigernden, welche sich dem Rhythmus unserer inneren Aktionen harmonisch einfügen, richtiger, sofern wir sie in uns harmonisch zu verschmelzen imstande sind. Daseinsteigernd im ästhetischen Sinne sind eben nur diejenigen Rhythmen, welche unserm persönlichen Sinnesrhythmus synchron zu verbinden sind bzw. ihn ohne Widerstand und Disharmonie zu erhöhen imstande sind.

Das schließt nicht aus, daß auch der Konflikt der Rhythmen außer uns mit denen in uns als Kontrastempfindung nach vollzogenem Ausgleich lusterhöhend, doch nur indirekt wirken kann, aber im allgemeinen ist zu einer ästhetischen Freude die Einfügung der lusterweckenden Rhythmen in den Rhythmus unserer Nervenströme unerläßlich. Insofern hat alles deutlich erkennbar Rhythmische einen erheiternden, erhebenden, freudewirkenden Einfluß, überall besteht ein geheimes Verhältnis seiner Schwingungszahl zur Schwingungszahl unserer Nervensubstanz, mag das nun an einer schöngeschwungenen Linie, an einem Akkord, an einer Farbengebung, an einem Wohlgeruch oder an einem Hautgefühl sich betätigen. Die Rhythmen der schönen Dinge müssen einfügbar sein in die Rhythmen unserer Sinnesschwingungen, um ästhetisch zu wirken, das ist das Grundgesetz der Kunst, so variabel für den einzelnen, weil eben diese innenwirkende Schwingungszahl eine durchaus persönliche Gleichung ist. Ist in diesem Verhältnis doch auch der eminente Einfluß alles Rhythmischen, seine suggestive Übertragbarkeit begründet. Der Redner, der Dichter, der Schauspieler reißt mich darum in seinen Bann, weil dem

—

Schwungrad seiner Begeisterung alle meine Seelenräder sich im geheimen Gleichtakt einstellen, und ich bin im Bann eines jeden Menschen, dessen seelische Schwingungen mich gleichsinnig zu bewegen imstande sind. Die ganze Macht der Imitation, ja der Ähnlichkeiten, beruht auf diesem Einstellungsverhältnis zwischen Außenwirkung und Innenbewegung. Und fragen wir, auf welchem Wege diese Rhythmusakkomodation sich abspielt, so gibt es nur einen erkennbaren Weg des Ausgleiches zwischen Wahrnehmung und innerer Anpassung, der ist die Marconiplatte des Nervus Sympathicus, dessen enormen und oft blitzartigen Einfluß auf Herzbewegungen und Gefäßspannungen die Ärzte lange kennen. Hat aber die Herzbewegung Einfluß auf unsere Ein- und Ausschaltungen im zentralen Nervengebiet, so ist der Kontaktkreis geschlossen: der sympathische Außenweltrhythmus erhält seine rhythmische Konsonanz im Innern. Die Vorgänge sind also viel mechanischer, als man gemeinhin anzunehmen geneigt ist. Ein zündendes Wort, eine schlagende Formel, eine leuchtende Wahrheit hat oft die Kraft, unser ganzes Innere blitzartig zu erhellen, weil sie Spannkraft genug hat, die schlummernden Wellen unserer Seele mit rhythmischem Lichte zu durchbrausen. Dem metrischen, schön gefügten Wortreiz liegt oft eine verborgene Harmonie zu unserem Atmungsrhythmus zugrunde, und es wäre eine dankbare Untersuchung, festzustellen, wie aus den möglichen Atmungsvarianten sich die Versmaße herleiten lassen. Ist doch nicht, wie Bücher meint, die Arbeit der Vater des Rhythmus und der Musik, sondern ist doch vielmehr der Rhythmus der Arbeit mit dem typischen Niederschlag des Hammers in der Exspirationspause, also beim Ausatmen, und das Ausholen beim Einatmen eben die direkte Folge des Atmungsrhythmus, so daß dieser selbst für Melodie und Rhythmus des Gesanges den Ursprung bedeutet. Rhythmus und Arbeit sind beides nur Funktionäre unserer Atmungsmechanik, die Cäsuren einer Melodie sind ursprünglich die naturgemäßen Pausen zum Atemholen.

Wir wissen, daß es Schwingungen der Luftwellen gibt, welche von einer solchen rhythmischen Schnelligkeit sind, daß wir sie mit dem Ohre allein nicht wahrnehmen können. Wir hören nicht

---

17

mehr das Geigenspiel gewisser Zikadenarten, trotzdem es mit Kunsthilfe wahrnehmbar und berechenbar ist, ähnliches mag bei vielen anderen Sinneswahrnehmungen der Fall sein, so daß schon aus diesen Tatsachen der Satz sich herleiten läßt, der Rhythmus unserer Nervenschwingungen übermittelt uns nur einen Teil der Weltallsrhythmen, und dieses Verhältnis läßt uns die Möglichkeit nicht von der Hand weisen, daß es Menschen mit einer Feinheit der Sinnesrhythmen geben mag, welche mehr Dinge wahrnehmen, als der Durchschnitt.--Haben wir bisher im wesentlichen die rhythmischen Wogen betrachtet, welche von den brausenden, chaotischen Kraftwellen stammen, die die Außenwelt gegen die seelischen Gestade wirft in nimmer ruhendem, vom Weltallsodem gepeitschtem Wogenspiel, so bleibt uns noch übrig, dem rhythmischen Hin- und Hergleiten der inneren, scheinbar aus eigenem Herd geborenen, summenden und kreisenden Nervenspindeln zu lauschen. War schon der Mensch als organisches Wesen in seiner Gesamtheit aufzufassen als ein System rhythmischer Durchflutungen für sich, abgetrennt vom Kraftspiel der anorganischen Masse, so ist noch viel mehr seine Seele eine für sich und vielleicht einzig dastehende, still verschlossene Kammer wunderbaren rhythmischen Spiels, die ihn in eigener Weise befähigt, mit den Eindrücken der Außenwelt innen frei zu schalten und zu walten. Haben nicht auch diese seine der Phantasie zugeborenen Tätigkeiten ihre offenbare, zwingende Beziehung zur Rhythmik? Ist nicht eigentlich die Phantasie die Gabe, sich mit allen seinen Gedanken in den Rhythmus des Andern außer uns, sei es Mensch, Tier, Pflanze oder ein Unbelebtes, selbst ein Gedachtes, hineinzuversetzen? Wo wäre der Künstler, der einen Gegenstand voll und überzeugend darzustellen vermöchte, wenn er nicht zuvor völlig eins geworden wäre mit dem Rhythmus und der Wesensart des Darzustellenden, der nicht aufjauchzte, wenn er sein eigenes inneres Empfinden, die Schwingungen des persönlichen Ichs verschmelzen fühlt mit dem erschauten Objekt? Das ist aber nur möglich, wenn er gleichschwingend den Einklang fühlt, in dem der Rhythmus des Gegenstandes mit der eigenen inneren Rhythmik verschmilzt. Sich "hineinversetzen" heißt doch nichts anderes, als sich das Gefühl des Anderen und sei es eines Gegenstandes einzuverleiben mit Hilfe der Phantasie und so selbst Lebloses mit dem Strom des eigenen Lebens betrachtend zu erfüllen. Wehe dem Künstler, der nicht rhythmisch verschmilzt mit dem Objekt, das er darstellen will: er muß ein Stein sein können, wenn er ihn malt, eine Blume, wenn er ihres Kelches Schönheit herbeizaubern will, ein Kind, wenn er sprechen will, wie Kinder sprechen, und eine Wolke, wenn er mit ihr seine Lieder wandern lassen will. Der echte Künstler steckt in Woge und Wald, die er malt, ist König und Bettler, wenn er sie darstellt, hat ihren Stolz und ihren Hunger, trägt ihren Szepter und ihren Bettelstab.

Wie reich macht doch die Phantasie, indem sie den Verwandlungsmantel über unsere Seele legt, so daß schlechterdings nichts unerreichbar wird! Aber auch der Wissenschaftler, der Entdecker und der Erfinder wird niemals zu neuen Offenbarungen gelangen, wenn nicht die Intensität seines Einfühlens in die Materie ihn befähigt, den Rhythmus des zu Schauenden bis zu dem geheimen Motor der kreisenden Atome zu erfassen und das Geschaute auch anderen, weniger Einfühlungsfähigen zu übermitteln. Wo wäre der Redner, der Erzieher, der Prophet, der wirken könnte ohne diese rhythmische Durchdringung seiner Lauscher, ohne die Fähigkeit Strudel der innersten Bewegung zu erzeugen, in welchen Zweifel, Furcht, Eigenliebe versinken, wie Holzstückchen in den gurgelnden Schlund! Wie wäre eine Ethik denkbar, die sich nicht den Rhythmus des höherstehenden, anbetungswürdigen Ideals zu eigen machte, das uns die Phantasie als lockendes Ziel eines königlichen Gefühls der inneren Harmonie vorhält?

Wie könnte man Liebe erwecken, wenn nicht ein Gleichstrom siegenden Wollens die Geliebte mit berauschendem Wort in den Feuerstrom entfesselter Leidenschaften hineinrisse?

Ich bin am Ende meiner Ausführungen. Wollte ich alle Beziehungen des Rhythmischen zur Seele auch nur aufzählen, so würde wohl kaum ein Gebiet seelischer Aktionen unerwähnt bleiben. Ich muß mich mit diesen kurzen Andeutungen begnügen.

Der Rhythmus ist der Allbeherrscher alles physischen und psychischen Geschehens. Der Puls des Universums schlägt in allem, was ist und lebt. Das Gehirn der Menschen ist ein Gestade nur, das er mit ewigem Wellenliede umrauscht, eine Harfe nur, auf der er seine Sonnenlieder und Schattenklagen singt, ein Prisma nur, durch das seine hellen und dunklen Lichtwellen zitternd jagen und das, vielgestaltig und zu buntem Strahlenbüschel zerstreut, den umgeformten Rhythmus wieder in das All zurücksendet. War Rhythmus der Pendelschlag von Kraft und Hemmung, so ist die Seele ein diesem Pendelspiel spezifisch eingeschalteter, organischer Widerstand. Nicht die Lebenskraft ist das Besondere, der Kraft kann noch unendlich viel Wunderbareres vorbehalten sein als der Menschengeist,--sondern die eigentümliche Hemmung, die die Weltkraft zwingt, sich in uns so rätselhaft zu spalten, ist der Gegenstand wissenschaftlicher Betrachtung. Wo sich die Weltkraft entzündet an der atomistischen Reibefläche des Organischen, da blitzt das Leben auf und erlischt wie der Meteorstein, der aufglüht, wenn sein Sturz ins Chaos hineingerät in die sausenden Rhythmen der irdischen Atmosphäre.

HUMOR

Die Menschheit hat stets um so mehr Worte über eine Angelegenheit gemacht, je weniger sie von ihr begriff. Und die Wissenschaft, diese bedächtige Frau Registratorin, die alles Menschliche, fein säuberlich zu Millionen Aktenbündeln geordnet, in den Schubfächern der öffentlichen Bureaus einer königlichen Logik aufbewahren läßt, um nur hier und da die Aktenstöße anders zu gruppieren und dabei viel Staub aufzuwirbeln, bezeugt, was jeder Katasterbeamte schon lange weiß: je dunkler ein Prozeß ist, desto höher türmen sich die ihn behandelnden Dokumente. So kann ich denn auch nur die Manuskriptensammlung derer, die sich den Kopf über die drolligste Sache der Welt, über das Lachen, zerbrochen haben, um ein Exemplar vermehren, natürlich ohne jeden Anspruch, damit den Zauber von dem neckischen Spiel der Seele zu nehmen oder gar das heilige Lachen als einen ganz profanen Vorgang zu entlarven. Ich will nur versuchen, einige Gesichtswinkel zu zeichnen, unter denen man den Humor und die humoristischen Zustände von einer Seite beleuchten kann, die vielleicht neu und reizvoll genug ist, um die Aufmerksamkeit derer, die schon über diese Dinge nachgedacht haben, vorübergehend festzuhalten. Dabei muß ich verzichten, nach wissenschaftlicher Autoren Art die lange Reihe der geistigen Väter von vor und nach Christi Geburt, die einmal über dasselbe Thema gestolpert sind, herzuzählen, um endlich zu einem eigenen Körnchen Wahrheit zu kommen, das ich in den literarischen Riesenscheffel hineinzuwerfen entschlossen bin.

Die meisten bisherigen Arbeiten über den Humor, diese "lachende Träne", über das "umgekehrt Erhabene" (Jean Paul), über die "realästhetische Gestalt des Metaphysischen" (Bahnsen), über die "Kontrastempfindung" (Kant) usw. scheinen mir an dem kardinalen Fehler zu leiden, das Psychische bei dieser Form der Gemütsverfassung vor dem rein physischen Akt der Humorsäußerung, in Summa dem Lachen in allen Formen, unberechtigt weit und vorschnell in den Vordergrund geschoben

---

21

zu haben. Was uns zunächst nottut, ist eine genügende, rein physiologisch-funktionelle Definition der Vorgänge im Gehirn und im Muskelapparat, die eine humoristische Stimmung hervorrufen und begleiten. Eine rein mechanische Betrachtungsweise der materiellen Vorgänge im Seelenorgan gibt erst eine einigermaßen sichere Basis, von der aus auch das rein Seelische im Humor überschaut werden kann. Ich will daher mit einer Analyse der allgemein üblichen Ausdrucksform humoristischer Zustände beginnen, dem Gelächter. Erst nach einer Darstellung vom Wesen des Lachens in allen seinen offenen und versteckten Arten kann es möglich sein, auf das in der Seele einen Rückschluß zu machen, was diese besondere Form unserer bebenden Atmungs- und Zwerchfellstätigkeit veranlaßt.

Nach der trockenen und kategorischen Ausdrucksweise der Physiologie ist das Lachen eine automatische, direkt nicht dem Willen unterliegende, rhythmische Muskelaktion im Gebiet der Atmungstätigkeit, begleitet von gewissen mimischen Funktionen der Gesichtsmuskeln und besonderen Gemütszuständen. In der Tat: das herzhafte, reine, typische Gelächter ist durchaus unwillkürlich und nur schwer durch Willenstätigkeit zu hemmen, wie unsere Erfahrungen noch von der Schulbank her beweisen: "Zu lachen ist am schönsten, wenn man es nicht darf." Da kommt es zu ganz explosiven, gewaltsamen Ausbrüchen des Vulkanes über unserm Zwerchfell, deren Unwillkürlichkeit etwas Verblüffendes, Elementares, Unhemmbares an sich trägt. Es ist also eine affektive, von dem Willen unabhängige, von dem jeweiligen Gemütszustande erzwungene, rhythmisch-muskuläre Handlung, wie sie ähnliche unter weniger erfreulichen Umständen die Ohrfeige, der Dolchstoß, der Faustschlag, oder aber das Gähnen, das Niesen, das Husten sind. Das Zentralorgan erleidet etwas, das, wie wir sehen werden, in einer besonderen Spannung von Vorstellungen besteht, deren Umsatz in unhemmbare Muskeltätigkeit ebenso vor sich geht, wie die Tabaksprise in der Nasenschleimhaut zu einer allmählich zentral ausgelösten Reizhöhe führt, d.h. die Nase kitzelt, bis ein Orkanstoß der Ausatmung unwillkürlich sich erhebt, mit dem Zweck, die lästigen Naseneindringlinge an die Luft zu setzen. So gibt uns der Humorist gleichsam eine geistige Prise, die durch eine Lachsalve ausgeniest werden muß. Gute Erziehung und große Energie vermögen zwar hier und da diesen psychischen Nieseffekt zu unterdrücken, aber die Seele ist verschnupft, wenn sie von ihrem angestammten Naturrecht, sich herzlich auszulachen, keinen Gebrauch machen kann. Ist so die gewöhnlichste Form des Lachens eine passive, so werden wir auch gleich Modifikationen kennen lernen, bei denen das Lachen einen direkt aktiven, aufreizenden, provozierenden Charakter, wie im höhnischen Angriff, gewinnt. Betrachten wir zunächst eine Person, die unwillkürlich lachen muß. Was tut sie?

Unter Nackenstellung des Kopfes, bei geöffneten Nüstern, breiter Mundstellung, zugekniffenen Augen und unter Inanspruchnahme sämtlicher Atmungsmuskeln, auch der auxillären, der sogenannten Reservemuskeln für besonders ausgiebige Atmung, vollzieht sich an ihr schnell hintereinander: erst eine tiefe Einatmung, eine unwillkürliche sogenannte Inspiration, dann verharrt sie einen kurzen Augenblick auf der Höhe dieser Funktion, d.h. gleichsam erwartungsvoll hält der Betreffende mit der Atmung inne; diese setzt für eine Sekunde aus (wobei weder aus- noch eingeatmet wird), etwa wie der Sänger, der vor dem Einsatz seine Lungen voll Luft gepumpt hat, wartet, bis er den Strom durch den Kehlkopf passieren läßt. Hat dieser Zustand der Vollbereitschaft der Lungen zur Entladung eine kurze Zeit gewährt, so schließen sich die Stimmbänder krampfhaft zu, und nun folgen unter rhythmischen Zwerchfellszuckungen periodische Sprengungen der Stimmritze, wobei die beiden festgeschlossenen Stimmbänder durch die Blasebalgstöße, die das Zwerchfell auf die gefüllten Lungen ausübt, Zug um Zug gezwungen werden, nachzugeben. Die Glottis, der Stimmbandverschluß, wird gesprengt; und, immer von neuem sich krampfhaft schließend, bringen wiederholte Zwerchfellerschütterungen sie zu immer neuer Explosion. Dabei steht der Schalltrichter oberhalb des Kehlkopfes, also der Rachen, die Mundhöhle, der Zungengrund, in sogenannter größter Resonanzstellung, d. h. in maximaler Weite; um mit den Gesangslehrern zu sprechen, in A-Stellung. Darum ist die

---

Grundvokalisation des Lachens == a vorhanden, und der Hauch der ausgepreßten Luftstöße macht daraus ha, ha, ha! Diese Lachresonanzist individuell verschieden durch persönliche Rachen- und Gaumenbildung, ist abhängig von der Resonanz eines kleinen oder großen Kehlkopfes, von dessen Tief- oder Hochstand. So nuanciert ein heller Tenortimbre das ha, ha zu hae, hae; und das Schneider-meck-meck-meck ist durchaus der Ausdruck der fadenscheinigen, zart gebauten Konstitution dieses Ritters von der Nadel, wie das tiefe Bariton-Ao der Wucht des Schmiedes und dem Ernst des Priesters eigen ist. Die helle Kopfstimme der Kinder und der Frauen schafft das Silberlachen der Soprane, das süß wie Zauberglöckchen klingen kann, und die tiefe Resonanz der Altistinnen ergibt, ebenfalls aus dem Bau der individuellen Klangbildner, den weihevollen sonoren Timbre, in dem sich Stolz mit schluchzender Wehmut paart. Dieses Spiel der Einatmung, Verharren auf der Atmungshöhe, stoßweise Ausatmen unter Glottissprengung und Vokalklang bei gleichzeitiger Beteiligung mimischer Aktion: Mundöffnung, A-Stellung der Lippen, Winkel- und Grübchenbildung der Wangen, Nüsternspiel, Augenschluß und Tätigkeit aller auch bei der Atemnot mobilen Hilfsmuskeln, wiederholt sich in schneller Folge mehrmals hintereinander, bis oft nur der physische Schmerz der malträtierten Leibespresse Einhalt gebietet: "Hören Sie auf, ich kann nicht mehr, ich platze." Dabei ist zu bemerken, daß Tränenstrom nicht allzu selten diesen die höchste Lebenslust betätigenden Akt begleitet. Wie merkwürdig: höchste Lust und das Symptom des Schmerzes verbunden in einer Funktion! Wir werden sehen, wie diese Brüderschaft von Freud und Leid beim Lachen ein Wegweiser zum Verständnis des ganzen Vorganges werden kann. Es ist nicht Zufall, daß man weint, während man lacht. Hier steckt einer der Schlüssel zum Verständnis des Humors.

Halten wir zunächst fest: das Lachen ist ein automatischer Vorgang, eine affektive Handlung rhythmisch-muskulärer Atmungstätigkeit. Welche Stellung hat dieser Vorgang im Haushalt physischer Arbeit?

Um diese Frage zu beantworten, muß ich erstens Analogien

herbeiziehen und zweitens mich auf den Weg entwicklungsgeschichtlicher Analyse begeben. Daß auch andere affektive Spannungen im Gehirn mehr oder weniger rhythmische Muskelaktionen in Szene setzen, beweist, daß auch bei anderen als den humoristischen Motiven im Gehirn die explosiv-elektrische Ladung, gleichsam die Seelenzündung, den Muskelapparat in Bewegung bringen kann. Was ist die Affekthandlung überhaupt anderes als die Entladung von ungehemmten Seelenspannungen auf das Muskelgebiet?

Viele energische Reize treffen vor der Affekthandlung, im Spiel der Motive, das Gehirn; es vermag nicht gleich im logischen Gebiet Herr der Problemstimmungen zu werden und die entstandene Qual in Logik, Phantasie oder Willensaktion aufzulösen; eine ungemütliche Spannung entsteht, bei gleichzeitigem Kampf verschiedener, unhemmbarer Vorstellungen: "Was soll ich tun, was lassen?" Unorientiertheit, Verblüfftheit, Abwehr und Duldung, Stachelung, Trieb und Gegentrieb prallen in der Seele aufeinander: nach dem Gesetz der Erhaltung der Kraft muß auch jeder psychische Reiz seinen logischen oder muskulären Ausgleich finden, denn es gibt gewiß ebenso ein psychisches Äquivalent, wie es ein physisches gibt. Wie benimmt sich da ein also um Rat Verlegener: er pellt an den Lippen, dreht den Schnurrbart, durchwühlt die Haare, trommelt an den Fensterscheiben, stampft mit den Füßen, läuft unruhig auf und ab, hin und her, d.h. er versucht seine Affektspannung im Gemüt durch Umsetzung in Muskelaktion loszuwerden. Oder aber: eine schallende Ohrfeige, oft auch in rhythmischer Wiederholung nach rechts und links, ein jähes Wort, eine rasche Tat löst plötzlich ohne Kontrolle der mahnenden und hemmenden Mutter Vernunft die mehr als ungemütliche, meist gefährliche Seelenbeklemmung. Dann erst wird die Denkbahn frei: "Herr Gott, was hast du getan!" und nur der Konfliktsschmerz, die Reue, das Gefühl, der Situation unterlegen zu sein, und der Mut, die Folgen dulden zu wollen, vermögen die Wirkungen des seelischen Sturmwindes zu beschwichtigen und das köstliche Öl friedlichen Verzichtes über die hohen Wogen der psychischen Ekstase zu breiten.

Was geschieht beim Gähnen? Auch hier wird ein Konflikt zwischen Hirnhemmung und Hirnaktion, der Überschuß geistiger Spannung, der unter der aufgestülpten Tarnkappe der Müdigkeit (Hirnhemmung) keinen Ausgleich mehr im Denkorgan finden kann, durch Muskelkrämpfe (Gähnkrampf) nach außen abgeleitet, gleichsam wie man mit der Leydener Flasche die Konduktoren einer Elektrisiermaschine in einzelnen Phasen entlädt. Beim Gähnen ist also ein oft wiederkehrender Vorgang physischer Spannungen im Gehirn gewohnheitsmäßig auf eine bestimmte Bahn der automatischen Muskeltätigkeit abgelenkt, wozu auch das Recken und Strecken vor Müdigkeit abends und morgens gehört. Wir haben hier also eine Analogie mit dem Lachen, die so weit geht, daß auch beim Gähnen die Gehirnspannung auf einer besonderen Bahn, gerade der Atmungsfunktionen, ihre Entladung findet. Da auch das Gähnen, wie jede Affekthandlung, unwillkürlich ist, d.h. gar nicht oder nur mit Anstrengung vom Willen gehemmt werden kann, und da beide, Gähnen und Affekthandlungen, auf einen unvollzogenen Spannungsausgleich im Gehirn gedeutet werden müssen, so können wir einen zwingenden Rückschluß auf das Lachen wagen, d.h. wir sind genötigt, anzunehmen, daß auch das Lachen einen muskulären Ausgleich besonderer Spannungen im Gehirn darstellt. Welcher Art sind diese? Mit der Beantwortung dieser Frage werden wir zu einer Definition des Humors, d.h. der humoristischen Reizungen des Seelenorgans, gelangen. Dazu bedürfen wir aber noch eines Ausblickes auf die Entwickelungsgeschichte.

Nehmen wir den Menschen nicht als ein Gebild aus Gottes Hand, fertig mit all seinen erhabenen Eigenschaften, Fehlern und Tugenden, mit einem Schlage erschaffen, sondern nehmen wir in Darwins--übrigens gottgläubigem--Sinne an, daß der Schöpfer eine allmähliche Entwicklung zugelassen und gewollt hat, so wäre es denkbar, daß das Lachen eine Funktion war, die jetzt im Stadium schon weit vorgeschrittener Entwicklung unter ganz anderen Bedingungen, aber doch vielleicht unter Festhaltung der ursprünglichen, rohen und primitiven Grundbedeutung zustande kommt. Mir will es scheinen, daß, wie es rudimentäre Organe gibt, Organe, die in früheren Daseinsperioden einen vollen Funktionswert im Haushalt des Organismus gehabt haben, jetzt aber durch eine diese Tätigkeit überflüssig machende Entwicklung entbehrlich geworden sind, es so auch rudimentäre Funktionen geben könnte. Es ist denkbar und sogar beweisbar, daß gewisse Funktionen, die früher einen sehr zweckgemäßen Sinn im Daseinskampf gehabt haben, in weiteren Stadien zwar noch vorhanden sind, aber doch eine ganz andere Stellung gewonnen haben. Dafür einige Beispiele. Die Bewegung unserer Nüstern im Liebes- oder Lebenskampf hatte augenscheinlich ursprünglich den ganz ausgesprochenen Sinn der Witterung von Freund und Feind, den Sinn der passenden Auswahl, wie es noch heute bei Tieren beobachtbar ist. Und jetzt, da niemand mehr seiner Nase die Entscheidung überläßt, ob sich ein Herz zum Herzen findet oder ob ein Gegner Eigenschaften besitzt, die ihm gefährlich werden können, noch heute sehen wir trotzdem auf der Mensur die Paukanten mit zuckenden Nüstern ihre Hiebe austeilen, wir sehen bei dem Ausstoßen einer tödlichen Beleidigung, bei geistigem Hieb, dem Angreifer die Nasenflügel zittern,--und auch einem liebestrunkenen Freier fliegen im Feuer seiner Überredungskunst die bebenden Nüstern. Das ist rudimentär! Es hat eigentlich keinen Sinn mehr; und doch: es hatte einst einen tiefen Sinn, den Zweck der Orientierung im Daseinskampfe und für die passende Auswahl: Orientierung und Auswahl durch Witterung. Von Gildemeister, dem geistvollen Essayisten, ist in einem Aufsatze über die Höflichkeit sehr zutreffend das Hutabnehmen und der militärische Gruß zurückgeführt auf das Visierhochheben bei der Begegnung zweier Ritter, die nichts miteinander auszufechten haben, und der Handschlag war nach Gildemeister gewiß früher, wie noch jetzt etwa bei den Logenbrüdern, eine kompliziertere Form der Bekundung aller Abwesenheit feindlicher Bestrebungen. Auch hier ursprünglicher Sinn im Daseinskampf und jetzt eine rudimentäre Höflichkeitsform. Wer ist sich heute noch beim Adieusagen völlig bewußt, den Scheidenden Gott zu befehlen? Sagen sich doch auch Atheisten à dieu. Die höchsten Liebeszeichen selbst, der Kuß, die Umarmung, mögen im

Bedürfnis einer vorsichtig tastenden Diagnose entstanden sein: drum prüfe, wer sich ewig bindet! Liebkosen sich doch manche asiatischen Völker noch heute, indem sie direkt Riechorgan an Riechorgan reiben.

Es gibt also rudimentäre Funktionen. Kann nicht auch das Lachen zum Teil in einer solchen rudimentären Funktion seinen Ursprung haben? Hatte es vielleicht ursprünglich einen ganz anderen Sinn als den, den wir bei oberflächlicher Betrachtung heute in ihm zu sehen gewohnt sind?

Stellen wir uns einmal vor, es sei ein Höhlenmensch, ein Urwaldbewohner, in stetem Kampf mit Ungetümen, Schiebegeröll und erratischen Blöcken plötzlich auf einer einsamen Wanderung vor eine große Gefahr gestellt: ein Ungetüm, wie er solches noch nie gesehen, streckt plötzlich, einen fauchenden Rachen aufsperrend, sein schreckliches Haupt aus dem Gebüsch. Was wird unser Urmensch tun? In jähem Schreck reißt auch er den Mund auf, so weit es gehen will, tut einen tiefen Atemzug und verharrt starr erwartend eine Weile in Inspiration. Das kann man noch heute bei jedem sehen, dem ein furchtbarer Schreck in die Glieder fährt. Das ist auch ganz verständlich. Denn wenn sich ein Mensch überhaupt wehren will, braucht er Muskelkraft, dazu aber vor allem Sauerstoff; denn bei jeder Muskelaktion ist Sauerstoffverbrauch en masse nötig. Er lädt also mit dieser tiefen Inspiration gleichsam seine Muskelzentren zu noch nicht näher erkennbarer Aktion. Nun trete aber bei unserem Urahnen blitzschnell ein Wechsel in der bedrohlichen Situation ein: das launische Ungetüm hat vielleicht keinen Hunger, es besinnt sich; ein Löwe, ein Riesenbär trollt lustig um die Ecke. Nun ist die Gefahr vorbei. Ein jäher Wechsel von Lebensbedrohung in der Idee und plötzlicher Lebensbejahung, d.h. Abzug der Gefahr, prallen ihm fast gleichzeitig in seinem Gehirn aufeinander, und zwei Assoziationen entgegengesetzter Art treffen sich in seiner Seele: idealer drohender Tod, reelles wahrhaftiges Lebensgefühl. Unter freudigster Gemütsverfassung entlädt er, gleichsam spottend der Gefahr, stoßweise seinen nun überflüssig aufgespeicherten Sauerstoff. Unter Jubelempfindungen entweicht stoßweise die überschüssige Lebenskraft. Noch heute wird jeder bemerken, daß nach plötzlich überstandener Lebensgefahr oder Gemütsbedrückung eine Neigung zu fast hysterischen Heiterkeitsausbrüchen eintritt. Das Gefühl, einem Unglück entronnen zu sein, sein Leben bejaht zu fühlen, wo es eben noch auf das Dringlichste verneint erschien, erzeugt eine halb automatische Heiterkeit, die sehr verwandt ist dem, was wir humoristische Stimmung nennen. Dabei beachte man die Tatsache, daß Tränen leicht fließen können, wo eben noch im Moment der Gefahr die stockende Zirkulation bei tiefster Einatmung die Tränendrüse unabweislich strotzend füllen mußte, und daß ihr Gebrauch sicher in Aussicht stand, wenn das Messer dem Lebensfaden so ganz nahe kam, falls man Zeit genug gehabt hätte, noch über den jähen Scherenschnitt der Parzen zu klagen. Man holt in der Freude nach, was der Kummer vorbereitet hat. Auch die Träne, dieser tauende Reif aus Edens Blütenkelchen, hat trotz ihrer Poesie ihre ganz materielle und physische Entstehungsursache. Freude und Leid sind wechselnd die Schleusenwächter am Strom der Tränen, und in der Begleiterscheinung des Tränenflusses bei Humorstimmung sehen wir einen zwingenden Beweis für den Ursprung des Lachens in einem plötzlichen Kontrast von Lebensbejahung und Lebensverneinung. Wir werden gleich sehen, in welcher Weise diese beiden Salpetermischungen für die Explosionswirkungen des Humors in jeder Form des Lachens noch heute auffindbar sind. Zunächst soll noch auf eine Beziehung hingewiesen werden, die außer dem plötzlichen Abzug einer Gefahr noch andere rein physische Vorgänge zur Erregung von Heiterkeitausbrüchen haben. Bei der plötzlichen Bedrohung und fast gleichzeitigen Errettung des Lebens liegt es ja erfahrungsgemäß auf der Hand, daß dieser Vorgang eine Disposition zu freudigen, muskulär-rhythmischen Lebensbetätigungen im Gefolge hat. Munter, wie ein spielendes Reh, hüpft ein Knabe davon, den schon das Rad des Wagens streifte; man kann ihn kurz nachher erst recht pfeifend, trällernd, tänzelnd finden. Wenn beim Übergießen mit kaltem Wasser, bei kalten Duschen, eine plötzliche tiefe Inspiration erzwungen ist, so habe ich bei mir stets unmittelbar

---

danach eine fast unüberwindliche Neigung zum Lachen bemerken können und habe dem Triebe nie gewehrt,--gewiß ein trefflicher Beweis für die Verwandtschaft von physischem Schreck, seelischem Wohlgefühl und Lachen, für die Verwandtschaft tiefer, lebenfördernder Inspiration und Entladung der Atmung durch das Zwerchfell.

Wer die ängstlichen Börsenleute im Anprall brandender Wogen im Seebade beobachtet hat, sah auch gewiß, wie ich, ihre Ausbrüche zappelnder, hüpfender und kullernder Heiterkeit. Auch beim Kitzeln ist ein unwillkürlicher Zusammenhang von peripherischem Reiz, tiefer Inspiration und exspiratorischen Atemstößen zu bemerken. Ganz junge Kinder kann man nicht kitzeln, dazu gehört schon eine gewisse Ausbildung des Bewußtseins, das erkennen läßt, daß die lebensfreundliche, mehr zärtliche, neckende Berührung im Kontrast zu der starken, das Atmungszentrum reizenden Wirkung steht. Man beachte auch, daß man das Kitzeln leichter aushalten kann, wenn man die Atmung gewaltsam unterdrückt. Daraus geht hervor, daß das Atmungszentrum, also das eigentliche Lebenszentrum, als eine Art von Lachzentrum funktionieren kann, daß es also sowohl peripher von der Haut aus, wie beim Duschen und Kitzeln, als auch zentral vom Gehirn aus, wie beim Witz, erregt werden kann. Für unsere Auffassung von dem Ursprung des Lachens aus einem Kontrast von Lebensbedrohung und Lebensbejahung ist es interessant, zu erfahren, daß der scharf umschriebene Punkt am Zentralorgan, der, von einem Nadelstich getroffen, das Leben aufhebt, von der Wissenschaft noeud vital, Lebensknotenpunkt, genannt wird und daß wir hier auch die Fäden finden, die zur Erregung des muskulären Ausgleiches für die Zwerchfellerschütterung die elektrischen Ströme senden. Hier finden wir eine anatomische Bestätigung der Beziehung des Lachens zur Lebensbejahung und -verneinung.

Nun gibt es noch Lachformen, die an sich mit dem Humorgefühl ganz und gar nichts zu tun haben. Es sind jene Lachstöße, die im Bellen und Brüllen der Tiere ihr physiologisches Vorbild haben; sie bedeuten eine willkürliche Tätigkeit, welche die Feindschaft herausfordert: das höhnische, kränkende, verletzende Lachen oder die Andeutung davon: das Lächeln. Das ironische, kritisierende, erhabene Lachen werde ich bei den besonderen Formen des Humors definieren: denn Satire, Witz, Ironie, Spott, Hohn sind nur vom Temperamente gebrochene Formen des Humors. Bei vielen dieser Lacharten ist ein Überlegenheitsgefühl maßgebend, d.h. die Lebensverneinung oder -minderung gilt für andere, für den Lacher nur das Gefühl eines höheren, überlegenen Standpunktes. Das Grinsen und Greinen ist eine Kombination von Ohnmachtsgefühl und Feindseligkeit und das schadenfrohe Lachen die Wirkung der Überzeugung eigener Unversehrtheit bei fremdem Unglück, von dem wir aber die unbestimmte sympathische Empfindung haben, wir konnten ebensogut in die Falle gehen. Wir identifizieren uns in der Idee mit dem Leidenden, nehmen aber den Kontrast von unserem realen Unberührtheitsgefühl her.

Ich gehe einen Schritt weiter und will die Beziehungen der Zwerchfellsentladungen zur Mimik und Rhythmik einer kurzen Betrachtung unterziehen.

Daß das Atmungszentrum an sich mit dem Gesichtsausdruck verwandtschaftliche, koordinierte Berührungen hat, ist eine allbekannte Tatsache. Bei der Dyspnoe, dem Atmungshunger, ist der Ausdruck des Gesichtes ein so typischer, daß man diesen Krankheitszustand erkennen kann, ohne die Atmungtätigkeit direkt zu beobachten. Wichtig für die Theorie des Lachens ist auch, daß bei der Atemnot, also wieder einer Lebensbedrohung, ganz dieselben mimischen und Atmungsmuskeln in Aktion sind wie beim Lachen. Aus dieser Beteiligung der mimischen Muskeln beim Lachen ist die Ansteckungstendenz des Lachens erklärlich. Alle rhythmisch muskulären, d.h. gleichmäßig und oft wiederholten Muskeltätigkeiten haben etwas stark die Nachahmung Herausforderndes: das Gähnen, das Lachen, das Tanzen, Marschieren, Singen, die Kampfbewegungen,--sie alle sind ansteckend, d.h. sie reizen zur Entfaltung gleicher Bewegungen, und zugleich sind wir geneigt, daraus eine heitere, humoristische Lebensstimmung zu entnehmen. Der Mensch ist brutal genug, sich selbst der Komik krankhaft rhythmischer Zuckungen nicht zu entziehen. Der Veitstanz, der Gang der

Rückenmärker, die Epilepsie können Formen annehmen, die manche unwillkürlich zu schuldlosem Lachen zwingen, ebenso wie einige solcher Krankheiten direkt ansteckend wirken können. Die rhythmische Muskelaktion ist am zwingendsten Heiterkeit und Nachahmung erregend bei den Rhythmen der Musik. Der Rhythmus an sich hat also eine suggestive Kraft, gleichartige Spannungen im Gehirn auch des andern zu erregen. Wir Menschen nehmen an, daß der springende Fisch, die hüpfende Bachstelze, der tänzelnde Araberhengst in heiterer Gemütsverfassung sich befinden, obwohl wir es nicht beweisen können; es stimmt uns aber gleichmäßige Rhythmik auf starke Lebensbejahung. Das ist das Heitere in der Kunst; denn alle Kunst ist Rhythmus: Rhythmus die schönen Linien, Rhythmus die Schwingungszahl der Töne und Farben, Rhythmus jegliche Harmonie und arhythmisch jede bleibende Disharmonie, weil ohne Maß und Regelmäßigkeit. Darum ist auch in der Musik vor allem etwas der Lebensbetätigung, der Lust, dem Humor Verwandtes, und zwar ist nur bei schärfster Ausprägung schnellerer Rhythmen eine humoristische Musik denkbar, also Tanz, Marsch, Scherzo, Capriccio, Sarabande, Gigue. Ein humoristisches Adagio ist schwer denkbar. Darum ist bei den größten musikalischen Rhythmikern, Haydn, Mozart, Mendelssohn, Schubert, Loewe, auch die Heiterkeit und die Freude zu Hause, während bei den großen Reflektierern, den Grüblern in der Musik, bei Beethoven, Brahms, Schumann, Wagner und Strauß, das affektive Problem seine Heimat fand. Diese Ausweichung auf das Gebiet des Rhythmus bezweckt den Nachweis, daß auch die rhythmischen Zwerchfellstöße innig anderen rhythmischen Heiterkeitsbetätigungen verwandt sind und daß die Heiterkeit sich typisch des Ausdruckes rhythmischer Muskelaktionen bedient. Ich wage, in diesem Sinne das Lachen als die wahrscheinliche Quelle der Musik, als der Seele ersten Jodler, zu bezeichnen.

Nun sind wir so weit gelangt, etwas näher zu betrachten, was in einem Gehirn, in dem ein humoristischer Zustand, ein Scherz, ein Witz, eine komische Bewegung zur Wirkung kommt, für materielle Alterationen vorgehen mögen, dergestalt, daß ohne

Zutun des Willens jener rudimentäre Atmungsrhythmus ausgelöst wird, den wir "Gelächter" nennen.

Wir haben gesehen, daß die ursprüngliche Bedeutung der rhythmischen Atmungsaktion, die wir Lachen nennen, auf einea fast gleichzeitigen Anprall zweier direkt entgegengesetzter Formen der Vorstellungen vom Leben zurückzuführen sein dürfte: auf einen Strom der Lebensangst und auf einen bald folgenden der Lebensfreude. Das "Nein" und "Ja" des Lebens prallen so schnell aufeinander, sind zwei Motive so direkt entgegengesetzter Art, daß sie, für den Augenblick unvereinbar, eine Hemmung im Gebiet der Logik und Phantasie erfahren, diesen beiden Formen geistiger Reflexion. Das ist ein elementares Ereignis, bei dem die Seele keine Zeit hat, ihre registrierende Katasterarbeit zu vollziehen; sie wird überrumpelt, verblüfft, Begriff und Wille gehen zum Teufel, und gewohnheitsmäßig ist der Strom abgelenkt auf ein indifferentes Muskelgebiet, das der Ausatmung. Das ist nun gewiß nicht mehr der Fall, wenn wir heutzutage einen Kitzel verspüren, zu lachen. Unser Leben erscheint weder bedroht noch besonders unterstützt, wenn ein Schulmeister bei der Visite im Frack sich auf eine Sahnentorte setzt, die die unvorsichtige Hausfrau auf einem Sessel stehen ließ, oder wenn einem protzig gekleideten Gigerl, das beim Aufzug der Majestäten durchaus sich in die erste Reihe drängen mußte, gerade im entscheidenden Moment der Zylinder über Augen, Ohren und Nase aufgetrieben wird, oder wenn der kleine, ganz preußische Hauptmannssohn die heikle Frage aufwirft, "ob der liebe Gott bei der Kavallerie oder bei der Infanterie" stehe oder ob er nur ein "einfacher" Mann (d.h. Zivilist) sei; auch fühlen wir unser Leben weder in Gefahr noch in besonderer Sicherheit, wenn wir bei Fritz Reuter lesen, daß ein unruhiger Schläfer die große Zehe seines Mitschläfers für eine feine Havannazigarre hält,--und doch liegt allen diesen unaufzählbaren Formen komischer Wirkungen eine Spannung im Gehirn zugrunde, die wenigstens andeutungsweise einen solchen Konflikt mit verblüffender Unlogik enthält, wie er in deutlichster Form beim Kontrast von Lebensbejahung und Lebensverneinung auftritt. Schon Kant hatte gefunden, daß der Humor im Kontrast

———

wurzelt. Aber mit Recht ist ihm eingewandt worden, daß schwarz und weiß, klein und groß, trocken und naß an sich keineswegs zum Lachen reizen. Und doch: unter Umständen kann der einfache Kontrast schon humorvoll wirken. Aber zum Kontrast muß noch etwas hinzukommen. Vor zehn Jahren hat in der Revue des deux mondes Mélinand in einem Artikel "Pourquoi rit-on?" hier für das Psychologische im Humor den treffendsten Ausdruck gefunden, der, soweit ich sehen kann, alle Formen des Humors und des Komischen umfaßt. Er sagt: Lachen erzeuge das, was, von der einen Seite betrachtet, wunderbar, phantastisch, ungewohnt, illusionistisch, und von der anderen Seite lange gewohnt, ganz natürlich, "familiär", alltäglich sich präsentiere. Man kann diesen glücklichen Gedanken dahin vervollständigen und ins Psychophysikalische übersetzen, daß erst dann Kontraste Lachen erzeugen, wenn eine Idee mit einer Realität so in plötzlichen Widerspruch gerät, daß sich beide an Reizstärke ihrer psychischen Spannung ungefähr das Gleichgewicht halten. Ich meine, der Beschauer einer komischen Situation und der Hörer einer komischen Schilderung muß beide Wirkungen fast gleichzeitig empfinden, einmal, was er sich bei einer Sache denkt, d.h. seine Idee oder die Idee, die ein zweites Wesen repräsentiert oder zu repräsentieren sich bemüht, zweitens muß er diese Idee plötzlich in ihr reales Gegenteil umschlagen fühlen. Die Wirklichkeit oder die Vorstellung von der Wirklichkeit greift brutal in eine eben erst empfundene, aufgedrungene oder selbstangesponnene Illusion ein. Der ideell, illusionistisch erhobene, erhabene oder überhebende Gedankengang, außer uns oder in uns erzeugt, schlägt in verblüffender Gegenlogik in seine direkt verneinende und zwar ebenso plötzlich überzeugende Kehrseite um. Dabei werden zwei Spannungen ziemlich gleichzeitig im Gehirn mit gleich starker assoziativer Kraft erregt: die eine ist eine scheinbar ideale, illusionistische, aber unhemmbar aufsuggerierte im Reiche der Phantasietätigkeit des Gehirns, die zweite, gleichsam elektrische Gegenladung erfolgt aus den Quellen unmittelbarer Wahrnehmung, blitzschneller erfahrungsgemäßer Reflexion. Beides trifft zusammen: es findet eine Knickung, eine Kreuzung

---

der Assoziation statt, beide Spannungen kontrastieren so elementar unlogisch, daß die plötzliche Dupiertheit unserer Logik, das ruhig und vorsichtig arbeitende Gehirn es schnell abweist, die beiden Motive etwa logisch zu vereinen oder eine konsequente Handlung resultieren zu lassen; die Doppelspannung erzeugt ein Gefühl hilfloser Erregung, die gewohnheitsmäßig und instinktiv auf den entwicklungsgeschichtlich eingeschleiften Bahnen periodischer Zwerchfellstöße entladen wird. Diese Bahnen sind eben die dem Atmungszentrum assoziierten und koordinierten, und zwar deshalb, weil ursprünglich das Zusammenprallen von Nein und Ja des Lebens instinktiv auf den Atmungsbahnen, in dem schnellen Herbeischaffen und Auslassen wehrkräftiger Atmungsluft Hilfe sucht. Das tiefe Inspirieren bei der Gefahr ist zweckgemäß und das stoßweise Entladen der Lungen eine natürliche Konsequenz, wenn die Gefahr plötzlich entwich. Bei der überrumpelnden Logiklosigkeit und bei der plötzlichen Kontrastierung der Humor erzeugenden Motive kommt die Gehirnfunktion in dynamisch ähnliche, wenn auch für die Erhaltung des Individuums gleichgültige Zickzackvibrationen wie im Momente der Gefahr. Uns kann also nicht wundernehmen, wenn der Ausweg, den der Hirnmechanismus für seine Stellungnahme gegenüber einer Bedrohung fand, auch für die funktionell verwandten Zustände, Schütteln beim Frost und Duschen und Kitzeln, beim Gähnen und Lachen beibehalten ist. Der Kontrastierung einer ideell-illusionistischen und einer entgegengesetzt realen Vorstellung, die das Gehirn unmöglich zugleich verarbeiten kann, diesem Schnippchen, das ihm beide extrem-möglichen Seiten des Lebens gleichzeitig schlagen, kann es nur ausweichend begegnen; es befreit sich von der harten Nuß, von dem logischen Vexierpulver, das es nicht verdauen kann, indem es den ganzen Krempel auf den Lastträger Zwerchfell ablädt: mag er sehen, wie er damit fertig wird. Während dieser geduldige Entlader das Gehirn befreit, erzeugt sich in der Seele ein unbeschreiblich wohliges Gefühl der erleichterten Klarheit und Heiterkeit: das ein herzhaftes Lachen begleitende kannibalische Dickhäutergefühl. So kann schwarz und weiß als

Kontrast komisch wirken, wenn zwischen eine Schar die Idee der Würde aufnötigender schwarzer Priester plötzlich ein feister, weißer Kuchenbäcker in gleichem Tritt sich mengt; so kann der Kontrast von feucht und trocken, klein und groß humoristisch sein, wenn unter dem Ausruf "Gott sei Dank, daß wir im Trocknen sind!" jemand in einen Waschkübel stolpert oder wenn mit einer Riesenbulldogge ein winziges Schoßhündchen trippelnd Schritt zu halten sich vergeblich bemüht.

So erscheint uns also der Humor im allgemeinen Sinne als eine besondere Disposition zu gleichzeitiger Betrachtung der Welt und ihrer Erscheinungen von zwei Seiten. Der humorvolle Mensch hat die Fähigkeit, überraschend schnell und überraschend suggestiv die zwei Seiten jedes Dinges aufzuspüren und die Janusköpfigkeit alles Irdischen vor aller Blicken zu offenbaren. Damit suggeriert er ihnen einen eigenen Zustand elementar frappierender und glaubhafter Logiklosigkeit, den auch der Zuschauer oder Zuhörer nur auf dem Wege des ja so ansteckenden Gelächters loswerden kann. So ist denn der Humor auch gleichzeitig eine Weltanschauung, die unbesiegbar erscheint. Sie ist voraussetzungslos, durch nichts kaptivierbar, unbestechlich und erbarmungslos und fast ohne Irrtum, denn es gibt schlechterdings keine noch so ideale Erscheinung, die nicht durch die Blitzphotographie ihrer kontrastierenden Realität zugedeckt werden könnte, und es gibt keinen noch so realen Vorgang, den nicht der Zauberstab der Phantasie des letzten Erdenrestes entkleiden und in reinlichen Asbest hüllen könnte. Darum ist vom Erhabenen zum Lächerlichen der Schritt so klein, weil, je höher der Kothurn steigt, um so leichter ihm ein Bein zu stellen ist. Aber umgekehrt vermag auch im Lächerlichsten noch sich das Erhabene zu bekunden.

Darum gehört zum Humor solche ungemessene Dosis Phantasie, weil diese Himmelsgöttin ja auf dem schmalen Pfade der Ideen ebenso sicher wandelt wie auf der Heerstraße der Trivialitäten. An einer absolut realen Sache, an einer allgemein gültigen Wahrheit schnell ihre Unzulänglichkeit in kühner Verallgemeinerung nachzuweisen, dazu gehört ebenso Phantasie wie dazu, eine gespreizte Idealität im Handumdrehen vor den verzerrenden Spiegel der Realität zu stellen. Der Humor wirft der Idealität einen Knüppel von realem Holz zwischen die Beine, sie muß stolpern und damit die Menschlichkeit ihres Beinwerkes selbst widerwillig erweisen. Das Ideal steht auf einem Faß mit dünnem Deckel: ein leiser Fußtritt der Realität, und der Götze liegt im Waschfaß. Die Idee ist eine Seifenblase: ein Sandkorn Wahrheit läßt sie platzen. Warum tat sie auch so schön und erhaben, dies blutleere, zimperliche Ding! Aber auch das noch so Reale, Handgreifliche steht auf schwachen Füßen gegenüber der Kühnheit von Philosophen wie Kant oder Nietzsche, die unsere Wahrnehmungen schon als eine Halluzination und unsere Diesseitsgültigkeit in Jenseitsnebel aufzulösen vermögen. Der echte Humorist ist immer interessant, weil immer unberechenbar. Nur der kann Humor empfinden oder erregen, der imstande ist, dies doppelte Gesicht gleichzeitig zu haben oder zu verleihen; der Humorist verborgt Brillen mit einem ideellen und einem realen Glase. Die einseitige, durch Vorurteil und Sonderinteresse kaptivierte, stets logische und nur vernünftige Betrachtungsweise der Welt ist die des Philisters; sie ist langweilig und automatenhaft. Humor ist eine Gabe, die angeboren sein muß, weil eine Doppelfunktion der Seele ihm zugehört. Die phantasievolle Anschauungsweise der Vollmenschen ist vielseitig und mit Humor getränkt. Die Vernunft an sich und die Weisheit ist aus Stein oder Erz, Blut und Leben pulst der Humor erst in ihre starren Züge. Der geistvolle Narr und der lachende, weinselige Weise haben mehr Erkenntnis in die Welt gebracht als alle Schulphilosophen zusammen genommen. Sie sind ja doch nie wirklich zu vereinigen, diese beiden Wagschalen des Lebens, das Reale und das Ideale, nur an den schwanken Hebelarmen der Phantasie lassen sie das Leben wägen und seinen wahren Wert bestimmen. Und welche Quelle rein physischen Gesundheitsgefühles liegt in der Freude aus Herzensgrund! Ich halte die Komödie direkt für hygienischer als die Tragödie. Jene entlädt mein Gehirn von Sorgenwust und Tagesplage, diese fügt zum Problem meines eigenen Lebens noch das des fremden Geschickes. Gerade in diesem herrlichen Gefühl erhöhter Lebenslust beim Lachen liegt übrigens ein Hinweis auf die

—

atavistische, früher um Lebensbejahung und -verneinung rotierende Bedeutung des Lachens. Von jeher sind die Bahnen, auf denen sich das Gelächter auslöst, assoziiert mit dem positiven Gefühl gesteigerter und vermehrter Lebensfreude.

Für das Verständnis der einzelnen Formen des Humors ist zu bemerken, daß der Strom von Licht, der sich aus der Doppellaterne humoristischer Lebensbeleuchtung ergießt, in gar verschiedenen Medien seelischer Grundstimmung gebrochen werden kann, so sehr auch im einzelnen die Tatsache der Kontrastierung von zwei Phantasie- und Wirklichkeitsströmen, dieser Assoziationsknick im Gehirn, dieser knorrige Ast, gegen den die Säge der Logik aufkreischt, sich überall nachweisen lassen muß, wenn anders unsere Definition von dem gleichzeitigen Anprall kontrastierender Doppelvorstellungen Überzeugungskraft haben soll. Allerdings muß dabei festgehalten werden, daß jede humoristische Spannung der Seele entwicklungsgeschichtlich im Gefühl der eigenen Lebensbejahung wurzelt. So sind denn in der Tat manche Formen humoristischer Stimmung nichts als die Äußerungen des Gefühles einer Überlegenheit über andere. Die Schadenfreude ist deshalb die reinste Freude, weil mein eigenes Unversehrtheitsgefühl im stärksten Kontrast zu der unbestimmt sympathischen Ahnung steht, daß auch ich unter gleichen Bedingungen hätte meinen Rock mir zerreißen, meinen Hut aufbeulen lassen, meinen Heller verlieren müssen. Allerdings wirkt auch hier der Kontrast um so sicherer auch auf andere suggestiv Heiterkeit erregend, wenn die besondere vom Geschädigten prätendierte Form seiner künstlich aufgebauschten Erscheinung etwas wie eine feindliche Gegenstimmung von vornherein aufkommen läßt. Dann gönnt man dem Prätendenten eines angemaßten Thrones so recht von Herzen den Zusammenbruch seines Pappsessels. Hier liegt der Schadenfreude oft ein Gefühl für humane Gerechtigkeit und Gleichheit zugrunde; sehr oft ist eben Schadenfreude direkt durch prätentiöse, egoistische Aufgeblasenheit und Breitmacherei herausgefordert. Auch hier führt der Humorist zur Zertrümmerung einer gespreizten Illusion einen Hammerschlag

———

gegen die Idee: der Stahl der Realität trifft die helle Glasglocke, daß die Splitter fliegen. Bei anderen Formen des Humors wieder ist von den ursprünglichen Empfindungen von Ja und Nein des Lebens nichts als nur noch das überraschend Unlogische übrig geblieben: so sehr hat sich die Funktion des Lachens von ihrem ursprünglichen Vollwert entfernt. So losgelöst, gibt es natürlich tausend Varianten desselben Themas. Ich will versuchen, diese Variationen des überraschend Unlogischen zu formulieren.

Zunächst kann der Assoziationsknick einzig und allein durch ein Wort erregt werden. Die roheste Form dieses vorzüglich auf überraschende Logiklosigkeit, springende Doppelbeziehungen angewiesenen Humors ist die Sucht, zu kalauern. In feinerem Sinne ferner das Wortspiel, das Bonmot. Immer wird hier ein Wort, ein Begriff unter falscher Maske eingeführt und plötzlich die Maske rückwärtsgedreht, dann ist die Doppelphysiognomie bemerkbar. Hier sind natürlich Synonyma und erzwungener Gleichlaut, wie "Heils- und Heulsarmee", die Träger besonders frappierender Unlogik oder die raffinierten Verhüller scheußlicher Trivialitäten. Der Schmerz heuchelnde Wehruf bei solchen Kalauern beweist, daß bei dieser Form von Logik eine kleine Verrenkung, eine Knickung im Denkapparat vollzogen wird, was man den Kennern Berliner Gepflogenheiten, glaube ich, nicht näher auseinanderzusetzen nötig hat. Übrigens ist es geradezu verhängnisvoll, wenn jemand sein Gehirn auf diese Wortantithese dressiert und sich zu einer Art geistigen Jongleurs oder Schlangenmenschen ausbildet. Das kann förmlich zu einer Kalauermanie, einer leider verbreiteten Form von Geisteskrankheit, ausarten.

Wird der Kontrast durch ganze Sätze ausgedrückt, so erhalten wir die Antithese, das Paradox, die Aphorismen, das Aperçu. Auch hier werden logisch unvereinbare Dinge mit verblüffender Sicherheit in gegenseitigen Kontrast gestellt. Die Fliegenden Blätter enthalten eine Fundgrube solcher Weisheitssprüche in Form kontrastierender Antithesen. Wer sie sammelte, könnte ein Weisheitsbuch herausgeben. Besondere Kontraste entstehen, wenn rein syntaktisch ein Satz anders konstruiert wird, als er in unser aller Bewußtsein ursprünglich lautete: "Lerne zu! Leyden!"

(Lerne zu leiden!) Hierher gehören auch die fürchterlichen Imperative: "Kaiser Wilhelm! Denk' mal!" "Platz! Vor dem Opernhause!" Es ist aber doch ein Beweis für die Aufsuggerierbarkeit rhythmischer Antithesen, daß man solches Zeug nicht hören kann, ohne wenigstens zu lächeln. Der Kontrast ist erzwungen im Gehirn,--man kann ihn nicht abwehren, gerade so wenig, wie man den Lichtstrahl hemmen kann, wenn er einmal die Netzhaut getroffen hat. Wird die Kontraststimmung erzwungen durch raffiniertere und behutsamere Irreführung der Logik, so wird, wie in der Anekdote, der humoristischen Erzählung, künstlich die Phantasie in eine Sackgasse gelockt, ein historisches Kolorit aufsuggeriert,-- und plötzlich gelangt der Zuhörer an den Assoziationsknick, an die Gedankengabelung, weil der Erzähler mit plötzlichem Ruck der elektrischen Bahn den Gegenstrom gibt. Dabei kann dann die Anekdote sowohl im Wortwitz wie im Satzwitz enden, d.h. der Kontrast kann durch einen Doppelsinn eines Begriffes oder durch doppelte Satzauffassung bedingt sein.

Es ist nur natürlich, daß die obszönen Witze hier eine hervorragende Stellung haben. Ich gebe gern zu, daß diese Witze manchmal von besonderer Trefflichkeit sind. Das kommt aber daher, daß die prüde Verhüllung aller, auch der natürlichen und an sich nicht obszönen Realitäten es dem Spötter so leicht macht, die Idee der guten Sitte und das Bedürfnis der Natur in eine Art sensationeller, rasch überrumpelnder Konflikte zu bringen. Die schlimmste Art ist natürlich die Zote, bei der es nur auf obszöne Kontrastierung von Einzelvorstellungen ankommt, während ein fein sexualistischer Kontrast auch den sensitivsten Geistern durch zierlichste Sinnverschlingung Heiterkeit zu erregen vermag. Wir schmunzeln mit Sympathie: die da gezeigten Menschlichkeiten sind ja auch die unseren. Aber diese Dinge müssen, um wahrhaft humoristisch wirken zu können, doch einen dezenten und fein umschleierten, intimen Charakter tragen. Übrigens gibt es durchaus sentimentale und cholerische Formen dieser Kontrastierung von Prüderie und Naturbestimmung, wie der französische Sexualismus (Zola, Maupassant) und der Satanismus beweisen, aus denen oft ein gerechter Zorn gegen die kulturelle

---

Verkümmerung und Verschnürung menschlicher Natürlichkeiten und gegen die gesellschaftliche Fesselung des Naturrechtes aufflammt.

Wird nun der Kontrast zweier Weltanschauungen dauernd von dem Humoristen festgehalten und dauernd dem Hörer oder Leser aufsuggeriert, so gelangen wir zur humoristischen Novelle, zum humoristischen Roman, zum Lustspiel. Unbedingt gehört auch hier zur Humorwirkung immer das Überraschende, Plötzliche, Unerwartete, um eine Lachstimmung zu erzeugen; denn der Konflikt der Ideen allein kann ebensogut zu Tragik oder zum Problem wie zur Humoreske verwandt werden, erst die Art der Behandlung ergibt die Variante: die Tragik erörtert langsam und unerbittlich logisch auf beiden Seiten konsequent die widerstreitenden Ideen, sie erweist sie beide als berechtigt und läßt die eine oder die andere Weltanschauung scheitern; das Problemstück kommt überhaupt zu keiner definitiven Entscheidung, sondern zu einem Fragezeichen; die Humoreske läßt plötzlich in überraschender Weise das Ideale am Felsen alltäglicher Vernünftigkeit zerschellen. Man erinnere sich nur, wie im Don Quixote die kranke ritterherrliche Illusion stets an der Mehlsack-Feistigkeit des kerngesunden Sancho zergehen muß wie die Butter an der Sonne und wie bei Goethe die sentimentale, weichliche Wolkenlangerei des Dr. Faust von der zynisch-grandiosen Sicherheit des Teufels zerzaust wird. Für den künstlerischen Humor, d.h. für die aktive Erzeugung humoristischer Stimmung, ist der Besitz des Musenkusses unerläßlich. Jeder große Humorist ist auch ein großer Dichter. Die dichterische Erzeugung des Humors ist eins mit einer großen, frei schaltenden und waltenden Phantasie, die im Reich des Realen ebensogut zu Hause ist wie auf den Gletscherhöhen des Idealen. "Wurzelnd mit festen, markigen Knochen auf der wohlgegründeten, dauernden Erde", darf nur eine solche Phantasie es sich erlauben, neugierig ihr Lockenhaupt in die Wolken zu strecken, um es zum Totlachen komisch zu finden, daß auch jenseits von Gut und Böse nur mit Wasser gekocht wird. Der die humoristischen Gestalten produzierende Mimiker bedarf neben einer dem Dichter kongenialen Phantasie einer stark physisch wirkenden Suggestionsfähigkeit: er muß sein können, was er scheint. Versagt dem Dichter oder dem Mimen die Fähigkeit, ihre innere Anschaung zu suggerieren, so verfallen sie dem passiven Humor, der tragische Seiten hat. Ihm verfällt auch jedes ernste Wollen, wenn dem prätentiösen Anlauf die Unzulänglichkeit des Menschlichen unvermutet und plötzlich ein Bein stellt ... Ich muß leider darauf verzichten, an dieser Stelle näher auseinanderzusetzen, in welcher Weise das Humoristische allein in dem Medium der Situationen vielstrahlig gebrochen werden kann. Die Situationskomik nimmt ja den breitesten Raum auf den Brettern der Bühne ein, und es ist jedem Theaterbesucher nun gewiß leicht, in jedem Falle nachzuweisen, warum diese oder jene Situation humoristische Stimmungen erzeugt, warum ein Lächeln mit prasselnden Lachsalven von oft lawinenähnlicher, elementarer Gewalt wechselt. Je schärfer und plötzlicher kontrastiert von Dichtung und Regie die Situationen herausgearbeitet, je weiter die Funkenkonduktoren durch gespaltene Phantasietätigkeit voneinander gesperrt sind, um so sicherer wird die Katastrophe im Schachte der unterminierten Logik herbeigeführt und um so energischer wird der induzierte Energiestrom auf die Telegraphendrähte zum Ministerium der Heiterkeit abgelenkt. Irrtum, Verwechselung, Täuschung, Vermummung, Verstellung sind hier die fast schon farbenblassen Requisiten, die aber an einer gewissen Unsterblichkeit zu leiden scheinen. Die Operette und komische Oper mit ihrem Liebeshumor, dem graziösen Schäferspiel, die Posse und der Schwank, die sich die gewagtesten Situationen erlauben dürfen, bis hinauf zum echten Lustspiel, das die reale Wahrheit einer sozialen oder individuellen Idee in Kontrast mit den schiefen, egoistischen Gesellschaftstrieben zu stellen versucht: sie alle fristen ihr Leben nur, wenn sie im Einzelnen wie im Ganzen Bewußtsein, Wahrnehmung, Phantasie, Reflexion zu fortwährenden gegenseitigen Bocksprüngen zu zwingen vermögen. Eine richtige Burleske mutet uns geradezu eine geistige Zickzackepilepsie der wechselndsten, plötzlichen Ein- und Ausschaltungen unserer Phantasie zu, so daß uns die kontrastierenden Ideen im Schädel herumfliegen wie die Erbsen

—

in einem geschüttelten Topf. Übrigens will ich nicht vergessen, zu erwähnen, daß im gewöhnlichen Leben gerade bei der sentimentalsten Gemütsverfassung, bei feierlichen, ja der Trauer geweihten Situationen der Humor, dieser Dieb aller Würde, einen wahren Einbruch in das Allerheiligste unserer Vorstellungen wagen darf. Es war unbegreiflich komisch, als meine Großtante am Sarge einer Verwandten bei einem Rührungskollaps aller Anwesenden statt des Taschentuches eine in der Eile eingesteckte Nachtmütze aus ihrem weitfaltigen Kleide zog, um sich damit die Tränen zu trocknen. Es war von rührender Komik, als ein treuer, greiser Ehegatte, dem seine gute Alte gestorben war, ans Bett der Leiche eine Riesenkaffeetasse brachte und diese leider zwecklose Handlung also motivierte: "Ich hab'n ihr nun zwanzig Jahre jeden Morgen so ans Bett getragen, nun kanns schon noch drei Tage so bleiben!" Das ist eine Form von Humor, die an melancholischen oder Galgenhumor streift. Sicher ist, daß Feierlichkeiten der prunkvollen Trauer leicht umspringende, humoristische, spöttische, komische Gegenströme freimachen, die oft einen besonders explosiven Charakter aus gespannter Kontrastierung erhalten können. Es ist nicht schön, aber wahr, daß die Menschen niemals so ausgelassen zu werden geneigt sind wie nach einer großen Beerdigung, und die rohe Sitte der Schmausereien nach solchen Akten beweist nur diesen realistischen Lebensbetätigungstrieb selbst angesichts des Todes, der mit zu Tische sitzt.

Diesen objektiven Schattierungen der humoristischen Kontraste durch Sprache, Personen und Situationen reiht sich nun die Nuancierung an, die der Humor erfährt durch die vielstrahlige Brechung an der psychischen Disposition des Individuums oder einer ganzen Rasse, durch das Prisma des Temperamentes. Ich kann hier nur skizzieren, daß vom Wesen des Temperamentes dessen, auf den unsere Kontraste von Idee und Realität wirken, eine jede der besonderen Formen des Humors: Komik, Possierlichkeit, Hohn, Geißelung, Ironie, Satire, Spott, Witz, Schalkhaftigkeit, Grazie, Galgenhumor, Drolligkeit, komische Exzentrizität, direkt abhängig sind. Je

———

nachdem ein Individuum von sanguinischem, cholerischem, phlegmatischem, melancholischem, resigniertem, pedantischem, nervösem, phantastischem Grundtemperament ist, je nachdem in einem Volke dieses oder jenes Temperament vorherrscht: in zwingend paralleler Weise äußert sich auch sein Humor in besonders wohlcharakterisierten Formen, wobei natürlich, wie bei den Temperamenten, die Übergänge und verwandte Dispositionen eine Kombinationen-und Variationenreihe völlig unbegrenzter Buntscheckigkeit zuläßt. Auch muß bemerkt werden, daß auch bei derselben Person die Grundbestimmungen variieren; wir haben nicht immer ein gleichwinkliges Prisma, nicht immer eine gleichmäßige Grunddisposition in unserem Gemüt; wir können eben noch phlegmatisch sein: im nächsten Augenblick macht uns ein Reiz sanguinisch oder cholerisch; oder unsere Morgenmelancholie und unsern Aufstehpessimismus stimmt ein Täßchen Kaffe, ein Gläschen Kognak zu beweglicherem Optimismus; und wieder ein anderes Mal treffen die Komplementärfarben der beiden Weltbilder auf ein Eisprisma von Indolenz, Phlegma und Resignation.

Unstreitig ist auch das Komische nur eine besondere Form des Humoristischen: sie sind Zwillingsgeschwister der Bastardehe zwischen Ideal und Real. Im Humor sehe ich eine subjektive oder objektive Gemütsverfassung, die Komik ist ein subjektives oder objektives Mittel, diese Gemütsspannung herbeizuführen. Mir will scheinen, daß zur komischen Wirkung ein gewisser phlegmatisch-pedantischer Rhythmus der Aktionen gehört, der diese dem Drolligen verwandte Wirkung ausübt. Der gewissermaßen verhaltene, scheinbar unbekümmerte, unengagierte, trockene Humor ist um so komischer, je gleichmäßiger und verhaltener seine rhythmische Aktion nebst der ihn begleitenden Mimik gestaltet ist. Er verzieht keine Miene, der Träger des trockenen Humors; eine beinahe apathische Typizität seines Gesichtsausdruckes trägt dazu bei, den Kontrast seiner realen Opposition gegen die Illusion auf rhythmischem, Imitation erzwingendem, d.h. ansteckendem Wege zu verstärken. Man betrachte daraufhin einmal aufmerksam unsere Komiker, Engels, Guthery, Thomas, Alexander, Vollmer, Bendix. Bei allen ein ganz bestimmter typischer Rhythmus ihrer Bewegungen, eine gewisse scheinbar unbeteiligte Gleichförmigkeit und schalkhafte, absichtliche Lässigkeit ihres Gesichtsausdruckes: hängende Mundwinkel, pedantische, schläfrige oder närrisch verkniffene Augen, Mundspitzen, schlürfender, ziehender Gang, schleppende oder besonders singende, meist monotone, typische Sprache im Indifferenzton, dazu womöglich refrainartige, immer wiederkehrende Gesten und sprichwortähnliche und scharf pointierte Satzbildung. Es ist der besonders kontrastierende, gleichmäßige, scheinbar träge, pedantische Rhythmus, der die Komik macht, auch beim Tappen des Bären, bei den Bewegungen der Dickhäuter, bei denen wir eben wie beim passiv oder aktiv komischen Menschen ein besonderes Phlegma, eine besondere närrische Indolenz und langsame Leitung gegen die schnellen Reizwechsel des Lebens vermuten. Sanguinische Tiere, die Katzen, die Hunde, die Mäuse, nennen wir eher drollig, ihr schnellerer Rhythmus gibt ihrer Komik etwas dem Schnippischen, dem Schalkhaften, dem Possierlichen Verwandtes. Es kann also unstreitig der Rhythmus, in dem der Kontrast sich kundgibt, die Formen des Humors modeln und färben. Entscheidender aber ist für die Äußerungsweise der empfundenen oder dargestellten Kontraststimmung dennoch das Temperament, weil ja auch der Rhythmus geistiger Bewegung wesentlich vom Temperamente bestimmt ist. So wird der Sanguiniker sich meist des schnell kontrastierbaren Wortwitzes bedienen, wie auch der geistreiche Witz, das Aperçu, fast das ausschließliche Mittel des Humors des sanguinischsten Volkes, der Franzosen, ist. Dem Choleriker ist der Hohn, die Geißelung, die Ironie, die Satire das Mittel der Kontrastierung; und die besondere Grazie der Spanier hat den wundervollen Ritterhumor des Cervantes im Don Quixote gezeitigt, diesem unverwüstlich ehernen Monument humoristisch-wehmütiger Weltanschauung. Die sanfte Melancholie der Germanen äußert sich in dem einzigen, herzenstiefen, gemütvoll sentimentalen Humor, dem wir die überquellenden Labetränke aus den Meisterwerken eines Dickens, Reuter, Gottfried Keller, Raabe und anderer verdanken. Heines gemischt cholerisch-sentimentales

—

Temperament zeitigte die poetischen Blütensträuße, in denen Rosen um Dornenkronen geflochten sind, darin wechselnd Tau- und Blutstropfen aufleuchten. Der Amerikaner, dessen Seele nach großen Dimensionen hastet, erzeugte auch einen phantastischen, großdimensionalen, exzentrischen Humor, der in Edgar Poë, Mark Twain, Bret Harte die schöpferischen Organe erhalten hat. Endlich führt der Lebensverzicht, die tiefe Resignation, zu einer Form der Kontrastierung des eigenen, reell verlorenen Daseins mit einer bewußt ideellen, aber unlogischen Lebensbejahung, zum Galgenhumor, dessen Typus jener Verbrecher verkörpert, der, auf dem Karren zum Schaffot geführt, der herbeiströmenden Menge zurief: "Kinder, lauft nicht so: ehe ich nicht komme, geht es ja doch nicht los!" Hier ist der Kontrast geradezu umgekehrt. Während sonst der Humorist tief innerlich sein Leben bejaht und es doch in der Idee gleichsam spielend entwertet, fühlt der arme Schacher sein Leben verloren und bejaht es spielend nur in der Idee. Das ist typisch für jede Form von Galgenhumor.

In jedem Falle ist also der Humor eine angeborene Gabe der vielseitigen Betrachtungsfähigkeit der Welt und ihrer Erscheinungen, so verwandt der Kunst, weil er, wie sie, des Rhythmus so dringend bedarf, Kunst aber Rhythmus ist, verwandt der Philosophie, weil er, wie sie, die Wahrheit über alles liebt, verwandt endlich und entsprungen aus dem tiefsten Schachte des Gemütes, wo die Edelsteine Gerechtigkeit und Menschlichkeit ihre ewigen Kristalle wahren. Der Humor ist ein unbestechlicher Richter, er ist eine Majestät, die mit einem Worte dekretiert: es soll dem Rechte freier Lauf gelassen werden; ein Henker, der den Betrügern den Lügenflitter und die Maske vom Antlitz reißt, ein Evangelist, der es versteht, die starren Formeln der sozialen Fragen selbst mit einem Himmelslächeln zu lösen, und ein Tröster, der über alle Not Goldkörner des reinen Gewissens und des unvernichtbaren Mutes der Persönlichkeit streut. "Blankes Schwert erstarrt im Hiebe", wenn der Witz die Klinge kreuzt; und für manches drohende Gewitter ward ein einziges Scherzwort zu rechter Zeit schon oft ein Blitzableiter, der den blauen Himmel heiterer Einigkeit herbeizauberte. Der

---

Humor ist ein Erzieher des Volkes, ein Dokument seines Gemütslebens, eine Schatzkammer des Reichtumes seiner Seele.

SCHLAF UND TRAUM

I.

Wer auf ein Leben von siebenzig Jahren zurückzublicken das Glück hat--das ist bekanntlich die stark optimistische Auffassung der Bibel von der durchschnittlichen Dauer des menschlichen Daseins--, der macht es sich wohl mit einiger Verwunderung klar, daß es mindestens fünfundzwanzig Jahre waren, die er buchstäblich verschlafen hat,--selbst wenn er die kummervollen Nächte, in denen die Sorge oder der Schmerz neben ihm am Bettrand saß, oder auch die Nächte abrechnet, die er weniger kummervoll als deutscher Student verlebte.

Man kann es den Studenten also eigentlich ebensowenig verargen wie weiland Friedrich dem Großen, daß sie auf die freilich unhygienische Idee gekommen sind, sich das Schlafen abzugewöhnen; scheinen doch auch unsere Ministerien der Meinung zu sein, daß für festangestellte Beamte der Schlaf eine Luxusfunktion bedeutet. Ja, der Staat verlangt von Sicherheitsbeamten, Nachtwächtern, Telegraphisten, Lokomotivführern usw. sogar, daß sie gefälligst ihren eigenen Kalender umstellen, die Nächte zählen und die Tage aus ihrem Bewußtsein streichen, sich also gleichsam zum Eulen- und Fledermausnaturell im Interesse des Ganzen umzubilden versuchen. Das wäre eine grandiose Grausamkeit vom Staat und von der Gesellschaft und ein sträflicher Leichtsinn der Jugend, die die Lust, zu leben, durch Abzüge am Schlaf zu verlängern sinnt, wenn es nicht tatsächlich sogar recht wohlgenährte Individuen in der Natur gäbe, die, wie Raubvögel und Falter, aus Neigung und Naturbestimmung mit heraufziehender Nacht erst zu leben beginnen. Freilich: für die erdrückende Mehrzahl der Lebewesen ist die Sonne und das Licht und der Mutterboden Erde, in Helligkeit und Farbe getaucht, der Tummelplatz für den Kampf, Sieg und Untergang des Daseins, und der Schlaf ist im allgemeinen die Anpassung des Organismus an den Untergang der Sonne; er währt, so lange sie hinter den Bergen verweilt, und er schwindet mit ihrem ersten östlichen Gruß, der schon vor

---

48

unserem Erwachen die Hähne veranlaßt, Trompetenstudien zu machen. Freilich: schon lange hat die Kultur, die Jean Jacques Rousseau eine Mörderin der Elfen und Waldgötter schelten durfte, erst durch Holzscheite und Pechfackeln, dann durch Tranfunzel, Docht, Steinöl und Gas und jetzt durch das starre, geisterhafte Licht der Glühbirnen und leuchtenden Strümpfe, deren Strahl auf die Netzhaut wirkt wie ein Dolch (woran leider die Augenärzte späterer Generationen noch einmal ihre Freude haben werden), dahin gestrebt, die Sonne zu ersetzen und gleichsam zu verlängern,--wie man eine kräftige Bowle oder eine Suppe zieht. Ja, selbst die Natürlichen, die heute versuchen wollten, mit Sonnenuntergang sich niederzulegen, würden von dem Lärm der auf künstliches Licht eingestellten Mitwelt unsanft aufgerüttelt werden und, wenn sie sich bei Tagesanbruch erhöben, in ihrem Hause wie des Begräbnisses unwürdige Bewohner von Vineta oder Pompeji umherwandeln. Die Menschennatur hat einen Rhythmus von Ebbe und Flut, wie das Meer, der Himmel, die Sterne und alles, was ist. Möglich, daß dieser Rhythmus sich ändern läßt, daß wir uns allmählich anzupassen vermögen an die künstlichen Quellen von Licht, aber man darf sich nicht verwundern, wenn diese Anpassung nur auf dem Umwege von Hypersensibilität und Neurasthenie erreichbar ist. Nervosität ist vielleicht nur die Übergangsform--im Sinne Darwins--zu einer künftigen Norm von bleichsüchtig-ätherischer, hypersensitiver Weiße-Lilien-Menschheit, die ihren Daseinskampf in elektrisch erleuchtete Höhlen verlegt hat; vielleicht sogar läßt sie sich vor lauter Produktion überfeinerten und distinkten Nervenlebens noch einmal am eigenen Lichte genügen, wie die entzückenden Glühwürmchen im Moose oder die großen Laternenträger der Tropen. Man sollte meinen, daß die Menschheit keinen Grund hätte, sich jenen Lebewesen anzureihen, deren schwache Konstitution und federleichte Skelettformierung sie einst abschob von der Chaussee des Lebens auf dunkle Waldwege, in Gräben und Sümpfe, weil hier das Dunkel der Nacht sie ihren Feinden besser entzog, wie Nachtinsekten, Käfer und Schmetterlinge; man sollte sich auch scheuen, es jenen Dieben und Einbrechern in Wald und Flur

---

nachzumachen, den Eulen und Raubvögeln, die auf den Gedanken kamen, daß die Finsternis ein trefflicher Mantel für lichtscheue Taten sei. Vorläufig aber bleibt es hoffentlich dabei: für unser Planetensystem ist es die Sonne, die als die Urheberin und Erhalterin alles Daseins, gleichsam als die letzte Ursache und der Grund aller Dinge zu gelten hat, und sie bleibt die Wirkerin des Lebens selbst in der periodischen Abkehrung der Erdzonen von ihrem Antlitz. Die Nacht und ihr Weben ist nur das Nachwirken oder der Rückprall der Sonnenmacht. Tatsächlich ist der Schlaf an ihr Verschwinden gebunden, denn unsere Antipoden schlafen, wenn wir wachen, und wachen, wenn wir schlafen. Periodisch also, wie die Sonne erscheint und verscheint, so periodisch und rhythmisch pendelt das gesamte organische Leben bei Pflanze und Tier zwischen Leben und Schlaf hin und her. Denn daß auch Pflanzen eine Art Schlaf haben, kann als ausgemacht gelten, obgleich es auch hier Lichttrotzer gibt, die ihr eigentliches Leben erst nachts beginnen. Die Ärmsten! Sie begreifen nicht, wie sehr sie doch im Banne der Strahlen sind, wenn sie erst erwachen können, sobald das Licht verschwindet. Nun kann man sagen--und die Wissenschaft wiederholt es zuweilen noch heute--: dasjenige, was uns Schlaf bringt, hat mit der Sonne gar nichts zu tun. Der Schlaf sei ein Symptom der Ermüdung, des periodischen Absinkens der Lebensenergie, ein passives Zurückfluten der Lebenswelle; wie das Herz sich aktiv systolisch zusammenzieht, die Atmung durch Rippenaktion eingeleitet wird, Diastole und Ausatmung aber die passiven Phasen der vorangegangenen positiven Aktionen darstellen, ebenso sei der Schlaf gleichsam die Diastole der Nervenflut, eine Art Ausatmung des Seelenodems; er sei ein natürlicher, rein passiver Vorgang der Ermattung, des Nachlassens der Nervenspannungen. Ja, noch kühner ist die Wissenschaft (Preyer) gewesen; man hat behauptet, es sei ein Gift, wie das Narkotikum des Mohns, ein physiologisches, von der Natur gewolltes Opium, das in der Küche des Muskelhaushaltes gerade infolge der Ermüdung jeder sich selbst bereite, das sich allmählich ins Blut mische und schließlich uns einschläfre. Welche sonderbare Anschauung: Selbstvergiftung, Muskelgift, periodische Narkose!

Dann hätte also das Sonnenlicht nur ganz zufällig mit Schlaf und Wachen zu tun; und nur, weil wir am Tage unsere Muskeln gebrauchen und damit das Fleischmilchsäuregift während des Sonnenlichtes produzieren, hat scheinbar die Sonne direkten Einfluß auf den Rhythmus von Schlaf und Wachen. Nun, abgesehen von der zweifelhaften Natur dieses Muskelopiums--die Preyerschen Experimente brachten erstens keinen Schlaf, sondern nur Vergiftungssymptome, und zweitens kann man diese dem Schlaf ganz unähnlichen Zustände fast mit dem Extrakte jedes anderen Organes, ja, sogar aus dem ganz untätigen Muskel des neugeborenen Tieres herauspressen; sie beweisen eben nur, daß auch Muskelsäfte fremde Beimengungen zum Blut sind,-- abgesehen also von der hypothetischen Natur dieses Schlafstoffes gibt es sehr schlagende Gegengründe gegen die Möglichkeit einer solchen periodischen Ermüdungsvergiftung. Wie sollte ein Tier mit Winterschlaf so sonderbare Giftkammern besitzen, um von ihnen aus Monate lang sich selbst in Narkose zu erhalten, ohne daß für diese Funktionen auch nur der Schatten eines Organes in seinem Leibe zu finden ist? Wie sollte zum Beispiel die merkwürdige Narkose des Hamster-Chloroforms zu deuten sein, die ohne jede Analogie in unserem Wissen vom künstlichen Schlaf wäre und nur in der periodischen Wiederkehr gewisser Wahnsinnsformen einen schwachen Analogiestützpunkt gewinnen könnte? Wie aber sollte erst diese Narkose durch Selbstgift zu verstehen sein bei der pathologischen Schlafsucht des Menschen, bei der eine--dann doch notwendige--besondere Muskelaktion vor dem Anfall oder während der Dauer des Schlafes noch niemand aufgefallen ist und bei der ein besonderer Gehalt des Blutes an dieser Fleischmilchsäure in keinem Falle bisher sich hat beobachten lassen? Wo produzieren Neugeborene, die doch noch herzlich wenig mit Muskelkünsten zu paradieren pflegen, das Muskelmorphium ihres lieblichen Dauerschlafes, der sich für unbefangene Betrachter wahrlich eher wie ein Nachdauern süßen Himmelsfriedens, aus dem die Seele niederstieg, ausnimmt als wie ein tiefer und zäher Kater, der auf einen Sturm durchwachter Prügelnächte folgte, worauf allerdings das Antlitz des eben einpassierten Mitbürgers mitunter

---

hinzudeuten scheint? Ist denn im Gegensatz zum Hindämmern des werdenden Menschleins das unruhige Leben des Neurasthenikers oder des Greises, der hin und her hastet in Lebensangst und Sorge, ein besonders mit Schlaf gesegnetes? Läßt sich ernstlich behaupten, daß man, je mehr Muskelaktion man ausübt, desto besser schlafe? Ist nicht gerade Überanstrengung das beste Mittel, um gar nicht mehr zu schlafen? Erfreuen sich nicht umgekehrt gesunde geistige Arbeiter eines ungestörten, tiefen Schlummers? Will man behaupten, daß auch sie alle Gift produzieren? Die ganze Ermüdungstheorie, die das Leben auffaßt wie ein Kautschukband, das man hier und da abspannen muß, um es funktionstüchtig zu erhalten (wobei noch nicht bewiesen ist, daß es dadurch dauernd elastischer bleibt), ist meiner Meinung nach unhaltbar. Gerade die lebenswichtigsten und festgegründetesten und wahrlich "beschäftigten" Organe, das Herz, die Lungen, der Magen--diese eigentlichen Motoren unseres körperlichen und seelischen Betriebes--entbehren des Schlafes gänzlich. Sie hämmern, blasen und wühlen unbekümmert um Nacht und Tag und ermüden erst, wenn das Schifflein strandet. Aber auch die Nervensubstanz selbst, die sich vor allem erholen soll, ruht nicht aus. Allein schon die Existenz eines Traumes, die Möglichkeit eines Bewußtseins im Traum spricht gegen die absolute Ruhe des Nervensystems. Das, was wir Ermüdungsgefühl nennen, kann sehr wohl das Gefühl gestörten Gleichgewichtes der wechselnden Lebensbetätigung verschiedener Organsysteme sein, indem zum Beispiel nach langen Märschen die so lange untätigen, den Muskelzentren nahe benachbarten Intelligenzzentren nach Lebensbeschäftigung verlangen. Sie wollen auch mittun, denn sie sind doch auch berechtigt, zu schwingen und in Aktion zu treten. Wir sehen im Haushalt des Gehirnes immer nur ein System ausgeschaltet und das andere eingeschaltet werden. Es könnte also ebensogut das Gefühl der Ermüdung eine Vorstufe des Schmerzes sein, der uns warnt, die Maschine nicht immer auf einem Rade laufen zu lassen, wie ja so oft Schmerz und Unlustgefühle die Rolle der Signalwächter für Störung und Gefahr übernehmen. Wo diese Wächter schweigen, wie bei eigentlichen Geisteskrankheiten oder bei sportlichen Tollheiten (Tagestouren der Radfahrer), da sehen wir die Ermüdung als etwas Illusorisches ausbleiben. Geisteskranke leisten körperlich oft physiologisch Unfaßbares an Muskelaktion, und vor der Ära der vier Tage lang radelnden Dauerfahrer hätte man die Sache nach den Gesetzen der Ermüdung für Hirngespinst gehalten. Freilich hat man auch noch nichts von besonders produktiven Köpfen, die auf solchen Athletenschultern säßen, gehört.

Ganz und gar keine Anwendung läßt aber die Hypothese von der Ermüdung oder der Selbstvergiftung auf die Formen künstlichen Schlafes zu, die uns die junge Kunst des Hypnotisierens gelehrt hat. Es müßte schon eine sonderbare Ermüdung oder ein sonderbares Gift sein, die durch Streicheln oder Anglotzen, mit mehr oder weniger "freundlichem" Zureden, die Hirnganglien überfielen und ertränkten. Einer Mutter, der sorgsamsten Beobachterin des Schlafes, wird sicher nicht beizubringen sein, daß ihr summendes Singen und ihr Auf- und Abwiegen dem Kinde ein ermüdendes Gift hinter die geschlossenen Lider schüttet. Wie nun, wenn man diese ganze Theorie des Schlafes als eines passiven Vorganges, wie ihn die Wissenschaft noch heute definiert, über Bord würfe? Sehen wir zunächst zu, was die Physiologie über den Schlaf aussagt. Landois, wohl der geistvollste und universellste Physiologe, spricht sich über den Schlaf in den folgenden Sätzen aus: "Der Schlaf ist eine Phase der Periodizität des tätigen und ruhenden Zustandes des Seelenorganes." "Es ist im Schlaf eine verminderte Erregbarkeit des gesamten Nervensystems vorhanden." "Der Schlafende gleicht einem Wesen mit herausgeschnittenen Hirnkugeln." Auffallend ist, daß man bei diesen Grundsätzen über die Physiologie des Schlafes so völlig vergessen hat, den Traum, als eine Funktion des Schlafes, in die Definition miteinzubeziehen. Denn allein die psychologische Tatsache des Traumes und seiner gewöhnlichsten Erscheinungsformen hebt diese Anschauungen sämtlich auf. Der Schlaf kann nicht die Periode des ruhigen Zustandes des Seelenorganes genannt werden, denn es gibt Träume; Träume sind aber "Tätigkeiten" des Seelenorganes. Im Schlaf ist ferner oft gerade eine erhöhte

---

Erregbarkeit des Nervensystems vorhanden, wie das Zittern und Beben des Organismus unter unruhigen Träumen beweist. Außerdem ist die vorhandene Erregbarkeit sämtlicher Nervenfunktionen im Schlafe leicht erweisbar. Tue Salz auf die Zungenspitze eines Schlafenden, kitzle seine Nase, bringe ein Licht in sein Zimmer: er wird mit der Zunge schmecken, die Nase reiben, eventuell sogar niesen, sich in den Schatten drehen und braucht dabei gar nicht zu erwachen. Aber selbst wenn er erwachte, so wäre damit bewiesen, daß sein Nervensystem erregbar war, auch während er schlief,--und es wäre doch schwer festzustellen, ob stärker oder schwächer als vor- und nachher. Der Schlafende gleicht aber auch keineswegs einem Wesen mit herausgeschnittenen Hirnkugeln, obwohl wir leider keinem solchen Opfer der Wissenschaft mit einiger Aussicht auf Erfolg diese Frage vorlegen könnten. Aber wir entnehmen gleichfalls aus der Funktion des Traumes, die Ichbewußtsein, Seh-, Hörwahrnehmungen usw. nicht ausschließt, daß die wesentlichen Teile des Hirnorganes, die Ganglien der Hirnkugeln, in voller Tätigkeit sind. Ja, im Schlafwandeln, einer Abart des Traumes, finden wir sogar bewußte und durch die Erinnerung und Beobachtung rekonstruierbare Zweckmäßigkeitshandlungen, die nur durch die Tätigkeit der "gleichsam herausgeschnittenen" Hirnkugeln vermittelt sein können. Im Widerspruch mit diesen Definitionen ist also im Schlaf etwas vorhanden, das ihn als etwas durchaus Aktives aufzufassen gestattet. Jene Analogie mit der Ebbe, mit der Diastole, mit der Ausatmung, mit dem periodischen Nachlassen elastischer Spannung könnte durch eine Auffassung ersetzt werden, wonach der Schlaf einträte, weil irgend etwas da ist, das eine Tarnkappe über die Gangliensysteme zieht, das den Nervenmechanismus angreift wie der Konterstrom einer elektrischen oder Dampfbremse, das sich über die Äolsharfensaiten der Seele und ihre Milliarden schwingender Membranen hinüberzieht wie ein vielgestaltiger Dämpfer, der die Töne erstickt, die Flammen verglimmen macht, die Bewegung stillstehen heißt und die Welt und ihre Umgebung zeitweise versinken läßt. In Wirklichkeit ist der Schlaf eine Form der aktiven Bewußtseinshemmung. Wir wissen aber--und das ist das Fruchtbare an dieser Betrachtungsweise--, daß Hemmungen, Isolation, Ausschaltungen im Bewußtsein durchaus aktive Vorgänge, den Nerventätigkeiten völlig gleichwertige Seelenfunktionen sind. Ja, wir können sogar mit einigem Recht behaupten, daß ganz allgemein, biologisch gesprochen, die Hemmung, der Widerstand die Bedeutung eines aktiven Weltgesetzes hat, indem gerade sie das eigentlich Entscheidende für die Formierung des überall vorhandenen und zur Betätigung drängenden Lebens sein dürfte. Die unendlich wandelbaren Gestaltungen, die das Leben hat, gewinnt es nur durch Nachlassen oder Verstärkung der ihm gegenübergestellten Formen der Hemmung. Das Leben ist gleich einem gegebenen Strom rätselhafter, jeder Anschmiegung fähiger Materie, es quillt durch jede Fuge, jede Ritze in der Form dieser Lücke, und die Hemmung gleicht einer krallenden, bildenden, vielfingrigen Faust: sie erzwingt die Form. Das Leben hat nur Platz in dem Hohlraum, den ihm die Widerstände lassen. Das ist ein Weltgesetz; und auch das komplizierte System der seelischen Nerventätigkeit läßt es erkennen. Jeder hat schon an sich die aktive Macht dieses Gesetzes erfahren: die Abhängigkeit seines Willens von etwas anderem in ihm, seinem Wollen Entgegengesetztem, die zwei Seelen in seiner Brust, die Stimme, die vom Meere ruft, und das Glöcklein, das vom Kirchturm tönt und "Bleib daheim!" läutet. Gott und Teufel, Weiß und Schwarz, Ich und Du, der andere in mir, Lust und Abscheu--immer um so näher beieinander, je höher die Wogen des Empfindens gehen-- sie sind nicht auseinanderzureißen. Wie ein Pendel seine Schwingungsweite innehält und um so höheren Ausschlag gibt, je höher der Anhub war, so lauert die Hemmung, die Wellen der Erregung ins Tal zu reißen. Kein Wunder, daß es so ist! Denn, rein mechanisch gesprochen: die Aktion einer Mehrheit der Nervenganglien des Gehirnes muß in dauernder Hemmung sein, und zu einer Zeit können nur wenige Systeme in Aktion anklingen, gleichsam wie ja zu einer Zeit nur eine Leitung meinem Telephon angeschlossen sein kann, die übrigen aber abgesperrt sind. Ohne diese ewig wechselnde Ein- und Ausschaltung müßten ja jeden Augenblick alle Ganglien in

---

chaotischen Wellen durcheinander schwingen. Wir finden also, daß wir in zeitlich nacheinander geordneten Systemen nur deshalb denken können, weil uns im Augenblick immer nur eine Bahn zum Denken von der Hemmung freigegeben ist. Was "die Aufmerksamkeit konzentrieren" heißt, ist nichts als das Gefühl und Bewußtsein davon, daß von der ewig schwankenden, Anschlüsse bald hier erzwingenden, bald dort abdämpfenden Hemmung nur eine--die Augenblicksempfindung vermittelnde--Bahn freigelassen ist. So ist also der eigentliche Spiritus rector, die Seele über der Seele, nicht in den Ganglien, die nur die Erregungselemente abgeben, zu suchen; und in dem Mechanismus dieser Hemmung wäre das Prinzip zu erforschen, das gleich immer wechselnden Registerzügen in der großen Hirnorgel bald diesem, bald jenem System die Ventile öffnet, so daß der einströmende Hauch des Lebens die fünfzehnhundert Millionen feiner Membranstimmen in unfaßbar reicher Kombinationsmöglichkeit zu seelischen Akkorden erklingen läßt. An einem Hause seien Millionen kleiner Glühlämpchen angebracht, deren Drähte alle in eine stille Klause unter dem Dache auslaufen. Hier sitzt ein Jemand, der das System der Hemmung in den Händen hält. Er läßt Millionen Flämmchen erlöschen, und ein kleiner Rest leuchtet: ein Namenszug strahlt in das Dunkel der Welt. Andere Systeme werden geschlossen, andere freigelegt: ein Gruß, ein Willkommen, ein ganzer Satz erstrahlt,--und so könnte der Ingenieur der Hemmungen unter dem Dach gewiß jede Weisheit in farbigem Spiel aufleuchten lassen, falls er den Strom seiner Batterien, der in alle Lämpchen zu fließen strebt, zeitweise immer nur in einige eingelernte Bahnen zwingt und ihm die anderen verschließt. So ist auch hinter unserer Stirn ein unendlich kompliziertes System kleiner erregbarer Leuchtkörper ausgespannt, viel zahlreicher als die Sterne am Himmel, die für uns auch nur aufflammen, wenn das Licht des Tages sie nicht abblendet; die nur dann in ihren spezifischen Energieformen erzittern, wenn die Hirnhemmung gerade ihre Leitungen dem Strahl des Lebens freigibt. Diese Hirnhemmung hat nun keineswegs gleiche, scheinbar willkürliche Macht über alle Formen zentraler Hirn- und

---

Seelentätigkeit; ihr wechselnder Einfluß nimmt mit dem Entwicklungsalter der einzelnen Hirnpartie ab. In den instinktiven, dem Bewußtsein ganz entzogenen Seelentätigkeiten, namentlich in denen der Regulation von Herz- und Atmungstätigkeit, schwankt die Hemmung nicht mehr; sie ist immer gegenwärtig, sie hat sich selbsterhaltungsgemäß[1] herausgeprüft, welche koordinierten Bahnen das Beste, Unabänderlichste für den Haushalt des Ganzen darstellen. So werden auch unsere, heute nicht mehr bewußten Seelenhandlungen in festen, definitiv und stets gleichmäßig gehemmten Bahnen reguliert, und nur in den jüngsten Phasen des Bewußtseins tastet die Hemmung, gleichsam nach Auswahl suchend, was wohl die beste, erhaltungsgemäße Lösung sei. Die jüngste Entwicklungsphase eines seelischen Organismus ist gleichsam stets sich selbst noch ein Problem, das nach definitiver, d.h. instinktiver Lösung ringt.

Fußnote 1: Von Hauptmann treffend statt "instinktiv" eingeführter Begriff.

In uns geht sehr vieles unbewußt seinen nicht mehr abzuändernden psychischen Mechanismus. Wir haben in uns psychisches Geschehen, das unserer Kontrolle ganz entzogen ist. Unsere Sympathien und Antipathien z.B. können wir nicht mehr ohne Rest im Bewußtsein begründen; wir tun vieles, oft das Entscheidendste, ohne jeden plausiblen Grund,--mit einem Wort: es gibt in uns Verständigeres als den Verstand, Bewußteres als das Bewußtsein, Besseres als das Beste![1] Das sind jene unterbewußten, schon definitiv vom schwankenden Bewußtsein des Ichs und der Situation abgelösten (definitiv gehemmten) Gebiete, die nicht mehr oder noch nicht mit der tastenden Orientierung der höchsten Ganglienschichten assoziiert werden können. Die jüngsten Phasen geistiger Entwicklung senden ihre Polypenarme (Sinne) wie Gehirnausstülpungen nach außen, sie horchen, fühlen, wittern umher in der Welt und suchen nach Orientierung im Weltganzen. Das Gefühl der allseitigen Hemmung, die Summe aller Reize, die die Widerstände auf meine Sinne ausüben, wirkt das, was mein Empfinden von mir selbst und mein Bewußtsein von meiner Stellung in der Welt

---

ausmacht. Aber in der Tiefe meines geistigen Seins ist immer noch ein dunkel in mein Jetztsein hineinreichender Unterstrom von einstigem Wissen und Erkennen derer, die vor mir waren, gleichsam das Testament der Psyche meiner Vorfahren, das ich nicht mehr entziffern kann, dessen Gesetzen ich aber gehorche, auch ohne seine Sprache zu verstehen. Manchmal fühlen wir ein dunkles Aufleuchten aus diesen Tiefen der mit uns geborenen Stammesgeschichte, man sinnt ihm nach, wird sich seiner Macht inne und fühlt doch nur einen Widerschein von seinem Wetterleuchten. In diese Tiefe reicht nun keineswegs die Hemmung, die der Schlaf dem Bewußtsein bringt, seine Abblendung des geistigen Lichtes bezieht sich nur auf jene krönenden Funktionen geistigen Geschehens, die im wesentlichen, wie wir sehen werden, der noch gegenwärtigen Phase der Hirnentwicklung zugehören.

Fußnote 1: Das geht zum Beispiel deutlich aus der Tatsache hervor, daß wir von einer Erkrankung träumen können, deren Herannahen im Wachen noch nicht empfunden wird: ein hohler Zahn, ein Geschwür kann im Entstehen schon Traummotive erregen, ohne gleichzeitig Wachsensationen zu veranlassen. (Moll.)

Was ist es nun, das diese Hirnhemmung[1], die das Dunkel des Schlafes erzwingt, vermittelt?

Fußnote 1: Über das mutmaßliche Wesen dieser selbst siehe Ausführlicheres in des Verf. "Psychophysik des Schlafes und der schlafähnlichen Zustände". Zweiter Teil seiner "Schmerzlosen Operationen". 5. Aufl. bei Springer, Berlin.

Wir stellen uns vor, daß um die Ganglienzellen des Gehirnes ein Mechanismus ausgespannt ist, dessen Aktion eben die Hemmung bedeutet, und daß dieser Mechanismus vielleicht ganz grob gebunden ist an die Zwischensubstanz zwischen den Gangliensystemen, die Neuroglia, die bisher als eine einfache Stützsubstanz aufgefaßt wurde. Wir denken uns diese Substanz aktiv durch Blutstrom und Saftzirkulation rhythmisch erfüllbar und entleerbar, so daß je ihre Füllung oder Entleerung imstande ist, Anschlüsse (Assoziationen) unter den Zellen zu unterbrechen oder zu bewerkstelligen. Sie bildet gleichsam zwischen den

Ganglienkörpern feuchte oder trockene Isolationsschichten, die den überspringenden Funken oder induzierten Strömen größeren und geringeren Widerstand entgegensetzt. So geschähe auch das Denken in der Richtung des geringsten Widerstandes im Seelenorgan, wie jede andere Bewegungsform. Die Tätigkeit der Ganglien ist die der spezifischen Transformation (Umbildung) der Außenweltreize, ihre prismatische Strahlenzersplitterung, und die Tätigkeit der Hemmung ist die der Widerstandserzeugung für die Assoziation dieser transformierten Reize. Sicherlich gibt es auch ein psychisches Äquivalent, d.h. jeder Reiz, der das Zentralorgan trifft, verlangt seinen völligen Umsatz in Spannkräfte der Vorstellung und des Willens; die Handlung und der Gedanke sind gleichsam die Sammlung der zerstreuten Strahlenbündel zu weißem Licht, die Rückgabe der unveräußerten Pfunde an die Außenwelt. Die Hemmung gibt die Bahnen an, in denen dieser Ausgleich sich vollzieht.

Diese, wie ich gern gestehe, für eine Plauderei schwerfälligen Deduktionen waren nötig, um den Mechanismus des Schlafes völlig verständlich zu machen. Sie ermöglichen eine hypothetische Einheit des Gesichtspunktes, von dem aus es leicht wird, alle Formen des Schlafes zu betrachten. Daß die Strahlenfinger der Sonne imstande sind, die Hemmung, die über den Ganglien im Schlafe ausgespannt ist, zurückzuziehen, vermöge einer Reizung der sympathischen Nervengeflechte, wird uns ebenso begreiflich, wie daß ihr Loslassen von der Gefäßspannung dieser am Abend gestattet, die Tarnkappe über das Bewußtsein zu ziehen. Man beobachte nur einen Müden. Indem die heranrollenden Flutwellen des Hirnblutes gegen seine Bewußtseinszentren anbranden, fühlt er eine Neigung, nicht mehr mitzudenken, es wird ihm schwerer, die Umgebung teilnehmend festzuhalten, er vergißt sich und sie, seine Muskelaktionen werden schlaffer, die Lider sinken herab, und ein krampfhaftes Gähnen gibt kund, daß der Reizüberschuß, den das Leben in seiner Hirnrinde zurückgelassen hat, eine gewohnheitsmäßige Ablenkung auf ein gewisses Gebiet der Atmungstätigkeit erfährt. Gähnen heißt, das Gehirn von Spannkraft des Denkens entladen, um so der Hemmung leichteres Spiel zu gestatten. Recken und Strecken sind nicht minder Formen der Überführung geistiger Spannkräfte auf das Muskelgebiet. Die Flutwelle der Hemmung spült immer weiter über den lichten Strand des Bewußtseins, in dessen Glanz sich eben noch die Umgebung widerspiegelte. Diese Bildfläche wird immer trüber, und schließlich versinkt wie mit einem Schlage die Außenwelt vor seinen inneren und äußeren Blicken: er ist in ihr und hat doch kein Gefühl davon. Dieser Vorgang gleicht so unmittelbar der Ein- und Ausschaltung elektroider Spannungen, dem langsamen Verglimmen eines eben noch strahlenden Glühkörpers, daß der Begriff des "Erlöschens" des Bewußtseins zu dem Treffendsten gehört, was unsere Sprache besitzt. Man kann ihn ruhig buchstäblich nehmen. Die Schlafhemmung ist also ein durch Nervenspannung (Sympathicus) vermittelter Reflex, den die Periodizität des täglichen Lichtwechsels durch Anpassung erzwungen hat, der aber--und das spricht deutlich für die hier vorgetragene Auffassung--ebenso gut durch andere Einflüsse nervöser Natur erzeugbar ist. Ganz gleich, ob die vermutete Zwischenwirkung der Neuroglia vorhanden ist oder nicht--und sie ist ja eine Hypothese, wie andere auch--: Niemand kann leugnen, daß Schlaf durch Reizung der Hemmungsvorgänge im Gehirn aktiv zu erzeugen ist. Man hat die Wichtigkeit dieser Vorstellung bisher nicht erkannt. Diese Reflexhemmung ist nun z.B. ebenso, wie physiologisch durch den Rhythmus des Sonnenunter- und Sonnenaufganges, auslösbar durch die Maßnahmen der Hypnose: Streicheln über die Stirn und Augenlider, starres Fixieren, Kämmen, Wiegen, das gleichmäßige Einerlei des Tickens der Uhr, Vorlesen, die Monotonie des Schlafliedes,--das alles sind Reizformen der sanften, suggestiven Abblendung des Bewußtseins auf einen einzigen Punkt, wodurch es natürlich der immer bereiten Hemmung um so leichter gemacht wird, rings um diese letzte Stelle des Bewußtseins ihr Zeltdach des Schlummers zusammenzuziehen. Eindämmung des Bewußtseins auf einen Punkt und Einschlafen sind Dinge, die nahe beieinanderliegen. So kommt es, daß zum Einschlafen auch der feste Wille dazu gehört und daß Gewohnheit und Erziehung einen so erheblichen

---

60

Einfluß haben. Man zwinge sich bei erschwertem Einschlafen, fest bei einem Punkte zu verharren, man stelle den geistigen Blick auf eine Stelle der Erinnerung, der Überlegung, der Vorstellung und halte ihn ja fest--der Gedanke ist ein Springinsfeld, er will rechts und links über die Zäune setzen--: dann wird es der Hemmung schon gelingen, auch diesen Punkt mit weicher Hand auszuwischen und das süße Allvergessen hervorzuzaubern. Unsere Schlafmittel--einschließlich der Mittel der Narkose-- betäuben in gleicher Weise, sie lähmen die Gefäßnerven aktiv; und die Folge ist die Füllung der hemmenden Gespinste um die Ganglien und die Erzwingung der Unmöglichkeit ihrer gegenseitigen Erregung. Ganz deutlich ist der Mechanismus beim Alkoholgenuß. Der anfangs die Gefäße treffende Giftreiz verengt zunächst das Stromgebiet der hemmenden Zwischenschicht; der Anschluß der geistigen Verknüpfung der Ideen erfolgt zunächst mit deutlicher, gern gefühlter, die Lebenslust erhebender Leichtigkeit; über alle Höhen und Tiefen der Probleme schwebt frei und selig die erleichterte Kombination der Gedanken; der Dümmste dünkt sich ungeheuer geistreich und traut sich Fähigkeiten zu, von denen er nie geglaubt, daß er sie sein eigen nennt, wobei er oft sogar Kundige zu täuschen vermag. Die Hemmung gewinnt aber um so mehr Gewalt, je höher die Dosis steigt, sie engt wie beim Hypnotisierten das eben noch irrlichtelnde Bewußtsein immer mehr ein, der Berauschte bleibt geistig an einer Stelle kleben, er erzählt dieselbe Geschichte fünfmal, zehnmal, murmelt schließlich immerfort dieselben dumpfen Fragmente: und endlich sinkt des dionysischen Schwärmers blutgefülltes Haupt schwer auf den Tisch, und die volltönende Harfe läßt dem Sägegeräusch des Schnarchens das Feld. Während aber bei diesen künstlich erzwungenen Formen des Schlafes die Hirnhemmung nicht nur die obersten Schichten des Bewußtseins umfaßt, sondern auch ihre eiserne Klammer tiefer um die Zentren der Muskelaktion sowohl wie um die anderer Formen von Bewußtsein schlägt, scheint uns für den physiologischen Schlaf charakteristisch, daß eigentlich nur das Bewußtsein für Zeit und Ort, für Orientierung in der Umgebung und der betreffenden zeitlichen und örtlichen Situation fehlt. Da

---

der Schlafende im Traum sein Bewußtsein von sich selbst, den Begriff der Persönlichkeit, durchaus nidht verliert, sondern nur orientierungsunfähig für das ist, was ihn in Wirklichkeit umgibt, so kann man sagen: Schlaf ist nichts als die periodische Hemmung des Situationsbewußtseins; er ist die periodische Ausschaltung der Orientierung für die Umgebung, die Zurück- und Einziehung aller Empfindungsfasern, mit denen der Mensch direkt in seiner Umgebung wurzelt. Alles übrige, sein Ich-Bewußtsein, seine Bewegungsfähigkeit, seine Phantasietätigkeit, seine Vorstellungssphäre, unterbewußtes Instinktleben ist an sich ganz wach und nur insofern vermindert, als diese Funktionen ihren verstärkten Anstoß eben aus jenem Situationsbewußtsein zu ziehen gewöhnt sind. Wir verlassen für gewöhnlich im Schlafe nicht unser Bett, weil wir von diesem Bette gar nichts wissen, wir greifen nach nichts über und um uns, weil wir nichts von dem "über und um uns" wahrnehmen, und wir lassen alle Muskeltätigkeit ruhen, weil wir aus der Umgebung keine Veranlassung beziehen, irgend etwas auf diese Bezügliches zu unternehmen. So weit aber die tiefer gelegenen zentralen Funktionen vom restierenden Bewußtsein des Traumes erregt werden können, bleibt ihre Beeinflußbarkeit bestehen, wie wir noch sehen werden. Bei der Betrachtung des Traumes werde ich auch noch genauer zu definieren haben, in welcher Weise sich diese Tatsachen der Hirnhemmung bei den verschiedenen Formen des gestörten, pathologischen Schlafes erkennen lassen. Da nichts so individuell ist wie die Intelligenz, und da gerade die Schichten, in denen Logik und Intelligenz ihre Werkstätten besitzen, in mehr oder weniger großer Tiefe im Schlaf ausfallen, so ist auch die feinere Art der Bewußtseinshemmung im Schlaf und noch mehr im Traum etwas stark Individuelles. Jeder hat seinen normalen Schlaftypus, der natürlich sehr erheblich durch Außenwelteinflüsse zu verändern ist. Der Schlaftypus wechselt auch deutlich mit dem Lebensalter des Individuums, und seine größte Intensität fällt zusammen mit der Vollreife, was wiederum stark für meine Auffassung von der Aktivität des Schlafmechanismus sprechen dürfte. Der Schlaf des Neugeborenen ist deshalb so intensiv, weil die mitgeborene

---

Hirnhemmung an Ausdehnung so ungeheuer die Ansätze von Ganglienzellen überwiegt; denken lernen, heißt eben: Ganglienzellen in die erhaltungsgemäße Hemmung hineinwachsen und ihre Anschlüsse durch sie regeln lassen. Das ist ja der einfache Grund, warum Wahrheiten oft eine Generation an Hirnwachstum gebrauchen, bis sie in die Köpfe der Nachlebenden hineinpassen und nun wie etwas Selbstverständliches erfaßt werden; deshalb ist es auch für originelle Geister ein so sicherer Weg, im lieben Vaterland zu etwas zu kommen, wenn sie die Einsicht haben, sich still, geduldig zunächst dreißig Jahre ins Grab zu legen. Es ist überall das Verhältnis von Ganglienaktion zur Aktivität der Hemmung, das Originalität, Intelligenz, Charakter, Genie, Talent, Temperament ausmacht und das auch den wechselnden Typus des Schlafes bestimmt. Anwuchs neuer Zellassoziationen, geistige Geburtswehen machen unruhigen Schlaf, ebenso wie Überanstrengung, Sorge, Überlastung vorhandener Denksysteme (Rechnen, Geiz, Gewinnsucht, Hoffnung, Erwartung, Freude), weil in allen solchen Fällen die Gangliensysteme der zur Nachtzeit anrückenden Hemmung widerstehen.

Im wohlregulierten Hirnmechanismus geht abends alles nach der Schablone der Ein- und Ausschaltung: sie brauchen noch gar nicht müde zu sein, die glücklichen Philister, sie legen sich um Punkt neun Uhr zu Bett: eine Drehung auf die Seite, eine Umschaltung am wohlgeübten Kabel der Bewußtseinsleitungen,- -und der Schlaf beginnt. Diese Regelmäßigkeit des Ein-und Ausschaltens von Bewußtsein und Schlaf selbst ohne jedes Ermüdungssymptom, die man bei wohlerzogenen Kindern und den Menschen, die Sinn für Ordnung und Gesundheit haben, beobachten, die man dagegen freilich bei den Kindern Berliner Sonntagsausflügler nicht einmal andeutungsweise mehr erkennen kann, spricht offenbar beredt genug gegen die Ermüdungs-und Vergiftungstheorie des Schlafmechanismus. Es ist eine alte Weisheit, daß der Vormitternachtsschlaf der stärkendste ist. Weil wir es eben im Schlafe mit aktiven Nervenspannungen zu tun haben, ist der Kontrast von Tag und Nacht um so deutlicher wirksam, je näher der Wechsel zum Eintritt der Schlafhemmung

---

liegt. Die Zeit vor Mitternacht liegt dem Scheiden der Sonne am nächsten, d.h. dem Hemmungseinsatz, und jede Stunde nach Mitternacht führt uns dem Sonnenaufgang und dem Einsatz des Bewußtseins näher. Welche Erquickung bringt ein tiefer, gesunder Schlaf; wieviel Heilung und Abwehr von Gefahr und Krankheit unter dem Zeltdach seines Friedens in einer Nacht; welche sanfte Glättung der erregten Flut des Tages unter dem Banne seines schwebenden Dunkels! Er vermag Rätsel der Lösung nahe zu führen in wenigen Stunden, und oft steht die befreiende Idee am Morgen beim Aufwachen vor unserem Bette, wie ein Kind mit einem Geburtstagsstrauß. Weinend legt der Knabe sich nieder, weil er die Lektion nicht bewältigen konnte, und morgens sagt er sie her, erstaunt und verblüfft ob der Heinzelmännchenarbeit, die über Nacht in seinem eigenen Kopf geleistet ward. Der Dichter, der Komponist, der den Tag verbracht hat in gigantischem Ringen mit dem Chaos seiner inneren Gestaltungskraft--vergeblich, denn es wollte keine Schönheit dem heißen Nebel entsteigen--: eine stille Nacht tiefen, erquickenden Schlafes, und im Hafen seiner Sehnsucht liegt bewimpelt und beflaggt ein weißes, stolzes Schiff aus dem fernen Lande der Phantasie. Da es eben die jüngsten Entwicklungsphasen des Bewußtseins sind, in denen das Gehirn des Kindes oder des frei bildenden Produzenten von Gedanken-- der Grund, warum das Genie stets mit Kinderaugen sieht-- immer neue Systeme an alte Bahnen anschließt, so sind hier auch gleichsam die leicht verletzlichen, zartesten Blüten des Seelenlebens ausgebreitet. Das stille Zellenwerden und Gedankenspinnen bedarf mehr als andere, festere Gewebe des Gehirnes des zeitweiligen Schutzdaches gegen Reif und Hagel. Sehr wohl kann eine Nacht gleichsam die neue Drahtlegung und Kabelstation fertigbauen, den Schlußstein setzen, einen sammelnden Kontakt einschalten, die ganze Monate im Anreiz des Lebenskampfes mühsam vorgebildet hatten. Welche Qual aber, wenn diese dem geistigen Leben so nötige Bewußtseinsverhüllung versagt! Was gibt es Fürchterlicheres als die Schlaflosigkeit, in der das geistige und körperliche Auge in die Finsternis der Nacht starrt, die das Wesen eines Dämons annimmt? Dabei die Gedankenflucht hinter dem Schädel, diese springenden, jagenden und nicht fixierbaren Bilder, die doch so gleichgültig sind und uns so gar nichts angehen, die sich aber unaufhörlich durcheinanderschieben,--diese grauenvolle Ahnung dessen, was Wahnsinn sei! In der Tat: Hemmungsfortfall ist ja auch der Inhalt vieler Wahnsinnsformen, da die gereizten und zur Überfunktion gepeitschten Ganglienzellen schließlich alle Widerstände durchbrechen, die blinden Affekte und die Bocksprünge im Geist, die geistigen Veitstänze beginnen.

In der schonenden Hülle, die die Hemmung um wachsende, junge Reiser der sprossenden Hirnzellen zu legen vermag, in der heilsamen Fesselung, die der überwiegende Widerstand unreifen Kapriolen junger Hirnkeime entgegensetzt, wurzelt vielleicht der Trieb der Berauschungssucht bei Tier und Mensch. Die Alkoholisten, die Morphinisten, die Opium- und Haschischvertilger verschaffen sich künstlich diese Verschleierung des Bewußtseins, den der gesunde Schlaf freiwillig gewährt, nicht nur, weil es angenehm ist, die quälende Unruhe erregter Ganglienarbeit zu hemmen, sondern auch, weil sie instinktiv fühlen, daß eine erhaltungsgemäße Ausgleichstendenz in diesem erzwungenen Widerstand liegt.

Diese Anschauung von der auf Nervenspannung beruhenden, aktiven Ein- und Ausschaltung der Hirnhemmung als Ursache des Schlafes macht uns auch die atypischen Schlafformen viel begreiflicher, als sie es unter der Ermüdungs- und Vergiftungstheorie sein konnten. Der Winterschlaf gewisser Nager, der Tagschlaf gewisser Insekten und Vögel, die pathologische Schlafsucht beim Menschen und die in einigen Grenzen mögliche Verschiebung des natürlichen Schlaftypus (alle Sorten Nachtwächter einbegriffen), sie alle werden verständlich, wenn wir sie betrachten als verschobene Rhythmen einer aktiven Hemmung. Die Intervalle des Wechsels von Hemmung und Aktion sind auf nervöser Bahn nur zeitlich verstellt, soweit überhaupt noch ein Rhythmus erkennbar ist; wo dieser aber ganz fehlt, wo entweder Aktion oder Hemmung allein herrschen, da beginnt das Reich des Abnormen im Geiste, das ganz natürlich in Krankheiten der Hemmungs- oder

---

Aktionsorgane zu trennen wäre, wie an jeder elektrischen Einrichtung Strom oder Hemmung defekt sein können.

So ist der Schlaf also die Tätigkeit eines besonderen Organsystemes, der Hemmung, die sich aus Blutumlauf, Isolationsmechanismen und Nervenerregung zusammensetzt. Den verschiedensten Ursachen, der Schaukelbewegung der Wiege, dem Reflex der Hypnose, der Wirkung der Narkotika, gehorcht diese rätselhafte Funktion so lange, bis schließlich die Hand des Todes zum letztenmal und dauernd die ewige Hemmung gleich einem eisernen Vorhang vor unserer Existenz herabzieht. Darum scheint der Schlaf als des Todes Bruder, weil er uns ahnen läßt, wie unsere definitive Lebenshemmung sein wird. Was das Dunkel, das nur mit dem Tage wechselt, an der Peripherie unserer Seele mit seinem Zauberschleier wirkt, das vollendet einst die Nacht des Nirwana für immer. Heute versenkt der Schlummer das Ich nur auf ein kleines Stückchen unter die Oberfläche; es taucht ein wenig hinab in ein Meer, in dem noch die kristallenen Gestaltungen des Traumlebens schweben; aber einst erstarrt auch diese schwebende Flut das kalte Nichts zu Eis. Solange aber Wachen und Schlaf mit Auf- und Niedergang der Sonne wechseln, haben wir Gelegenheit, den vollen Frieden zu ahnen. Wir werden im Schlaf in eine Sphäre gleichsam früherer Daseinsepochen zurückgezogen, sowohl unseres persönlichen Seins wie des Seins der Menschheit. Schlaf ist Seelenleben minus Situationsbewußtsein und ohne die Fähigkeit, die Umgebung logisch mit unserem Geiste zu verknüpfen. Das gibt unserer Phantasie die Möglichkeit, uns einen Teil des nur halb bewußten Tierlebens vorzustellen, dessen Fesseln die immer sprossenden Zellen der Fortentwicklung gesprengt haben und dereinst in späteren Geschlechtern vielleicht zu noch höheren, wundervollen Bewußtseinsformen weiter sprengen werden.

II.

Wenn es richtig ist, daß im Schlaf alle diejenigen Saiten

—

unseres Seelenorganes, deren Sinneswurzeln wie Polypenarme in die Außenwelt greifen, im Pianissimo e con sordino der Hemmung, also fast tonlos, schwingen, wenn es also vorwiegend das Bewußtsein der Stellung des Ichs in der umgebenden Welt der Realitäten ist, das aus der Reihe psychischer Bewegungen im Schlafe entfällt, so ist es begreiflich, daß alle noch in der übrigen Sphäre der Seele schwebenden Gestalten im luftigen Reich der Phantasie ihren Reigen führen müssen. Schon wenn im Wachen jemand die Neigung hat, ein deutscher Professor zu werden, d.h. sein Auge nach innen kehrt und sich nicht entschließen kann, Rinnsteine, Laternenpfähle und Mitmenschen für Realitäten zu halten, wenn Dichter und Denker uns begegnen, das Auge für den Glanz der Ferne eingestellt und die ganze Energie gleichsam zum Wachedienst für das ewige Feuer der Vestalin nach innen gepreßt, so sagen wir ja wie Josephs Brüder: "Seht, da kommt der Träumer!" Die Seele hat eben zwei große Orgelregisterzüge: "Real" und "Ideal", die, gleichzeitig gezogen, leider nie recht miteinander Harmonien geben, so schön sie, jedes einzeln gespielt, die Symphonie des Daseins färben. Wenn die mehr oder minder ausgeprägte Schnelligkeit der Leitungsanschlüsse im Gehirn die Temperamente ausmacht, wenn die unwillkürliche Zähigkeit der Willensimpulse, die Unhemmbarkeit von Vorstellen und Willen den Charakter bestimmt, so scheidet das Register "Gemüt und Phantasie" unser Innenleben noch viel deutlicher von jener andern Fähigkeit, durch die Welt zu kommen, jener festen Orientierungs-und Anpassungskraft für die Umgebung. Hat doch unstreitig die halb unbewußte Tätigkeit des Künstlers, das Versinken der Welt um ihn her, durchaus etwas dem Traumleben Verwandtes, trotzdem gerade auf den echten Künstler die Realitäten des Lebens erst recht intensiv wirken, weil er eben sie alle in tief innerlichem, ideellem Zusammenhang sieht, gleichsam durchglüht von dem Lichte seiner inneren Wahrhaftigkeit. Alles, auch das Kleinste, das er erblickt, dünkt ihn ein Beweisstück für die Idee einer Schönheit, die durch ihn Gestalt gewann. Die Welt und ihre Erscheinungen bieten ihm immer neue und mit verwundert lebhaften Kinderaugen betrachtete Bestätigungen seines inneren Traumes.

———

Wenn aber auch die von Musen nie geküßte Stirn eines Bankiers im Wachen keine anderen Bestätigungen seiner Idee sucht, als daß gerade seine Aktien steigen, seine Gruben prosperieren: der Schlaf und Traum macht ihn dennoch zum Dichter, er löst ihn sanft von seinen begehrlichen Sinnen, und wenn er nun dennoch träumt von Dividenden, Giro und Diskont, so verlegt er immerhin den Schauplatz seiner Sehnsucht und seines Bangens auf eine Bühne, die die Welt bedeutet, sie aber doch nicht ist. Wie aber ist es überhaupt möglich, daß vor unserem Traumesblick ein Tausendmarkschein, ein Himmel, ein Haus, ein Pferd erscheint, wenn doch die Sinne, die diese Realitäten übermitteln, in Hemmung sind? Nun, die Halluzination, die Vorstellung, die Erinnerung, der Traum wären nicht denkbar, wenn nicht die Nervenbahnen sämtlich auch in umgekehrter Richtung schwingen könnten, wie das die Physiologie unwiderleglich festgestellt hat. Wenn mein Auge mir Licht und Schatten in einer Schwingungsfigur übermittelt hat, deren Reiz im Gehirn in unserem Sprachzentrum den konventionellen Begriff "Pferd" auslöst, so kann umgekehrt das Sprachzentrum in allen beteiligten Gruppenganglien bis rückwärts zum Auge erzitternd ein sehr lebhaftes Bild dessen, was wir "Pferd" zu nennen übereingekommen sind, unserer Phantasie in voller Treue zutragen. Ja, wie bei den Halluzinationen im Traume kann selbst bei offenen Augen, beim Halbwachen, die Realität der Umgebung ungestört zum Gehirne geleitet werden, so daß wir schwören können, wir sind im Bett; wir wachen,--und dennoch erregt die gestörte und verwirkte Traummechanik von rückwärts her erzitternd den Alp, "den Mann da vor meinem Bette", mit grauenerregender Deutlichkeit. So ist es mit allen halluzinatorischen Wahrnehmungen, die die Logik nur trüben und erschrecken, wenn sie in blitzschnellem Wechsel mit realeren Wahrnehmungen für wenige Sekunden hin- und herschwanken, die aber natürlich die Logik des Wahnsinns bilden, wenn sie dauernd sind oder immer wiederkehren. Dann verliert die Kritik ihre einzige sichere Stütze, die Intaktheit der Sinneswahrnehmungen, und das Reich der kranken Phantasie beginnt. Wenn ich nicht mehr die Fähigkeit habe, die rückwärts

---

schwingenden Bilder meiner Phantasie und ihren Abstand von der Wirklichkeit am Maßstab meiner gesunden Sinne zu messen, so weht meine Logik in den Lüften, wie ein Sommerfaden, der sich hoch in den Pappeln gefangen hat. Da nun im Schlafe die Sinneszentren gehemmt sind, die Sinnesbahnen aber leiten, wie wir gesehen haben, so prallt der Reiz der uns umgebenden Welt in allen Formen, vom Knarren der Tür und vom Bellen des Hundes bis zum Donner des Gewitters, an die Pforte der geschlossenen Sinneswelt, und wenn er nicht stark genug war, sie zu öffnen, die Hemmung zu überwinden, wodurch wir wach würden, so springt er nach dem Gesetze von der Erhaltung der Kraft in der Richtung des geringsten Widerstandes von der Schwelle unseres realen Bewußtseins ab, wie eine Billardkugel von der Bande. Da diese Reize aber in jeder spezifischen Ganglienschicht in andere Empfindungskräfte umgesetzt (transformiert) werden, so klettert mit ihnen gleichsam eine Schar von Wichtelmännchen über die Hecken der benachbarten Sinneswohnung in den Palast der Phantasie. So wird ein Geräusch, der Druck der Bettdecke, ein Luftzug, ja ein überfüllter Magen, ein Schnupfen, ein Katarrh, ein Blutandrang in irgendwelcher Richtung zum Motiv eines Traumes, gleichsam zum Thema von allerhand Variationen und Spinnerliedchen im nicht gehemmten Seelengebiet,--oft unter phantastischer Vergrößerung der wahrgenommenen Reize. Das Klappen des Fensters wird zum Schuß, das Rücken eines Stuhles zum Donner. Da das Gefühl meiner Persönlichkeit, mein "Ich"-Bewußtsein gar nicht mehr direkt abhängt von meinen Sinneswahrnehmungen (cogito, ergo sum), sondern bis tief in die unterbewußten Schichten hinabreicht, bis zu jenen Wurzeln, die schon im Daseinskampfe meiner Ahnen auch für mein individuelles Leben generell festgelegt und mitgeboren wurden, so ist verständlich, daß der Persönlichkeitsbegriff mit allen möglichen halluzinatorischen Traumbildern verknüpft werden kann: man fühlt sich und sieht sich doch in anderer Form, sogar als Tier in anderer Gestalt, als Leiche aufgebahrt, als König oder Bettler, als Engel oder Teufel. Das doppelte Bewußtsein erklärt sich leicht aus dieser wechselnden Hemmung im Gebiet realer

—

oder phantasiegemäßer Seelenerregungen. Man hat im Traum durch phantasiegemäße Assoziationen vom Ich mit Muskelgefühlen und dunklen Sehnsuchtsrichtungen Fähigkeiten, die uns fliegen lassen, schwebend durch den Äther und die Luft, die uns Probleme spielend lösen lassen, an denen wir uns wach fast den Kopf zerbrachen. Aber es ist ein Gaukelspiel; denn sobald wir wach sind, löst sich die neue Kunst, die Problemlösung, die nur vorhanden war, weil unsere Logik ohne Sinne, ohne die Elle der Kritik arbeitete, in Dunst auf, wenn die geschlossene Barriere der Schlafhemmung in die Höhe steigt.

Man kann aber doch die Möglichkeit nicht ganz bestreiten, daß manche Menschen Verse, Lösungen von Rätseln, Pläne usw. unmittelbar so niedergeschrieben haben, wie sie es im Traume geschaut zu haben glaubten; denn es ist ja keine Frage, daß der Traum Erinnerungen hinterläßt, wenn auch die Dichter, die also beginnen: "Mir träumte einst, ich sei ein großer König", gelegentlich wohl ein wenig flunkern. Übrigens ist es wegen der Abschließung der Gegenwart, die uns zeitlich und räumlich umflutet, charakteristisch, daß wir den Schauplatz unserer Träume so oft in die Vergangenheit verlegen müssen, wenn wir überhaupt Spuren eines Gefühles für Zeit und Raum im (ruhelosen!) Schlaf behalten; wir sehen uns daher fast stets jünger, als wir sind, oft direkt als Kinder, Angehörige, die gestorben sind, meist lebend, bisweilen als Tote und doch unter uns wandelnd. Wenn wir auch Tages-, Jahreszeiten und Räumlichkeiten im Traume wiedererkennen, so zweifle ich doch, ob jemand sagen könnte, in welchem Kalenderjahr, in welcher geographischen Zone sein Traum sich abspielte, weil eben zur logischen Raum- und Zeitempfindung das im Schlafe abgesperrte Gebiet der Gegenwartsempfindung untrennbar gehört. Sich zeitlich oder örtlich orientieren, heißt eben, rückwärts tasten aus der kontrollierbaren Umgebung und der Augenblickssituation in vorgestellte Vergangenheit oder Ferne. Die Phantasie hat es nicht nötig, mit Zeit und Raum sich abzuquälen; darum hat sie auch etwas Göttliches an sich. Unstreitig haben wir im Traume deutliche Lichtempfindungen, obgleich kaum jemand genau die Beleuchtung seiner Innenszenerie unmittelbar nach dem

---

70

Erwachen anzugeben imstande sein wird; bei Wiedergabe der Traumesbilder schlägt uns meistens die ergänzende Phantasie des Wachseins ein Schnippchen, denn Traum und Phantasie des Wachenden sind einander stets neckende Geschwister. Auch steckt ein Dichterling in jedes Menschen Brust, und namentlich bei Traumerzählungen korrigiert ganz naiv dieser wache kleine Künstler die immer nur schwache Erinnerung aus dem Traume. Träume werden oft gelogen, es besteht eine instinktive Freude beim Dichter Mensch, seine Gaukeleien anderen auf den Tisch zu setzen, wie das Burgfräulein von Niedeck es mit Ackersmann und Pflug und Pferd tat. Übrigens hat man beim Traumerzählen auch ein Gefühl der heiligen Scheu; man sieht Traumreferenten gern in die Ferne schauen oder in sich versunken bei mit der Hand verschlossenen Augen das fadenscheinige Gewebe des Traumes mit etwas irdischem Zwirn ausflicken. Meist geht es, was die anderen Sinne außer dem inneren Sehvermögen betrifft, im Traume ziemlich geräuschlos zu; die Leute schweben ohne Tritt, wie wir selbst gleichfalls über Wiesenplan, Fluten und Parkett. Wir sehen jedenfalls im Traume deutlicher, als wir hören, riechen, schmecken, fühlen. Ja "die Stimme, die da ruft", ist in lyrischen Gedichtsammlungen häufiger als im wirklichen Traum; geheimnisvolle Gesten, Winken, Drohen, Nahen phantastischer Gebilde sind häufiger. Sehr bezeichnend ist das Abbrechen vieler Träume in dem Augenblick, in dem logischerweise eine Gehörs- oder Gefühlswahrnehmung stattfinden müßte. Sehr viele Träume schließen wie das wundervolle Goethesche Balladenfragment "Der untreue Knabe" mit einem einfachen "die wend't sich" der verlassenen Geliebten. Sehr oft sehen wir den Dolch, die mordende Faust sich auf uns niedersenken: jetzt gerade müßte der Schmerz eintreten,--da sind wir schon wach, bebend und transpirierend. Das zeigt so recht deutlich, daß im Schlafe tatsächlich eine Hemmung materiell besteht; denn im Moment, wo die Flamme der Phantasie an dem Schleier der Sinneswahrnehmungen hinaufzüngelt, zerreißt er, und Flamme und Schleier verschwinden. Wir haben eben das Gefühl davon, daß auch der Phantasie eine Fesselung nach rückwärts geboten ist durch den Ausfall der realen Vorstellungen;

———

71

es geht sehr oft etwas im Traume nicht weiter, auch wenn wir nicht bei dieser Kollision von Vorstellung und Wahrnehmung aufwachen. Wir wollen einen Ballsaal betreten: wehe! wir sind splitternackt; wir wollen eine Rede halten, womöglich vor der Französischen Akademie, einer feierlichen Versammlung, und wir stehen schon mitten auf dem Podium,--was ist das? Wir können ja nicht sprechen, der Kiefer will nicht auf! In solchem direkten Innewerden der Hemmung im Traume, festgehalten durch die Erinnerung, die man von der Sache behält, erblicke ich den stärksten psychologischen Beweis für die reale Existenz der Schlafhemmung in der Sphäre des Situationsbewußtseins. Auf diese Weise ist es auch begreiflich, daß im erneuten Traume das Bewußtsein früherer Traumphantasien, ja schlafwandlerischer Handlungen wieder auftritt. Die Phantasie ohne logische Assoziation hat eben ihr Bewußtsein für sich. So erklärt es sich, daß Vergessenes im Traumschlaf wieder ins Gedächtnis gerufen werden kann: es hat sich im Strudel der Tageswellen verloren, wird aber emporgehoben, sobald im Schlafe das Bewußtsein des Gegenwärtigen, des sinnlich Wahrgenommenen versinkt. Alle Formen gespaltenen Bewußtseins sind Formen periodischer Hirnhemmung. Auch unsere Fähigkeit, morgens zu einer bestimmten Zeit zu erwachen, gehört zu den verbreitetsten Formen eines doppelten Bewußtseins. Der autosuggestive Willensimpuls aus den Sphären unseres Zeitbewußtseins langt pünktlich zur Sekunde an die Einschaltung des Bewußtseins: so weit geht die Automatie, der Selbstwille unserer Ganglien, daß sie ohne Zutun des Gesamtbewußtseins Zeitbegriffe übermitteln.

Beim Suchen der näheren Ursache des Träumens finden wir, daß durchaus nicht gerade die Dinge, die den Tag über den stärksten Eindruck auf uns gemacht haben, im Weben des Traumes zu Motiven verwandt werden, so verbreitet auch diese Ansicht sein dürfte. Denn das, was uns tiefsten Schmerz oder höchstes Glück für die Seele gebracht hat, wird nicht direkt Gegenstand der Traumesphantasie. Seelische Hochfluten dulden ebensowenig wie Worte oder Lieder Träume. Es kann im Gegenteil ein jeder, der sein Traumleben beobachtet, als eine Tatsache feststellen, daß dasjenige, was unseren Geist nebenher

——

am Tage flüchtig gestreift hat, eine Person, ein Name, eine Szene, gesehen oder gehört im Augenblick, wo gerade andere Dinge unsere volle Aufmerksamkeit fesselten, mit Vorliebe zum Thema des Traumes wird. Dafür gibt es eine sehr plausible Erklärung. Die tiefgreifenden, erschütternden Sensationen, die uns das Schicksal sendet, während wir wachen, verlangen mit starkem psychischem Äquivalent fast augenblicklich einen seelischen Ausgleich: ein Schrei, ein Jauchzen ist nur der Beginn eines lange nachwirkenden Aufruhrs im Innern, denn das volle Werk der Orgel braust im Sturm und rüttelt an den Säulen und Gewölben unseres ganzen Wesens. Eine Handlung, vielleicht lange im Sinnen und Grübeln vorbereitet, oft ungestüm, wie mit explosiver Gewalt ausgelöst, gibt den psychischem Insult an die Außenwelt zurück, oder, wo mit lähmender Gewalt das schreckliche Faktum bleischwer auf unserer Brust lastet, da ist die Hemmung als Aktion selbst mit in den Strudel aufgewühlter Wellen gezogen, und unseren schreckhaften Schlummer unterbrechen kurze, abgerissene Träume mit einem Schauplatz fernab vom Raume, der unser Leid sah. Es ist keine Möglichkeit, gerade das Motiv des Schmerzes oder der Wonne in den Traum aufzunehmen, weil schon im Wachen tausend Gedanken und Willensimpulse den Ausgleich seiner seelischen Spannkraft übernehmen: das Gewaltige, das uns lebhaft Interessierende, steht zu sehr mitten in der Welt der Realität, als daß die Seele unter Hemmung der Realität im Schlafe sich mit ihm befassen könnte. Mich fragte einst ein Kind in den Tagen erster, schwerer Trauer weinend: "Warum erscheint mir Mutter nie im Traum?" Und Väter, die ihre ganze Hoffnung begruben, sinnen wohl nach, warum das erbarmungslose Geschick die liebe Gestalt des Sohnes nicht einmal im Traume wiedergibt. Der immer wühlende Schmerz verzehrt alle Spannkraft der Seele und hat kein Echo mehr. Und doch, wie mild von der Natur, daß nicht des Tages Weh auch noch hineinlangt in den kurzen Waffenstillstand, den der Schlaf uns gönnt, bis der Tag zum Kampfe mit den Leiden ruft! Der Mörder träumt nicht von seiner Tat; und das liegt nicht nur an seiner Gemütsroheit, sondern hat allgemein psychomechanische Gründe. Was im

Brausen des Tages aber an flüchtigen Eindrücken vorüberschwebt, wie ein Falter an einem offenen Fenster, das verfängt sich im Netz der Seele doch und hebt, vom hellen Licht des Tages verscheucht, in der Nacht die Schwingen und läßt uns erkennen, wie bunt sie gezeichnet sind. Denn in Wirklichkeit gibt es in der Natur weder Klein noch Groß, alles hat sein spezifisches Bedeuten, auch für unsere Seele, und was das Bewußtsein nicht registriert, das ist deshalb doch da und wirkt zu seiner Zeit seinen Ausgleich. So gleicht der Traum einer Welle, die sich zur Zeit des Wogenganges in einer Vertiefung des Sandes verliert, die unsichtbar ist unter den wallenden Schleiern der Flut. Wenn aber nachts die Brandung schweigt, steigt sie als Nebeldunst empor und beginnt mit dem Wind nächtlichen Reigen. Das Traummotiv ist wie eine vergessene Goldmünze im Portemonnaie des Studenten; so lange es gefüllt war, versteckte sie sich leicht und unbeachtet in einer Falte, nun aber die Nacht der Schulden da ist, ist eine hohe Freude über ihren ungeahnten Wert. Wenn also empfindsame Menschen mit Pathos bekräftigen, dies oder jenes habe einen so tiefen Eindruck auf sie gemacht, daß sie "immer", die "ganze" Nacht, davon träumen müßten, so ist das meist eine sentimentale Lüge: man träumt nicht vom Geliebtesten,--auch nicht davon, was uns so "furchtbar nahe" geht. Die Erinnerung als Bild, neben der Straße der Gedanken einherziehend, hat, genau wie der Traum, etwas Zusammenhangloses, Unlogisches und Unerzwingbares an sich. Erinnerungsbilder setzen, im Gegensatz zum Gedächtnis, plötzlich, unvermutet, verblüffend ein. So taucht plötzlich beim Kartenspiel unsere liebe Großmutter im Dorfe vor den Blicken auf, wie sie ihren "roten Dendron" begießt, oder mitten im Spiel einer ungarischen Rhapsodie stehen wir am Sarg einer Tante, die an der Cholera gestorben ist. Die gleichen willkürlichen, unvermuteten und unvorbereiteten Paradoxien zaubert das Kinematoskop des Traumes vor unsere geistige Netzhaut, und in beiden Fällen sind es Nebenströme, induzierte elektrische Ströme, wie die Technik sagt, die sie veranlassen. Die mosaikartige Bildchen gruppierenden Funken springen da über, wo sie den geringsten Widerstand finden, der von Puls und

Blutwelle, Organreflexen und unbewußt gebliebenen Reizungen der Welt um uns, die nicht schläft, abhängig ist. Ich war einst in einer Versammlung von Ärzten, und wir sprachen vom Traum: das stets bereite Thema vom Traum des noch nicht erledigten Abiturientenexamens kam aufs Tapet. Ich sagte voraus, daß alle schon davon geträumt haben würden, nur die nicht, die einmal durchgefallen seien, und zur großen Verblüffung aller waren zwei, die nie jenen Traum gehabt hatten: sie waren wirklich durchgefallen. Die Erklärung ist einfach. Das vielgequälte Primanergehirn erhält eine Examensfurche von Qual und Schrecken, die das bestandene Examen, der kurze Moment der Freude, nicht ausgleicht. Diese verrauscht schneller als die Jahre lange Spannung. Ist man aber regulär durchgefallen, nun, so ist kein Rest mehr da; die Lösung war betrübend zwar, aber logisch, den psychischen Ausgleich hat das Leben selbst übernommen. Daraus können wir entnehmen, daß erstens psychische Erwartungsspannungen länger haften als gehabte Freude oder Schmerz und daß zweitens sorgende Qualen mehr Erinnerung hinterlassen als frohe Stunden. Unser Gehirn ist also von Natur zur Undankbarkeit geneigt. Jedenfalls aber erscheinen solche Gemütserregungen, wenn überhaupt, oft erst viele Jahre nach ihrem Eintritt als Traummotive wieder: sie müssen erst abklingen, erst untersinken auf den Grund des Bewußtseins und gleichen dann eben den übertönten Motiven, über die das tägliche Leben rücksichtslos dahinflutet. Mit dem Traum ist es wie mit den mitschwingenden Obertönen in der Musik, man hört sie über dem Pianoton deutlicher als im Forte. Auch der erwähnte Examenstraum taucht erst lange nach überstandenem Examen auf. Sonderbar ist, daß manche Menschen periodische Wiederholungen bestimmter Arten von Träumen erleben; sie träumen eine Zeitlang immer dasselbe. Das hängt wohl mit periodischen Störungen der Körperorgane, die nächtlich gleiche oder ähnliche Stromschwankungen in der Seele auslösen, zusammen.

Wir haben bisher nur Traumformen betrachtet, bei denen die Region, in der die Luftgebilde schweben, sich innerhalb der Zone rein psychischen Geschehens hält. Es vermag aber namentlich bei unruhigem, gestörtem Schlafe leicht auch die unterbewußte Spannung im Bestreben, restlose Äquivalente zu schaffen, auf das muskuläre Gebiet überzuzucken, eventuell wie beim Nachtwandeln ganz in die Zone der unbewußten Muskeltätigkeit auszustrahlen. Das sind schon gewissermaßen Schlafkrankheiten, denn je tiefer an sich und je energischer die Hemmung der Sinne im Schlafe ist, desto weniger vermag die Sphäre der Phantasie Anregung aus jenem Gebiet der Wirklichkeit zu beziehen, desto traumloser ist der Schlaf. Je labiler aber die Wage zwischen Hemmung und Erregbarkeit des Außenweltsinnes eingestellt ist, desto leichter vermögen auch Funken auf Muskeldrähte überzuspringen. So sehen wir Träumende lächeln, ja, wir hören sie lachen; sie weinen, sie stöhnen, sie schreien. Abwehrbewegungen, flehende Gesten, ja selbst Spazierbewegungen auf flachem Bette sind zu beobachten; also nicht nur die Hunde, die im Traum bellen, traben im Schlaf über eine ideelle Wand, die senkrecht zur Erdoberfläche zu stehen scheint. Ganz allgemein aber erlischt der Traum mit Vorliebe in einem deutlich fühlbaren Ruck aller, namentlich der Rückenmuskeln,--dem Schluß irgendeines geträumten Absturzes aus großer Höhe. Ist es nicht sonderbar, daß dieses Muskelzucken, das doch der Anfang des Erwachens ist, zeitlich genau und logisch konsequent der natürliche Schluß eines bestimmten Traumes ist? Die schlagartige Muskelzuckung paßt ganz genau in das Traumesereignis. Ahnt die Phantasie den Zitterschlag der Muskeln? Hier liegt meiner Meinung nach eine interessante psychische Täuschung vor, die für viele Träume charakteristisch sein dürfte. In Wirklichkeit liegen nämlich die Dinge zeitlich umgekehrt: das erste ist der Muskelreiz, und in der Zeit zwischen seiner Einschaltung und deutlichen Bewußtseinswahrnehmung liegt die blitzschnell verlaufende Traumperzeption; die Zuckung, die sich vorbereitet, ist schon das Motiv des in einer Sekunde abblitzenden Traumes. Die Sinneswahrnehmung des Kanonenblitzes geht auch der Wahrnehmung ihres Knalles voran, und doch ist es derselbe physische Vorgang, der beide auslöst. In dem Augenblick, in dem die Überladung der psychischen Zentren gleichsam den Damm gegen das Muskelgebiet einreißt, wird mit einem Schlage die Hemmung aus dem ganzen breiten Felde der Seele zurückgezogen, einen Augenblick ist das ganze Gebiet frei von jedem elektrischen Engagement, das einfallende Strahlenbüschel kann über den ganzen Horizont in einer Sekunde dahinrasen, genau wie das Wetterleuchten über den Abendhimmel. Wie viel Bilder können da entstehen in einer Sekunde! Das ist genau dasselbe, wie wenn wirklich Abstürzende in den wenigen Sekunden des Falles, während dessen in einer Art hypnotischer Lähmung des Hemmungsapparates alle Drähte unbesetzt sind, ganze Jahre der Erinnerung zu durchleben glauben, Beobachtungen, zu denen die Bergkraxelei, diese bewußten Selbstexperimente über Absturz und Tod, reichlich Gelegenheit gegeben haben, denn einige Bergsteiger bleiben ja wirklich am Leben, so sehr sie sich um Beisetzung in Gletscherspalten bemühen. Man kann als sicher annehmen, daß auf diesem Mechanismus des "Traumblitzes" während der Sekunde des halbbewußten Erwachens gut die Hälfte aller Träume beruhe. Ich erinnere mich eines langen Schülertraumes, in dem ein Rabe und ein Ring, weißgekleidete Jungfrauen und weiße Thronhimmel eine große Rolle spielten; und als ich, von irgendeiner Macht ins Nichts gejagt, irgendwohin abstürzte und aufwachte, sah ich am Fenster eine Krähe den dichten Schnee verstäuben. Damals hielt ich das für ein merkwürdiges Problem-- den Raben, das Weiß im Traum und in der Wirklichkeit--; jetzt glaube ich zu wissen, daß die Dinge zeitlich umgekehrt lagen: ich sah im Erwachen den frischgefallenen Schnee und die Krähe, und beide wurden das Motiv eines Traummärchens.

Wird der Außenweltreiz, der die zentral verbarrikadierten Sinnesleitungen trifft, durch pathologische Anlage direkt auf die Willensimpulse und ihre Muskelanschlüsse unter Überspringen der Bewußtsein vermittelnden Zonen übergeleitet, so entsteht jene eigentümliche Form des Traumes, die man Nachtwandeln nennt. Das der Sonne ja entliehene Licht des Mondes scheint tageshell ins Fenster und lockt und trügt die besonders empfängliche Seele des Schläfers. Der Mond suggeriert ihm gewissermaßen den Sonnenimpuls des Aufstehens, aber die

Hemmung der Sinneszentren, der Vermittler der Orientierung in der Umgebung, ist völlig übersprungen von den betrügerischen Mondstrahlen und fest genug, um trotz der instinktiven Bewegungsfähigkeit das Bewußtsein für Ort und Zeit ausgeschaltet bleiben zu lassen während des Umhertastens des wandelnden Leibes, der gleichsam nur mit den Muskeln fühlt, das heißt: die Orientierung allein dem Muskelgefühl überläßt. In gewissem Sinne gehen in der Tat Somnambulen sicherer über gefährdete Stellen; aber sie können nicht mehr als andere, weder an Wänden hinaufklettern noch auf Fahnenstangen Ballett tanzen. Allerdings ist bei ihnen mit der Orientierung für den Moment auch das Bewußtsein der Gefahr ausgeschaltet, und es mag schon sein, daß ein Somnambuler, der im Fenster sitzt, angerufen und plötzlich die Situation wahrnehmend, im ersten lähmenden Schreck herabstürzt; meist aber kriechen sie mit einem charakteristischen, scheuen Wesen, gleichsam als schämten sie sich, so monddumm gewesen zu sein, zurück in ihr Bett. Meiner Beobachtung nach kommt Somnambulismus auch beim Hunde vor. Die größere Sicherheit der unhemmbaren koordinierten Muskelbewegung ist bekannt von der Zielsicherheit des Trunkenen und von der automatischen Virtuosität der Künstler, die leicht durch ein voreiliges Einmischen reeller Wahrnehmung verwirrt werden. Der produzierende Künstler gleicht in etwas den Somnambulen: Saal und Publikum als Umgebung verschwinden, nur die Muskeln jagen und greifen in schwindelerregender Ordnung durcheinander.

Interessant ist die Notiz Karl Loewes, des Balladenkomponisten, in seiner Selbstbiographie über sein Erwachen aus somnambulischen Promenaden, zu denen ihn zeitweilige Überarbeitung disponierte, in dem Augenblick, wo er sich selbst bemerkte, die geliebte Tabakspfeife in den Mund nehmend. Er pflegte zu diesem Zweck absichtlich die Tabakspfeife neben sich auf den Nachttisch zu legen: ein hübsches Beispiel dafür, daß im unruhigen Schlaf Sinneseindrücke geleitet werden können, ohne dem Bewußtsein assoziiert zu werden. Daß geistige Arbeit aber den Schlaf unruhiger macht, ist leicht begreiflich: sie überreizt die

Ganglienaktion gegenüber der Hemmung, daher ist bei Nervösen oft kurz vor dem Einschlafen Zucken der Muskeln zu bemerken,--der Ausdruck der Entladung des Gehirnes von überschüssiger Spannkraft, die die sich zusammenziehende Hemmung auspreßt: ein Analogon zum Gähnen und Strecken vor dem Einschlafen. Halten wir die Fähigkeit, uns an Träume zu erinnern, zusammen mit der Tatsache, daß im Traum so leicht etwas vor dem ungestörten Ablauf der Walze innerer Ereignisse sitzt, so begreifen wir leicht, wie der Traum zu dem Problem der Bedeutung für die Zukunft kam. Wir haben ein Gefühl dafür, mit welcher Leichtigkeit Assoziationen der Phantasietätigkeit mit den durch die Erfahrung eingeschleiften Sinnesbahnen vor sich gehen; diese gleichsam rhythmisierten Themen des Erlebten übermitteln das Gefühl des schon Vergangenen. Wie ja perspektivisch unser Auge sich auch gewöhnt hat, das Kleine fern, das Große nah zu deuten, so verknüpfen wir mit dem Gefühl leichten, ungehinderten Anschlußrhythmus das Vergangene, Erlebte, schon Erfahrene; mit der Empfindung des Anschlußwiderstandes aber das Problematische, Kommende, Werdende. Nebenbei gesagt, ist das der wahrscheinliche Grund, warum uns eben vorhandene Situationen "schon einmal dagewesen" erscheinen: der durchlebte Moment schließt frühere Traumesbilder in leichtem, flüssigem Rhythmus an das eben Wahrgenommene automatisch an, und nun erscheint uns auch das reale Bild des Augenblickes mit im Wirbel vergangener Spiegelungen. Dann kehrt sich die Kontrolle des Zeitlichen um, und die Gegenwart scheint der Vergangenheit anzugehören.

Die Erinnerung an das zeitlich zusammenhanglos gefühlte Traumbild legt uns aber das Gefühl einer Lösung in der Zukunft nahe. So sind wir alle mehr oder weniger geneigt, Traumesbedeutungen und Traumhellseherei für möglich zu halten. Der Traumzustand der Seele hat mediumistischen Charakter an sich, und wenn die Ähnlichkeit, die der Vergleich eines Somnambulen mit einem Hypnotisierten ergibt, vielleicht nur äußerlich ist, so ist das Unterbewußtsein, d.h. die Form des Bewußtseins unterhalb der sinnlichen Wahrnehmung, ein viel zu unerforschtes, eben erst entdecktes Gebiet, als daß sich hier gewisse wunderbare psychische Tatsachen so ganz von der Hand weisen ließen. Der Spiritismus und Okkultismus gleicht vielleicht der Alchimie, in beiden war viel Humbug, Selbstbetrug und Konfusion. Aber man vergesse nie, daß aus dem Chaos der Alchimie sich eine so stolze, reale Wissenschaft wie die Chemie herauskristallisiert hat; möglich doch, daß aus dem Nebel des Spiritismus sich einst noch helle Lichtpunkte der Erkenntnis losringen. Man sollte keine weit verbreitete psychische Neigung für wunderbare Dinge der ernsten Untersuchung und des objektiven Abwartens für unwert halten; alle aprioristische Weisheit kommt in Sackgassen, und der Kathederdogmatismus wäre doch in arge Verwirrung geraten, wenn die X-Strahlenwahrheit Röntgens zuerst in spiritistischen Händen gewesen wäre. Unsere Seele mag auch Y- und Z-Strahlen wahrnehmen auf jeder Sinnesbahn, deren Existenz doch, wie die der X-Strahlen auch, wirksam gewesen sein könnte, ehe es der Wissenschaft gelang, sie in das Licht der Beobachtung zu rücken. In dieser Welt der Wunder, in der zu jeder Zeit die Unbegreiflichkeiten größer sein werden als die Summe dessen, was wir zu verstehen glauben, soll man recht vorsichtig sein mit dem Bannfluch der Verachtung und Lächerlichkeit. Man braucht nicht an das Traumbüchlein für zwanzig Pfennige oder an Wahrsagerinnen zu glauben und kann doch meinen, daß in der Seele Mechanismen tätig sind, von denen wir vorläufig gar nichts aussagen können, weil hier vielleicht ganz unentdeckte Transformationen von Kraft vor sich gehen. Deshalb braucht der Traum noch kein prophetisches Element zu enthalten. Könnte man die Zahl der nicht erfüllten Träume mit in Anschlag bringen, so würde vielleicht die Zahl der "Erfüllungen" in ein mit den Wahrscheinlichkeitsformeln ganz in Einklang zu bringendes Verhältnis zusammenschrumpfen. Beim "Traumeintreffen" wird aber, wie bei allen Vorbedeutungen, von der leisesten Ähnlichkeit ein großes Geschrei gemacht, während von den Millionen Träumen ohne jede Erfüllung in der Zukunft keine Silbe verlautet. Auf Ungebildete macht deshalb ein scheinbares Wunder einen so tiefen Eindruck, weil sie keine Empfindung haben für das Problematische und Wunderbare selbst des

———

Alltäglichen; für die meisten Menschen ersetzt die Gewohnheit vollständig die Erklärung.

So gibt es in der Welt der Phantasie, nicht minder als in der durch die Sinne gespiegelten Zone der Wirklichkeiten, ebenfalls erkennbare Gesetzmäßigkeiten, wenn sie auch vorläufig nur der logischen Hypothese und Analogie erreichbar sind. Ich bin mir wohl bewußt, daß die von mir versuchte Methode mechanistischer Betrachtung immer nur eine Seite der Probleme aufzulösen vermag, aber unstreitig hat jeder Vorgang auf Erden und am Himmel einen vielleicht erkennbaren Mechanismus. Möglich sogar, daß dasjenige, was wir Erkennen nennen, nichts ist als die Zurückführung auf einfachere, erfahrungsgemäße Mechanismen durch Analogieschlüsse, es ist sogar denkbar, daß der Menschengeist erkenntnistheoretisch nie über rein mechanische Vorstellungen hinausreichen wird. Der Mechanismus als Weltanschauung, wie ich ihn damit fasse, ist aber durchaus idealistisch: er weiß, daß mit der Durchforschung der Gehirnkraft diese selbst nicht erklärt ist. Und wenn die Seele einige erkennbare mechanische Seiten hat, so ist das Wunder darum nicht geringer, das diese Innenwelt umschwebt und durchflutet. Seiner Erhabenheit kann aber auch diese Feststellung einfachster Gesetzmäßigkeiten keinen Abbruch tun. Die Schönheit einer Beethovenschen Symphonie verliert wahrhaftig nicht durch Kenntnis ihrer harmonischen Gesetzmäßigkeiten. Wir bestreiten niemand das Recht, von ganz anderen Voraussetzungen und mit ganz anderen Methoden denselben Stoff zu beleuchten. Er ist ergiebig genug, um jede Behandlungsweise zu vertragen.

Was aber alle Forschungsrichtungen einigen sollte, das ist die Anerkennung der menschlichen Unzulänglichkeit gegenüber den letzten, entscheidenden Rätseln. Wahre Bildung des einzelnen richtet sich nach dem Maß der Ehrfurcht, deren er fähig ist, im Angesicht der Erhabenheit und der rings vorhandenen Wunder der Welt.

UNTERBEWUSSTSEIN

Ein dunkles Wort mit einem tiefen Sinn, eine dämmernde Ahnung von Dingen in uns, für die wir noch keinen Namen haben, ein Gefühl für geheimnisvoll schwebende Schatten, für etwas dämonisch in uns Herrschendes, dem wir nicht ins Auge schauen können! Ein Sammelwort für alles triebhaft Mystische, Unerhellte, der Wissenschaft noch nicht Zugängliche, für etwas der Erkenntnis vielleicht kaum Erkennbares!

Denn wie sollte mit bewußten Sinnen der suchende Geist etwas erfassen und deuten können, das eben unterhalb der Schwelle seines Bewußtseins liegt? Woher nähme er das Licht, um in die Tiefe des Seelengrundes hineinzublicken wie der Schiffer auf den hellen Grund einer kristallenen Flut im Sonnenglanz?--Und doch ist es das Wunderbare aller seelischen Vorgänge, etwas, was den Mechanismus des Lebendigen so ganz unterscheidet von jedem anderen unbelebten Ding auf Erden: daß unser seelischer Apparat, während seine Millionen kleinster Spulen, Räder und Kurbeln rollen, schnurren und drehen, sich selbst beobachten, sein Getriebe ein- und ausschalten und daneben etwas von sich empfinden und über sich aussagen kann! Könnte nicht ein Bezirk der Seele ausgesperrt werden, während den umstellten die anderen Teile betrachten, wie einen vor uns ausgespannten Schmetterling, so wäre jeder Versuch zur Beschreibung und Deutung irgend welcher seelischen Vorgänge, auch der einfachsten, ein vergebliches Bemühen, denn ich kann meinem Nachbarn nicht hineinsehen durch sein dunkles Auge in das feine Getriebe seines seelischen Geschehens, und könnte ich's auch, ohne zugleich mit seinen Nervensträngen zu empfinden, so vermöchte ich nicht das wirre Bild der Blitze auf und nieder, das Hin und Her wetterleuchtender Schattenspiele, das Durcheinander zitternder, zuckender, vielleicht phosphoreszierender Zellenkugeln zu einem einheitlichen Sinne zusammenzufassen. Denn nur in mich selbst hineinblickend, vermag ich dem flüchtigen Spiel der Sinne etwas Regelhaftes, stets Wiederkehrendes, Gesetzmäßiges, Rhythmisches abzulauschen. Und da kennen wir sie alle aus eigenem innerem Bewußtsein: diese dunkle, schlummernde, nur hier und da sich in uns aufbäumende Macht, die uns schwanken läßt auf dem geraden Pfad unseres gewollten Wegs, die plötzlich hineinlangt mit unwiderstehlicher Faust in unserer Seele stillen Frieden, die uns wie mit einem Schwertstreich zerspaltet in zwei Seelen, die, wenn auch oft und oft unterdrückt, wieder und wieder sich anzeigt, treibt und hetzt und, kaum erstickt unter den aufgerafften Kissen unseres guten Gewissens, schon wieder versuchend, lauernd, bedrängend uns hineinzerrt in ein dunkel lockendes Chaos rätselhafter Ziele, unerhörter Torheiten, nie gefühlter Versuchungen! Das ist der sinnlose Drang, hinabzustürzen von den hohen Zinnen eines Kirchturms, einer steilen Burg, der Trieb, kopfüber zu versinken in den grünen Wogen des Waldes oder der See da zu unseren Füßen, dieser Zwiespalt zwischen Wohligsein und schnellem Vergehen, zwischen Erhaltung und Vernichtung, den Goethe zu einer seiner schönsten Balladen, "Der Fischer", verdichtete. Das ist das dunkel Offenbare im ehrlichen Bekenntnis des Verbrechers aus Trieb, mit den bleichen Lippen gestammelt, abzulesen aus verwirrten Augen: "Was habe ich getan!" Die Darwinsche Lehre hat genug gepredigt vom Erhaltungstrieb, als beinahe dogmatischem Motiv der Fortentwicklung der Lebewesen. Es ist an der Zeit, nicht zu übersehen, daß es auch einen Selbstvernichtungstrieb gibt, der vielleicht ebenso deutlich zutage liegt, wie jener der steten instinktiven Bejahung des Lebens. Was treibt die Mücke ins Licht, was den Mörder gegen die Stelle seiner Tat, was die Vögel an die Leuchttürme, an deren Kuppel die zarten Schädel zerschellen? Was sind die Trunksucht, der Morphinismus, die dionysischen Berauschungsgelüste anders, als Triebe, die mit einer dunklen Wollust der Selbstvernichtung mehr zu tun haben, als mit dem Erhaltungsdrange des Philisteriums! Wer hätte nicht schon in sich selbst diesen Zwiespalt zwischen stetem Wollen und Nicht-Dürfen, zwischen Vornahme, und Nichtvollbringen gespürt und sich deshalb schon nicht selbst gehaßt und sich gefürchtet vor dem Anderen, dem feindlich tückischen, zum Untergang lockenden Gesellen in uns?

——

Woher stammt dieses Zweiheitsgefühl in unserem einheitlichen Organismus? Ich meine, es ist der psychische Gefühlsausdruck für eine ganz offenbare anatomische und physiologische Tatsache.

Wir haben zwei verschiedenartig arbeitende Nervensysteme in uns, deren im Prinzip gegensätzliche Arbeitsleistung nicht verstanden werden kann ohne Zuhilfenahme der Anschauung von den Vorgängen der Ein- und Ausschaltung psychischer Aktionen durch die sogenannte Hemmung. Bestände nicht ein stetiger Wechsel in dem Freilassen und Besetztsein der die Assoziationen (Ideenverknüpfungen) vermittelnden Ganglienapparate, so müßte in jedem Augenblick wahlloses Wetterleuchten von Milliarden kleinster Ganglienblitzchen am Horizonte unseres Bewußtseins hin- und herrasen--ein Zustand, der bei kompletter Hirnblutleere als Gedankenflucht, Delirium, Verwirrtheit, auch wohl als Vorstadium ohnmächtiger Bewußtlosigkeit den Ärzten sehr wohl bekannt ist. Nur durch das räumlich und zeitlich stetig schwankende Abblenden (Hemmen) bald dieser, bald jener Bahnen des Denkens, jedesmal bis auf eine freigelassene, bewirkt durch die Pulsschwankungen und den wechselnden Saftdruck der Blutflüssigkeit an den einzelnen Teilen des Gehirns und Rückenmarks, können wir zu einem Gefühl der intensiven Einstellung der Objekte kommen, einem Gefühl, welches wir Konzentration unserer Gedanken auf einen Punkt, bewußte Aufmerksamkeit, nennen. Scheinbar nur freilich schalten wir selbst die Ideenkette ein, wenn wir sinnen, denken, wollen und handeln, in Wirklichkeit schaffen Außenwelt und Innenreize die Hemmungsdifferenzen, nach welchen die psychischen Aktionen ausgelöst werden. Der freie Wille ist nur ein psychologisches Gefühl, er ist nichts als eine Gefühlstatsache, nur eine durchaus subjektive Wahrheit, objektiv ist das "Außer uns" stets bestimmend für das "In uns", denn selbst der seelische Widerstand, die Abwehr, die konträre Reaktion auf eine Einwirkung ist doch immer von außen erzwungen. Der Gedanke gehorcht also, wie das Physische, dem Gesetz des geringsten Widerstandes, indem durch Spannungsdifferenzen der gegeneinander treffenden Reizmomente solche

Hemmungslücken, welche den elektroiden Anschluß erst ermöglichen, entstehen. Je schwächer nämlich an einer Stelle die Hemmung ist, desto leichter findet ein Schluß im Sinne der Elektrizität statt. Diese Hemmung besorgt die den Nervenstrom eindämmende (isolierende) Blutflüssigkeit (Plasma) vermittels eines besonders für diese Funktion eingestellten Apparates, der seinerseits von dem entwicklungsgeschichtlichen Urvater aller Nerventätigkeit, dem sogenannten Sympathicus, beherrscht wird. Als die Materie reizbar wurde, d.h. befähigt, auf Reize variierend (das macht ihren Unterschied vom Automaten) zu antworten vermöge innerer Molekularbewegung, da empfing sie den Odem des Lebens, den Einhauch der Seele, den uns ewig rätselhaften Antrieb zu allen schon erreichten und erreichbaren Höhen organischen Gestaltens. Die erste Gleitbahn nervöser Differenzierung in der Entwicklung der Lebewesen, die eben die Geburt des Lebens erheischt hat, von Anbeginn bis in alle Ewigkeit fortgestaltend und verfeinernd, war das Geflecht des Nervus sympathicus, welcher später mit seinen Ranken alle Blutgefäße, alle Organzellen, alle Kanäle umspinnt und durchdringt, des Herzens Pulsschlag auslösend, die Welle des Blutes durch ringförmige Zusammenziehung der Äderchen fortschiebend in rhythmischer Schnelle, und damit auch die Ganglienhüllen mit Hemmungssäften umspült, das Durchlassen von elektroiden Funken gestattend oder den Kontaktstrom durch Verstärkung des Hemmungssaftes vom Blutadersystem aus absperrend.

Alle Außenweltsreize wirken zunächst auf diesen Herrn des Lebens, von dessen blitzschnellem Eingreifen in das psychische Geschehen jeder Tag uns den Beweis bringt. Nach der bisherigen Lehre von der Nerventätigkeit sind es allein Ernährungs-, bzw. Stoffwechselvorgänge, welche dem Problem der Seelentätigkeiten durch chemisch-physikalische Alteration zugrunde liegen. Wo, frage ich, ist der Stoffwechsel, wenn der Verbrecher vor dem Anblick eines an sich harmlosen Stückchens Papier, das ihn überführt, ohnmächtig zusammenbricht? Wo ist der Stoffwechsel, wenn jemand auf ein Wort mit sechs Buchstaben (Schuft!) einen Menschen, den er vielleicht liebte, im Affekt erwürgt oder erschlägt? Wo ist der Stoffwechsel, wenn eine Kugel, bevor sie das Auge trifft, erst das blitzartig vorgeschnellte Lid durchbohren muß (ein rührender Versuch des Lebens, das zarteste Wunderorgan zu schützen)? Das alles sind Reaktionen, wie sie nur im Bilde elektrischer Vorgänge Analogien finden, und deren Übermittler, ursprünglich der Ahne allen Gefühls, von den Monaden bis zu uns, nur der Nervus sympathicus sein konnte. Da derselbe aber nicht direkt Nervenströme ein- und ausschalten kann, weil er anatomisch keine Beziehungen zu den funktionierenden Ganglien hat, so ist im Blutgefäßsystem des Gehirns und Rückenmarks ein äußerst labiler, saftförmiger Hemmungsapparat eingeschaltet, die Neuroglia, welche im Anschluß an das Blutsaftsystem, jedem Winke des Sympathicus gehorchend, wechselnd Bahnen der Ideen, der Vorstellung, der Willenstätigkeiten frei macht oder hemmt.

Liegt vor uns ein menschliches Gehirn, dieses grau-weißliche Gebilde mit der ausdruckslosen, tief und vielfach gefurchten Physiognomie, dieser zweigeteilte, rohgeformte Brei von der Konsistenz schwappender Gelatine, in welchem noch vor kurzem das zarteste Flügelwesen, Psyche, ihren Wohnsitz gehabt haben soll, so überkommt uns ein ehrfurchtsvoller Schauer, denn dies Forschungsgebiet ist heilig: hier wohnt des Menschen letztes Geheimnis, die Persönlichkeit. Und doch kündet seine träge, kalte Ruhe nichts Seelisches mehr. Da drängt sich der unabweisbare Gedanke auf: nur, als ein Strom es durchfloß, war es Seele, tot ist es Masse, nur belebt war es Wunder, gestorben ist es Asche. Nur in dem Spiel gespenstiger, huschender Flüstergeister in seinen Gewölben, Höhlen und Nischen bestand sein himmlischer Anteil am Sinn des Lebens; Seele war sein Mieter. Diese ist vielleicht gar kein Faßbares, Zuständliches, Immergleiches, Dauerndes, sondern sie ist wie der Ton der Geige, kommend und unwiederbringlich aufsteigend in die Lüfte, ein Spiel der Kräfte, ein Akkord auf der Harfe des Lebens. Sie selbst legt niemand vor sich hin, man kann sie nicht drehen und wenden, nicht zerstücken oder zerfasern, nicht unter dem Mikroskop belauschen oder fixieren. Was uns in der Hand bleibt, ist ein Instrument, das keinen Ton mehr gibt, dem wir keine

—

Antwort entreißen. Das geistige Band für ihre tausend Teile ist unsere Phantasie; denn nur, indem wir unsere innen gefühlten Regungen hinein projizieren in dieses graue Labyrinth, kommen wir zu Vermutungen, Theorien, Erfahrungen. Dennoch glauben wir nicht an das Dogma vom alleinigen Sitz der Seele im Gehirn oder Rückenmark. Wir bezweifeln auch, daß es auf die Dauer gelingen wird, die Theorie der Herdfunktionen einzelner Seelentätigkeiten an ganz bestimmten Stellen des Gehirns aufrecht zu erhalten. Wenn auf Verletzung bestimmter Teile bestimmte Funktionen ausfallen (Sprach-, Seh-, Muskel-Zentrum usw.), so beweist das noch nicht, daß an den getroffenen Stellen allein die spezifische Fähigkeit entstand. Das, was wir Seele nennen, ist überall in uns, wo Leben ist, nicht allein im Gehirn seßhaft. Beispielsweise kann die Entfernung der Schilddrüse mit konstanter Sicherheit den Getroffenen seelenlos machen. Andererseits können beträchtliche Mengen von Gehirnsubstanz entfernt werden, ohne daß der Persönlichkeit, dem Temperament, dem Charakter auch nur ein Tittelchen seiner psychischen Einheit genommen wird. Hier waltet durchaus noch Unklarheit; wir tun gut, lieber den ganzen Leib als nur ein Organ für den Sitz der gesamten seelischen Funktion zu halten. Wo mein Leib ist, ist auch meine Seele, und die Pflanzen beweisen, daß es nervöse Funktionen gibt, bei denen es seine Schwierigkeiten hat, Nervenelemente aufzuspüren. Eins aber ist das Gehirn ganz gewiß: es ist der Träger alles dessen, was wir Bewußtsein nennen, in seiner Wölbung hat die ganze Außen- und Innenwelt ihre symbolische Spiegelung, in ihm wird alles gemeldet, was in uns und außer uns geschieht, in ihm bildet sich jeder Reiz um; gleichsam wie bei besonderen Vorrichtungen aus mechanischer Arbeit Wärme wird, so bildet es den großen Apparat der Umbildung (Transformation) aller physischen Reize in psychische. Hier entspricht jedem körperlichen Dinge sein psychisches Korrelat, jedes physische Äquivalent hat auch ein psychisches! So ist von der Welt außer uns gleichsam in uns ein hin- und herwallendes Kinematogramm. In diesem Sinne ist die Welt in uns nur eine Vorstellung, eine Halluzination von uns, da wir nur ihr Symbol, nicht ihr wahres Wesen in uns spiegeln. Die

Lehre von der Entwicklung nimmt an, daß sich diese Fähigkeit, die Welt in uns in einem Symbole aufleuchten zu lassen, erst allmählich entwickelt hat und immer noch in Entwicklung begriffen ist. Die Lebewesen haben aus der einfachen Reizbarkeit, sich wie die Monade vor einem Sandkörnchen zusammenzuziehen, lernen müssen, sich zu bewegen, in besonders dazu entwickelten Apparaten zu atmen, zu verdauen, sich mit den erworbenen neuen Eigenschaften fortzupflanzen, zu sehen, zu hören, sich zu orientieren in der Umgebung usw. Was früher den alleinigen Inhalt des Bewußtseins ausmachte, wird dann später immer automatisch, unbewußt, und die höchsten Staffeln des Bewußtseins sind danach jedesmal auf dem Wege zur harmonischen Automatie, zum Instinkte. Die ursprünglich tastenden, gleichsam versuchsweise vorgeschobenen Funktionen der jedesmal jüngsten Keime des Gehirns sind allmählich als fixierte, unverrückbare, nur von den Reflexen beherrschte, nicht mehr labile Fähigkeiten dem Bestand des Ganzen einverleibt worden, sie sind gleichsam tiefer gerückt, unbewußt, instinktiv, erhaltungsgemäß, unabänderlich eingestellt, und der Kreis des Bewußtseins ist jedesmal diejenige Sphäre unseres Orientierungsvermögens gewesen, welche zugleich auch die entwicklungsgeschichtlich jüngste Phase des wachsenden Lebensbaumes war.

So kommen wir nach diesen Vorbegriffen leicht zur Analyse des Gefühls des Doppelten, des Zweigeteilten, Zerklüfteten, Zusammengesetzten in unserer Seele.

Die Hemmung, dieser eigentliche Regulator unserer seelischen Vorgänge, hat eben zwei Funktionsformen: eine labile, noch entwicklungsfähige, ein- und ausschaltbare, in Wahrnehmung, Beobachtung, Orientierung wechselnde Tätigkeit, die eng verknüpft ist mit der sogenannten bewußten Willenssphäre, und zweitens eine festgefügte, nicht mehr wechselnd in willkürlichen Bahnen verlaufende, normalerweise stets gleich gerichtete, definitive Stromlenkung: das ist das Gebiet der angeborenen, also überkommenen Reflexe, Automatien, Instinkte. Nun ist unser gesamtes peripheres Nervensystem, der nach außen gestülpte Teil des Gehirns, fähig uns zu orientieren, uns zur Abwehr, zur

Anpassung, zur Ortsveränderung stetig in Atem erhaltend, und es erhellt jetzt, daß wir vollberechtigt sind, das ganze Gebiet der nervösen Ausbreitungen im Organismus (und diese reichen wohl an jede der Milliarden Einzelzellen)--als Sitz der Seele anzusprechen und nicht nur einen Teil bzw. die Sammelstelle aller Einzelwahrnehmungen: das Gehirn.

Bewußtsein nenne ich somit den Gefühlskomplex, welchen die Summe aller Außen- und Innenreize auf die Gesamtheit unserer nervösen Registrier- und Orientierungsapparate ausübt. Wie es kommt, daß ein Außen- oder Innenreiz, also ein mechanischer Vorgang, ein Gefühl auslöst, bzw. sich in Gefühl transformiert-- diese Frage enthält freilich das letzte, vielleicht unlösbare Mysterium der Seele. Wir müssen uns damit begnügen, es als Tatsache hinzunehmen, daß bei der Berührung das Eis kalt und das Feuer heiß ist. Gefühl ist eben die Fähigkeit, zu differenzieren, Unterschiede von der allergrößten Feinheit zu registrieren. Unsere gegenseitige Verständigung wird nur durch die Konvention der Sprache, durch immer gleiche Symbolverwendung für gleiche Empfindungen gewohnheits- und nachahmungsgemäß ermöglicht. Wir setzen also das Lautsymbol für ein Empfindungssymbol und komplizieren die Sache noch mehr, indem wir wieder die Lautsymbole zu Schriftsymbolen umgestalten. So nennen wir nun jede Einwirkung, die wir gewohnheitsgemäß mit einem Symbol registrieren können: bewußt. Das Bewußtsein ist darum in demjenigen Teile unserer Nerventätigkeit enthalten, der sich in dauerndem Kontrollzustand gegenüber allen das Nervensystem treffenden Reizen befindet. Die Gesamtheit aller auf uns wirkenden Reize, mögen sie von außen oder innen stammen, löst in uns ein Allgemeingefühl der Presence d'esprit, einer gewissen Fangbereitschaft unserer nervösen Polypenarme aus, und diesen labilen Zustand der Aufnahmefähigkeit gegenüber allen Strahlungen, in welche unser Ich gerät, nennen wir gewohnheitsgemäß Bewußtsein, nicht anders als wie wir den blauen Lichtreflex über uns Himmelsgewölbe, den Rand unseres Sehkreises Horizont nennen. Soweit nun eben unser Zentralapparat labil ein- und ausschalten kann, so weit unterliegt er dem Spiel der wechselnden Hemmungen, die stets im Wirrsal aller auf uns wirkenden Kräfte den Strom der Seele um die Widerstände dahingleiten lassen, wie sich ein Bach um seine Felsenwiderstände windet, dabei zu Schaum- und Regenbogenglitzern aufsprühend. Doch hat dieser Strom der Seele immer zwei Quellen neben sich: Reize, die von außerhalb, und Reize, die von innerhalb des Organismus stammen.

Es stehen sich also in unserer Seele zwei große Gebiete verschiedener Nervenaktionen gegenüber: die eine, welche in völliger Automatie ohne unsern bewußten Willen hin und herwogt, das Herz schlagen, die Lungen atmen, die Därme sich bewegen, die Drüsen arbeiten, die Saftströme fließen und den intimen Stoffwechsel an ungezählten Arbeitsstellen sich vollziehen heißt, und eine zweite, welche lauernd, beobachtend, wartend, orientierend alle Geschehnisse um uns und in uns direkt registriert. Die eine in definitiv gehemmten, ein für allemal regulierten Bahnen ohne Irrtum, die andere ganz labil, schnell hier und da reagierend, oft sich vergreifend, irrend, tastend, das Gefühl des Gewollten und Bewußten auslösend. Wahrnehmungen nun aus jenem der Beobachtung und Orientierung entwicklungsgeschichtlich schon entzogenen Gebiet nennen wir ihres dunkeln, unkontrollierbaren Ursprungs wegen: unterbewußt.

Was wohl für Träume kommen mögen--aus diesen dunklen Wäldern, Schluchten und Höhlen der tiefsten Seele, die ihre geheimnisvolle Entwicklung, die Bildung ihrer typischen Formation unzähligen Geschlechtern, einer endlosen Ahnenreihe von Vorfahren, Stammvätern und Keimgebilden verdankt? Denn geworden aus einer Saat des Lebens ist alles! Die Wissenschaft kann nicht den Entwicklungsgedanken entbehren, wenn sie auch zugeben sollte, daß durch dieses Jahrmillionen alte Weben und Werden des Lebens ihm nichts von seiner Übersinnlichkeit und Unbegreifbarkeit im Ursprung genommen wird. Wenn Millionen von Wesen, die meine direkten Vorfahren waren, dahinleben, ringen, sich wandeln und sterben mußten, damit ich atmen, gehen und sprechen kann, wenn meine instinktiven Fähigkeiten das Produkt unendlicher in gerader Linie

——

auf mich und mein Keimplasma ausmündender Vorübungen und Vorbildungen waren, so tragen wir alle ja in uns gleichsam eine seelische Erbschaft alles dessen, was vor uns geschah, das sich auf uns erhalten hat, mit uns geboren wird. Was Wunder! wenn in uns, den jedesmal jüngsten Sprossen an einem unendlich tief in die Vorzeit hinab reichenden Korallenbaum, aus der Tiefe unserer eigenen Wunderwelt magische Nebel emporsteigen am Horizonte unserer ephemeren Sonderexistenz, wenn alte Neigungen aus fernen, anders, ganz anders gearteten Kulturen, wenn alte Bilder ferner, fremder Heimatgauen, dunkle Willensregungen mit andrem Zweck, als es grade unser Säkulum zu Sitte und Recht erheischt, emportauchen mit rätselhaftem Gefühl eines vorbestimmten und mitgeborenen Verhängnisses! Das sollte unwahrscheinlich sein? Ist doch die Form meines Schädels, meiner Nase, die Farbe meiner Haare und die meiner Augen und Haut in meiner Sippe, in meiner Rasse fixiert und immer wiederkehrend, und ein so feines Spiel, wie es die Nerven treiben, eine Funktion sollte nicht bemerkbar bleiben von Geschlecht zu Geschlecht? Im Gegenteil! vielleicht sind alle Erblichkeiten viel mehr funktionell als formal, und selbst die Ähnlichkeit der Kinder mit uns mag einen ebenso großen Gehalt an funktioneller Nachahmung wie an formaler Gleichrichtung der Zellbildung in sich verbergen. Werden doch Menschen ähnlich im Gesichtsausdruck, die lange aneinander gekettet sind! Kann doch jede Form von Mimikri nur funktionell entstanden sein!

So etwas also wie ein Testament unserer Vorfahren mag schlummern in den festen Knollen, Strängen und Hügeln auf der Tiefe des Gehirns, in der Tiefe unseres Seelenlebens! Drehen wir es um, das vor uns liegende Gehirn, das wir bis jetzt vorhin nur von oben, von seinen beiden hüllenden Kuppeln aus sahen, wie anders ist das Bild! Fester, wohlgeformter, charakteristischer ist hier die Physiognomie, und während der Griffel des Anatomen sich vergeblich müht, die Rinde mit ihrem, einem System aneinandergepreßter Schläuche mit Furchen und Windungen vergleichbaren Formbilde genau wiederzugeben, so vermag hier die Zeichnung an der Basis an festen Linien eine wohlgefügte

Architektur zu finden. Das entspricht dem Gewordenen, unabänderlichen Überkommenen der hier gelegenen Funktionen; hier walten die Instinkte, die regulären Automatien, die Reflexe, alle unsere irrtumlosen Fähigkeiten. Und nun ein Schnitt in diese weiche Masse da vor uns! Wie anders die geheimnisvolle Zeichnung der Hemisphären des Gehirns gegenüber den geformten Wülsten der Basis! Dort ein weichlicher, weißlich-grauer Brei ohne Linie und scharfe Form, und hier an der Basis Zeichnungen und Gebilde, die bestimmte, bisweilen obszöne Vergleichungen mit allen möglichen, präzisen Lebensformen geradezu herausfordern! Dort in der Wölbung der Kuppe waltet Willkür, Irrtum, Wahn, Streben, Wille nach Umwandlung, Neugestaltung, und hier in der Tiefe fest gefügt das Unabänderliche, das fest Erworbene, das Irrtumlose! Da haben wir den anatomischen Ausdruck für das Doppelbild, den Januskopf unserer Seele! Ein Teil, der des bewußten Seins, strebt vorwärts, kühn bis zur Selbstvernichtung, dem Neuen, dem Unerhörten, der genialen Assoziation entgegen, und ein anderer konservativer Teil reißt uns stets zurück in die Beharrung, die Resignation, in das Philisterium. In jedem von uns steckt ein Neuerer und ein Reaktionär, beide miteinander oft in wütendem Kampf. Hier reißt das Genie sich los von seiner Neugeburt nie dagewesener Assoziationen, denen ganz gewiß neue Hirnsprossen in der typischen Richtung und Entwicklungslinie des aufsteigenden Menschheitsgedankens durchaus organisch zugrunde liegen, und stürmt dahin ohne Rücksicht auf den Bestand des Überlieferten; ihn kümmert nicht das Fundament, mit Füßen tritt er seine vitalsten Eigeninteressen danieder. Oft genug verbrennt an der Flammenfackel des Genius die letzte Kraft seines wohlgegründeten vegetativen Lebens. Da meldet sich wohl oft gerade bei den Begabtesten ein dunkler Trieb nach Rausch und Betäubung. Der Bauer in ihnen lockt mit der Möglichkeit, auch einmal künstlich ein Idiot zu sein, auch hier und da den Geburtswehen seiner Ideenfülle zu entrinnen, wenn auch nur für kurze Zeit. Das Behagen, mit süßem Gift die vorwärts drängenden neuen Gehirnsprossen zur Ruhe zu zwingen, ist nur zu oft der Grund zum Alkoholismus und zur

---

Morphiumsucht bedeutender Menschen geworden. Zwei Seelen! Und wie, wenn im Zerrbild des Genies, in seiner Karikatur, im Irrsinn, wenige, winzige Zellgruppen auf eigene Faust, losgelöst aus der Harmonie des Ganzen, nicht mehr als ein Triumph des aufwärts gehobenen Menschheitsgedankens, sondern als eine krankhafte, wilde Anarchie weniger revolutionierender Ganglienlebewesen die Herrschaft über den Bestand des geistigen Erbes von Generationen erzwingt? Dann ist es ganz dahin mit Harmonie und Einheit: dann ist wirklich die Persönlichkeit gespalten, dann arbeiten Entartung und Beharren wild gegeneinander. Darum, was man einem Genie wünschen muß-- das ist der kräftig entwickelte Herr des Lebens, ein gesunder, meinethalb direkt bäuerischer Nervengrundstock (Sympathicus), der seine lebenerhaltende Faust dämpfend und mäßigend auf die zarten, jungen Triebe neuer, nie geahnter Gedankenübermittler legt, damit sie ruhig gedeihen und blühen und eine ganze Menschheit beglücken! Wie konnte man je daran denken, Genie und Wahnsinn Brüder zu nennen! wie jemals das erste Aufleuchten einer neuen Phase der Menschheitsentwicklung, durch die alle Nachkommenden hindurch müssen, wie durch ein neues Kanaan, das ihm allein zuerst erschien, verwechseln mit einer Gehirnentartung, welche, unrettbar dem Untergang geweiht, den Stempel der Lebensunfähigkeit in sich trägt! Nur, weil das unterbewußte System auch im Genie so oft in Gefahr geriet, wie beim Wahnsinn und beim Verbrechertypus, konnte der bedauerliche Irrtum entstehen.

Auf der andern Seite der hochkonservative Philister: wie wichtig für den Bestand des Erworbenen, ein wie festes Hindernis für alle Scheinneuerungen und genialen Irrtümer. Nicht umsonst war der Philister einem Nietzsche so interessant: hier zeigt sich in der Tat am besten das einfache Verhältnis bewußter und unterbewußter Seelenfunktionen. Am dauerhaftesten geistig ist der Mensch, bei dem am wenigsten beide Systeme einander zu beeinflussen vermögen. In ihren Funktionen gegenseitig streng voneinander geschieden, haben sie keine Möglichkeit einer unvorhergesehenen, plötzlichen Entladung von einem Gebiet in das andere, können beide Systeme getrennt ungestört ihren

Dienst tun, bis die Uhr still steht. Es darf mit Sicherheit angenommen werden, daß gerade Störungen in der festen, definitiv geregelten Hemmung des unterbewußten Gangliensystems Beziehungen haben zu plötzlichen, reflexähnlichen Affekthandlungen. Ich stelle mir vor, daß erbliche Belastung im Psychischen sehr wohl ihre Ursache in einer Schwäche der eigentlich undurchbrechbar gedachten Hemmung der automatischen Ganglienapparate haben kann, dergestalt, daß Kurzschlüsse elektroider Spannungen hier plötzliches Überfüllen von fern liegenden Aktionsgebieten veranlassen. Sicherlich erreicht ja nicht alles, was an Reizen dem Gehirn übermittelt wird, direkt das System der bewüßten Denksphäre. Unsere Willenshandlung und unsere Gedankenrichtung nehmen nicht immer von bewußten Wahrnehmungen ihren Ursprung. Es ist, als ob manche Sinneseinwirkungen, manche vielleicht noch gar nicht analysierten Strahlungen und Materienwirkungen zwar vor der Bewußtseinsschwelle abgefangen werden, aber dennoch die Veranlassung zu einer besonderen Gedankenrichtung, zu einer besonderen, dann erst später bewußten Handlung werden. Dafür einige Beispiele.

Ich stand an der Ausgangstür einer elektrischen Bahn, die nächste Haltestelle erwartend. Leise zogen mir Bilder aus meiner Jugendzeit auf dem Gute bei einem alten Onkel durch den Sinn. Ponyreiten, Kirschbäume, Wälder und Jugendliebe! Und der gute, alte Onkel--wie lebhaft ich ihn vor mir sah. Da drehe ich mich von ungefähr in das Wageninnere, das ich soeben passiert habe, zurück. Wahrhaftig, welche Ähnlichkeit--der gute, alte Onkel--da sitzt sein leibhaftes Ebenbild in einer Ecke. Es ist gewiß, daß seine Züge, im Unterbewußtsein, als ich durch den Wagen ging, abgefangen, das Motiv meiner Gedanken wurden.

Ich gehe eine ziemlich lange Straße hinauf. Mir kommt ein befreundeter Herr mit seinen Absonderlichkeiten in den Sinn. Nach einer Minute steht er vor mir. Ich hatte ihn ganz gewiß vorher schon unterbewußt gesehen. (Ich glaube, bei ähnlichen Gelegenheiten wird oft ein "um die Ecke kommen" hinzugesetzt, die Sache wird dadurch romantischer.)

———

Solche Vorkommnisse beweisen direkt, daß es ein Filtriersystem für Wahrnehmungen, vielleicht in den großen Hirnknollen, gibt, welches verhindert, daß alle Beobachtungen bewußt werden. Wenn man sich genau kontrolliert, können Farben, Formen, Gerüche usw. ganze Gedankenketten auslösen, ohne daß man immer den Ursprung findet; die gesamte Kunst macht Gebrauch von diesen Stimmung gebenden Suggestionen! Wie viel mag ferner tatsächlich plötzliche Sympathie oder Antipathie auf solchen unterbewußten Assoziationen beruhen, wie oft mögen schnelle Entschlüsse solchen unterbewußten Einflüssen ihren Anstoß verdanken! Auffallend ist, wie selten unsere entscheidenden Entschlüsse direkt logischer Analyse entsprechen: "es war mir so", "es lag mir so", "ein gewisses etwas gab den Ausschlag" usw. Wenn alles auf alles wirkt--und nach dem Gesetz von der Erhaltung der Kraft muß es ja wohl so sein-- so kann sehr wohl das meiste unserer Willensaktion unterbewußt ausgelöst werden. Wie viel mehr nun aber bei pathologischen, gewissermaßen schadhaften Einbettungen und Isolierungen der sonst streng abgeschlossenen, automatischen Systeme. Der triebhafte Verbrecher mag bei allen möglichen Innenreizen stets dem Zwange eines plötzlich ihn überrumpelnden Affektes erliegen (Kleptomanie). Ströme, welche normalerweise sonst im Sinne der koordinierenden Automatie Verwendung finden, schlagen blitzartig in die Aktionszentren und lösen Handlungen aus, die eben deshalb antisozial sind, weil sie durch das die Ethik der Zeit tragende und kontrollierende Bewußtsein nicht zurückgedämmt werden. Da auch bei den Epileptikern die Hemmungsfortfälle die Ursachen der Krämpfe sind, kann es nicht wunder nehmen, wenn Epilepsie und Verbrechen so oft Berührungspunkte haben.

Hier erscheint es fast so, als wenn der Verbrecher im epileptoiden Anfall durch Abblendung seines Bewußtseins geradezu in eine entwicklungsgeschichtlich frühere Daseinsperiode zurückgeworfen wird, in welcher in der Tat noch allein die brutalen Instinkte, wie beim Raubtier, herrschten, so daß die schauerliche Bestialität mancher Verbrechen allein durch diesen Rückschlag in seelische Gebiete, die einem Rohzustand des Lebens entsprechen, erklärbar wird. Der Somnambule und der antisoziale Verbrecher gleichen sich in bezug auf die Abblendung des Bewußtseins, welche nur bis zu verschiedenen Tiefen der Automatie herabreicht: beim Somnambulen liegt nur ein Dämpfer über dem Bewußtsein, so daß Raum und Zeit und ihre kausale Verknüpfung doch wie aus Nebelschleiern durchscheinen, wobei die automatisch-motorische Sphäre wohlgeordneter Bewegungen ganz intakt ist (Schlafhemmung des Gehirns), so daß ein Träumender daherwandelt, friedlich im schlürfenden Gange seine stillen Gedanken weiterspinnend. Beim epileptoiden Verbrecher tritt aber die Abblendung des Bewußtseins plötzlich ihn selbst überrumpelnd mit der ganzen Heftigkeit einer tiefgreifenden Bewußtseinsstörung auf, und zwar bis in die Region der zurückgelegensten Instinkte, so daß jene sinnlos vernichtenden Raubtierhandlungen resultieren.

Dem widerspricht nicht, daß solche Verbrechen lange vorbereitet, oft versucht sind, ehe es zur eigentlichen Ausführung kam. Der in seinen Hemmungen eben defekte, unterbewußte Apparat lockt durch aufleuchtenden Kurzschluß in die bewußte Sphäre übergreifender Entladungen den Willensapparat immer von neuem in den Bereich seiner dunkelen Gelüste. Es sind ja hauptsächlich die beiden Systeme der Ernährung und der Fortpflanzung, auch im gesunden Menschen den Hauptinhalt unserer unterbewußten Mechanismen beherrschend, die auch beim Verbrecher in krankhaftem Anschluß regellos einbrechen in die Willenssphäre. Während der Gesunde diesen beiden Hauptinstinkten durch ständige Bewußtseinskontrolle ihren dämmenden Wall sichert, bricht die ganze Summe aufgespeicherter und vielleicht mehrfach unterdrückter Gelüste plötzlich wie eine reißende Flutwelle in die Seele ein, und gerade wie beim Epileptischen die motorische Krampfentladung im Muskelgebiet begleitet ist von der Bewußtlosigkeit, d.h. von der Unfähigkeit, sich in Zeit und Raum zu orientieren, so ist der Verbrecher "im Anfall" auch nicht fähig, seine Handlung logisch und kausal zu begreifen, er steht ihr oft ebenso hilflos gegenüber, wie der nach Motiven suchende Kriminalist. Daher begreift man wohl die Neigung der Verbrecher, um den Ort der Tat zu

———

kreisen: sie suchen sich selbst und ihre Tat näher zu begreifen, sie sinnen selbst nach Aufklärung und hoffen vom Orte, an dem das Fürchterliche geschah, irgend ein erlösendes Verständnis. Das ist der Magnetismus des Entsetzlichen, den übrigens auch geistig Gesunde andeutungsweise sehr wohl verspüren. Das Grauen vor einer entsetzlichen Tat und die Anziehungskraft, die sie auf unsere Neugier ausübt, lassen sich wohl nur erklären durch eine Tätigkeit der Phantasie, welche im geheimen sich selbst als den Verüber der Tat unwillkürlich setzt und damit jene Sphären des Unterbewußtseins in leises Erzittern bringt, welches Disponierten schon so oft gefährlich geworden ist. Das ist die Gefahr der Berichte über Straftaten und der oft gewiß verderbliche Einfluß schlechter Kriminallektüre auf nicht völlig taktfeste Instinkte, daß sie oft das labile Gleichgewicht gestörter und nicht ganz schlußfähiger Hemmungen des unterbewußten Systems ins Wanken und Erzittern bringen.

Pathologische, durch Hemmungsdefekte übermittelte Anschlüsse aus dem Gebiet der automatischen Instinkte in die Sphäre bewußter Aktionen scheinen die einzige befriedigende Erklärungsformel für das dunkle Wirken verbrecherischer Triebe zu sein. Dabei braucht nicht immer der Trieb auf die Vernichtung oder Beschädigung des anderen zu gehen, diese Triebe richten sich auch auf die Vernichtung oder Beschädigung der eigenen Person: es gibt Verbrechen am Ich, wie am Anderen. Auch hier zeigt sich das Abnorme wesentlich in zwei Richtungen: in Perversitäten der Nahrungsaufnahme und der Erfüllung sexueller Funktionen. Aber auch alles Bannende, Blendende, Gewaltige, weite Fläche, schauerliche Tiefe, der dunkle Abgrund und das endlose Meer, hat eine hypnotische, bewußtseintrübende Macht, und es erfordert einen Ruck im Willen, ihre dämonische Anlockung abzuwehren, um nicht, wie das Kaninchen vorm Blick der Schlange, wie das Weib vorm berauschenden Nimbus des Don Juan, der Gefahr gegenüber der Paralyse des Willens zu erliegen. Licht und Glanz hypnotisieren ja nicht nur Motten und Mücken, sondern auch den Homo sapiens.

Aber auch Innenreizen ist bestimmende Macht über die Seele gegeben. Ganz allgemeingiltig ist die Beziehung der sogenannten

—

97

inneren Sekretion zu unseren Trieben, Neigungen und direkt bewußten Handlungen. Unter der inneren Sekretion versteht man wesentlich die von der Organumschlingung des Nervus sympathicus geleistete Säftebildung in verschiedenen Organsystemen, welchen sämtlich spezifische Funktionen zufallen: so dienen Galle und Magensäfte, Speichelbildung usw. der Verdauung, sind also auf die Erhaltung des Einzelnen gerichtete Funktionen, noch andere zielen auf die Vorgänge der Neubildung eines Individuums ab, und drittens gibt es Absonderungen, welche unzweifelhaft für die Saftmischung des Blutes und damit auch der Seelenfunktion von allergrößter Wichtigkeit sind. Die Schilddrüse und ihr Sekret haben bekanntlich einen großen Einfluß auf den Zustand des Gemütes. Ein erhöhter Zuschuß ihrer Produkte ins Blut--und eine große Erregbarkeit, Unruhe, Angst, extreme Neurasthenie ist die Folge (bekannt unter dem Bilde der Basedowschen Krankheit), während andererseits ein Zuwenig der Beimischung eines für die Hirnfunktion unbedingt nötigen Saftes der Drüse, wie wir schon bemerkten, Atrophie und Idiotie des Gehirns nach sich zieht. Diese Tatsachen, namentlich mit Beziehung auf die Rolle des Sympathicus bei diesen Funktionen, sind übrigens nur zu erklären mit Hilfe unserer Annahme von der Funktion der Neuroglia als Hemmungsregulator. Ähnlich wie bei der Schilddrüse, müssen wir auch für alle anderen inneren Sekretionen annehmen, daß ihre Produkte zum Teil für die Konstitution der Gesamtkörpersäfte von allergrößter Wichtigkeit sind. Fehlt die Beimengung vitaler Ingredienzen zum allgemeinen Blutsaft, so sind sogenannte Ausfallserscheinungen die nur allzuhäufige Folge. Säftemischung und seelische Funktion stehen eben vermittels des Hemmungs- und Einschaltungsapparates der Neuroglia in innigstem Zusammenhang. Es ist keine Frage, daß ein großer Teil zunächst dunkler und unklarer Impulse, welche wir im Bewußtsein erhalten, Meldungen aus diesen unterbewußten Fabrikationsstellen unseres Organismus darstellen, wobei wieder Hunger und Liebe als die beiden großen Richtungen der Erhaltung des Individuums und der Art wirken. Wie ein

———

Verbrecher hypnotisiert werden kann, d.h. wie ihm seine Bewußtseinssphäre umdunkelt, verhüllt, abgeblendet werden kann durch den Anblick eines Edelsteins, eines Goldstückes, wie überhaupt die Hypnose die reflexartige Abblendung des Bewußtseins darstellt, und zwar von der Umgebung her, so können auch die Innenreize zur hypnotischen Abblendung des Bewußtseins führen. Ebenso wie etwas von außen suggeriert werden kann, gibt es bekanntlich auch eine Autosuggestion, ebenso eine Autohypnose. Die innere Sekretion, die einseitige Überspannung eines überladenen Systemes, z.B. desjenigen der Sexualapparate, kann von dem Unterbewußtsein her die ganze geistige Sphäre sexuell färben, so daß der Betreffende gleichsam willenlos in Liebeshypnose einherwandelt und jegliches Wesen durch eine Sexualbrille sieht. Wehe! wenn hier labile, nicht fest eingedämmte Hemmungsverhältnisse im Unterbewußten bestehen: es ist nur ein Schritt von der Gier zum Verbrechen. Ähnlich kann auch bei der Hysterie eine Unsumme abnormer Kurzschlüsse und Reflexe ausgelöst werden, die ihren letzten Grad in einer Saftbildungsanomalie haben, wodurch eben die Hemmungsmechanismen nach unserer Theorie beschädigt werden und damit die Beziehungen zwischen Bewußt und Unterbewußt sich verschieben. Auch in diesen Fällen neurasthenisch-hysterischer Bewußtseinsbeeinflussungen spielt eine Blendung des realen Erkennens, der Gegenwärtigkeit der Seele und ihrer Anpassung an die Umgebung und die Daseinsepoche mit hinein. Diesen Menschen ist ein Gefühl der Andersartung, des Deplacements eigen, gleichsam als gehörten sie einer vergangenen Daseinsperiode an und könnten sich nie hineinfinden in die Bedürfnisse ihrer Zeit. Es ist gar nicht so selten, daß schwere Hysterie zur völligen Teilung des Persönlichkeitsgefühls führt und daß dieser unerträgliche Zustand, dem ewigen Trieb zur Selbstvernichtung nachgebend, mit Selbstmord endet. Mir erscheint der so häufige Selbstmord bei gedoppelter Persönlichkeit stets wie die Erfüllung einer Sehnsucht in eine frühere Gemeinschaft Gleichgearteter, wie in einen Zustand auf frühere Entwicklungsstufen zurück. Viele Menschen mit nicht vorwärts strebendem Intellekt haben oft das

Gefühl, nicht hineinzupassen in ihre Zeit, gleichsam rückwärts tiefer in der Vergangenheit zu wurzeln, als es ihr individuelles Leben in der Gegenwart gestatten will. Auf ihnen lasten allzu schwer die Testamente der Vergangenheit, sie sind Repräsentanten funktioneller Rückschläge (Atavismen) in frühere Entwicklungsstufen. Bei dieser Sachlage ist es nur ein Glück, daß nicht nur die Sünden, sondern auch die Tugenden unserer Väter in unser drittes und viertes Glied hineinfluten.

Es ist verlockend, an dieser Stelle die Frage des Gewissens in uns aufzurollen und an der Hand der psychophysischen Gesetze der Hemmungslehre auch diesen gewiß gleichfalls unterbewußten Vorgang einer inneren durchaus regulatorisch wirksamen Macht den dämonischen Gewalten mit unheimlichem, zerstörendem Charakter entgegen zu stellen. Ich muß mich hier mit Andeutungen begnügen, weil eine eingehendere Behandlung der unterbewußten sittlichen Regulation in uns als Vorbedingung die vollständige Analyse der Ethik überhaupt erforderte. Obwohl nun gerade aus der Hemmungstheorie sich eine vollkommen neu fundierte Ethik auf physiologischer Basis unschwer entwickeln läßt, so muß ich doch hier darauf verzichten und kann für die Frage nach unserem Gewissen, nach der Stimme der Sittlichkeit in uns, welche wohl bei jedem Individuum sich schon bemerkbar gemacht hat, hier nur andeutungsweise darauf aufmerksam machen, daß das, was wir mit diesem Namen belegen, gleichfalls etwas Triebhaftes an sich hat. Aber es ist ein komplizierter Trieb. Einmal funktioniert er deutlich zur Erhaltung unseres instinktiven Artcharakters, hat also etwas Generelles, sich auf die Menschheit vorbildlich Beziehendes und besonders lebensfähig sich Erweisendes an sich, und zweitens ist ihm ein rein individuell, mehr auf den egoistischen Vorteil, auf das gute Fortkommen der Persönlichkeit Gerichtetes eigen. Es ist im allgemeinen klar, daß unsere arterhaltenden, der Menschheit und ihrem erworbenen Bestande förderlichen Triebe in Konflikt geraten können mit den egoistischen Selbsterhaltungsmotiven. In diesem Konflikt wird durch einseitig exzessive Inanspruchnahme bewußter Willenshandlungen aus egoistischem Zwecke die unterbewußte

Automatie der arterhaltenden, vorgebildeten, schon überkommenen, durch Tausende von Jahren als lebensfähig erwiesenen Funktionen durch Reizmangel in Gefahr gebracht. Denn nur das ist wirklich auf die Dauer imstande, einen funktionellen Artcharakter zu repräsentieren, was eben mit der neuen Funktion sich in der Richtungslinie der naturgemäßen Fortentwicklung befand. Von Milliarden Versuchen, ein Lebensproblem funktionell zu lösen, wird nur das Beste eingestellt zur Automatie, kann nur die vollkommenste Lösung vorbildlich und dauernd jedem neuen Sproß des Keimplasmas erhalten bleiben. Was uns jetzt als Problem beschäftigt, z.B. die Ehe, der Staat, wird einst nach vielen Millionen von unzulänglichen Versuchen zur definitiven Lösung geführt werden: dann wird es eine Frage eines irrtumlosen Instinktes sein, ob Polygamie oder Monogamie, ob Ehe oder freie Liebe herrscht, ob der Staat monarchisch oder republikanisch oder sonstwie geleitet werden muß, Probleme, die wie z.B. bei den Termiten und Bienen lange auf dem Wege der Instinkte gelöst sind. So ist unser Bewußtsein stets auf dem Wege der Neubildung und Umbildung von willkürlichen Handlungen zu Automatie, und zu jeder Zeit der Entwicklung unserer verschiedenen Hirnschichten war die jedesmal jüngste willkürlich und ließ hinter sich den durch die Vorperioden gesicherten Bestand. Dieser letztere kann nicht mehr abgeändert werden, ohne den ganzen Bau zu gefährden. Darum, wo der bewußt wirkende Wille im Anpassungsversuch an neue ethische Forderungen (und jeder Tag kann im Wirbel der wechselnden Erscheinungen des Lebens solche heraufbeschwören) eindringt mit Umbildungstendenzen in die Automatie der unterbewußten Funktionen, da entsteht eine Erschütterung hinab bis zur Wurzel des Lebens, ein Beben bis ins Fundament der organischen Harmonie, und dieses Beben, gleichsam das Pochen der Gefahr am Tor der Ruhe, hinter dem die Schatten alles Gewesenen verschwunden sind, fühlen wir ähnlich dem physischen Schmerz bei Störung des organischen Gefüges der Nervenenden als eine Mahnung, als ein Warnen vor Gefahr, als die Stimme des Gewissens. Dann dürften wohl die brennenden Empfindungen der Reue den tiefinnerlichen Versuchen entsprechen, die der Hemmung im Unterbewußten geschlagene Lücke durch neue heilende Gewebssprossen zu verschließen, und je mehr ein fester, freier, ehrlicher Entschluß im Bewußtsein die Ströme und Zuckungen von defekter Stelle ablenkt, um so ruhiger und gleichmäßiger kann der Organismus die Harmonie der Funktionen wiederfinden. Es ist begreiflich, daß hier diese Segnung tief innerlicher Genugtuung, der Läuterung nicht ausbleibt, selbst wenn es dem Bewußtsein klar ist, daß die Reue, etwa ein mannhaftes Geständnis, vielleicht die Vernichtung, den Tod nach sich zieht. Denn: das ist das Gigantische am ewig rauschenden Lebensbaum, daß es ihm nicht ankommt auf die einzelnen, zahllosen Blüten, sondern daß über der einen Persönlichkeit die rein erhaltene Art siegend hinwegleuchtet in alle Fernen. Es ist eben das Unterbewußte, der fertig erworbene Besitz, an dem die Natur nicht rütteln läßt, und dessen Erhaltung ihr über den Wert auch der erhabensten Persönlichkeit geht. Erbarmungslos erscheint sie, aber sie ist gerecht, denn bei ihr handelt es sich stets um die Idee der Menschheit, welche schlackenlos und durchaus lebensfähig durchgeführt werden soll zu Höhen, die, unausdenkbar, dennoch dem Leben von Anbeginn als Möglichkeit beigegeben wurden. In diesem Gesetz einer sorgsamen Auslese, einer steten Sonderung der Spreu vom Weizen wurzelt Ethik und Gewissen, und ewig wird der Einzelne im Konflikt mit der Idee des Ganzen erliegen müssen. Daher die schier unbegreiflich dünkende Qual der Auslese schaffenden Krankheit und die der seelischen Schmerzen. Wo aber zeigt sich dieser Konflikt zwischen dem Individuum und der Idee der Menschheit deutlicher als in der Liebe und dem Haß, den beiden tyrannischen Herren des Lebens?

Wenn irgendwo, so ist in der Liebe offenbar, daß der Intellekt mit seinem absichtlichen Wahlvermögen ganz und gar gegenüber der Masse der gefestigten und instinktiven Wahrnehmungen eine sekundäre Rolle spielt, wie er überhaupt zu einem feilen Diener und Sklaven unserer unterbewußten Konstitution herabsinkt überall da, wo es sich um Grundstimmungen der Seele, Lust und Unlust, Zuneigung oder Abneigung, vorgefaßte Meinungen und immanente Tendenzen handelt: lauter Vorgänge, die vor dem Urteil liegen: Vorurteile! Der absolut gescheiteste und gebildetste Mensch müßte genau genommen für jede logische Angelegenheit genau so viel Gründe wie dagegen beibringen können, und ehrliche Leute gestehen für die meisten Veranlassungen zu, daß es durchaus nicht immer Verstandesaktionen sind, auf Grund deren sie sich für oder gegen eine Maßnahme entscheiden. Gegenüber den sicheren, verläßlichen Funktionen des Unterbewußten ist eben der Verstand ein Stümper, tastend, immer im Versuchsstadium, nachgiebig und immer übertölpelbar. Selbst der Bedeutendste hat seine dumme Ecke, und Hypnotisierbarkeit des Bewußtseins ist durchaus nicht immer ein Zeichen von Kritiklosigkeit und Intelligenzmangel. Ist so bei gewöhnlichen Emotionen schon der Intellekt fesselbar durch die Jongleurkunststücke des Wortschwalles und der überrumpelnden Sophismen, so wird er ganz und gar geblendet, wenn die vitalsten Spannungen von innen her ihn überrennen und verwirren. Begreift man ja doch, namentlich im Erotischen, oft absolut nicht, warum Dieser Jene oder umgekehrt auszeichnet. Ist in jedem echten Liebesverhältnis nicht stets etwas für die Unbeteiligten Unbegreifbares, warum gerade diese zwei Menschen der verhängnisgleichen Fesselung der Seele unterliegen, die beide wie ein Mandat der Natur, ein unabweisbares Müssen empfinden? Wahllos fühlen gerade diese beiden die verschmelzende Glut aufsteigen in der Seele, oft beim ersten Anblick, oft länger geschürt. Da sehen sie sich an wie Sendboten aus einer nur gemeinsam erreichbaren, höheren Welt. Sie sind wie Gesegnete vor dem Altar der Natur, zur Erfüllung des Mysteriums der Niederkunft einer himmlischen Seele, zur Hingabe eines neuen Blütensprossen vom eigenen Stamm. Wer Kinder ganz gedeihen lassen will, gibt sich ja eigentlich selbst auf. Hier vor allem, beim Durchglühtwerden der Seele in wahllosem Verlangen, zeigt sich also die ganze dominierende Macht des Unterbewußtseins in vollkommener Deutlichkeit. Wer begreift, was es an innerer, zielsicherer Anschauung für Mechanismen waren, die gerade immer dieses Paar mit unwiderstehlicher Gewalt zueinander hintreiben, so daß geheiligte Wesen aus den

Erkürten werden, daß sich unscheinbare, leblose Gegenstände der Erinnerung, wie Taschentücher, Blumen, Locken oder Ringelein mit dem Glanz geheiligter Reliquien umgeben, zu Fetischismen erheben? Und das alles ohne jedes Zutun des Bewußten, ja oft direkt gegen jede Vernunft, Satzung, Sitte und Vorteil. Es ist fraglos, daß die Wahl der Entflammten rein nach dunkel gefühlten, der Bewußtseinskontrolle ganz entzogenen, innerlichen Ergänzungsgesetzen sich vollzieht, und daß die Unbegreifbarkeit des Bundes, der man so häufig begegnet, oft erst durch den Anblick schier vollendeter Sprossen der Vereinigung nachträglich sanktioniert wird. Die Instinkte, d.h. die unterbewußten Kalkulatoren unserer vitalsten Notwendigkeit, wissen eben besser als der sich stets überhebende und sich oft irrende Chef der Seele, der Verstand, was für Ingredienzien, belebte Bausteine und Materialien nötig sind, um einen möglichst leistungsfähigen Repräsentanten der Art aufkeimen zu lassen in dem mütterlichen Wundergarten. Hier wird am deutlichsten die geheimnisvolle Hellsichtigkeit unserer im Fundament der Seele Schicht auf Schicht abgelagerten Erfahrungen, welche überall andeutungsweise zutage tritt, wo eine Abblendung des Bewußten diese Schichten als den Alleingehalt und als Prinzip der restierenden seelischen Funktionen zutage treten läßt: im Nachtwandeln, in der Hypnose, in der Ekstase, in den dunkelen Ahnungen des Traumes und im Mediumismus. Gestehen wir es ruhig ein, da wir das rätselhafte Getriebe unbekannter Kräfte im Labyrinth des Unterbewußtseins nicht kontrollieren können, daß wir die Existenz von Kräften, die mit den physikalisch und chemisch analysierten gar nichts gemein haben, nicht ableugnen können; daß es durchaus möglich ist, daß solche von der Wissenschaft noch nicht eingefangenen, unbekannten Strahlungen doch in unseren Seelen wirksam sind, ohne bisher je ein Abbild oder einen parallelen Erregungsvorgang in dem Sitz unseres Bewußtseins erzeugt zu haben. Man denke bei allen Versuchen, diesem unerforschten Gebiet oft auf lächerlichen Umwegen nahe zu kommen (Spiritismus, Okkultismus), nur immer an die Alchimie, in deren Brutstätten in der Hand betrogener Betrüger zwar nicht direkt das gesuchte Gold, aber doch die Beherrscherin unserer Kultur, die Chemie, ihre Geburtsstätte und Wiege fand, jetzt eine reine Wissenschaft, bei der die sogenannte reale Exaktheit ihre höchsten Triumphe schließlich nicht zuletzt in der Umgestaltung in preußisch Kurant gefeiert hat. So hat schon jetzt von dem Spiritismus, Hypnotismus, Mediumismus die Psychologie die allerwertvollsten Anstöße erfahren; lassen wir also das Völkchen der verwirrten Dogmatiker ruhig schalten und walten, und klopfen wir nur den überbewußten Schwindlern ernstlich auf die Finger, welche raffiniert den völlig berechtigten inneren Glauben der Mitmenschen an die oft zitierten "Mehr Dinge zwischen Erd' und Himmel" teils aus Ulk und Fastnachtsgelüst, teils aus Gewinnsucht und Eitelkeit gehörig auszunutzen stets am Werke sind.

Man kann nicht anders, als der Liebe und dem Haß Mysterien zugestehen, denn sie sind ja die Funktionäre der Aushebung zum großen Marsch der Menschheitsarmee auf dunkle unbekannte Ziele zu, sie stellen ja die Methoden der Auslese dar, welche der Auswahl des Dienlichsten vorangeht. Mit welchen Mitteln die Seele in andern die zwingenden Relationen, die Ergänzung des Ichs erkennt, das ist eben das vollkommene Mysterium, welches die Erforschung dieser Strahlungen und Bahnungen umgibt, eine Unkenntnis der Pfade und Wegrichtungen, die uns aber doch nicht berechtigt, die Existenz eines solchen inneren Erkennens zu leugnen. Die eiserne Notwendigkeit, im Leben zur Erhaltung der Art die der Beimischung notwendigsten, befähigtsten Elemente herauszuwittern, sie macht uns zu Geführten und Geschobenen trotz dem Gefühl subjektivsten Willens; vielleicht aber ist das Gefühl des freien Willens nichts als eine gnädige Illusion, eine fromme Lüge der Natur. Die Natur mischt immer wieder aufs neue fast spielerisch die Karten, zerschmilzt, zerstampft, löst auf und harrt geduldig der neuen Kristallisationen, die sich absetzen in dieser Riesenretorte Welt. Da in den Anfängen der Lebenssprossung die eingeschlechtliche Fortpflanzung die alleinige Methode der Abtrennung neuer Individuen vom Stammboden war, und erst später die zweigeschlechtliche Vereinigung in Form einer Infektion des Mutterbodens durch das männliche Saatkorn auftritt, kann es nicht wundernehmen, daß dieser Trennung des keimfähigen Lebensplasmas in zwei Anteile auch eine grundverschiedene Formation der Seele der Geschlechtsrepräsentanten entspricht. Kein Emanzipationsgelüst der Frau kann die offenkundige, differente Anlage der Geschlechtsnatur der Lebewesen zu ihrem Hauptzwecke, dem der Erhaltung der Art, verwischen und damit die ganz anders gegen einander gestellten Funktionen des Bewußten und Unbewußten in der Seele von Frau und Mann gleichmachen oder gleichsetzen wollen. Die unterbewußten Funktionen der Frau, ausmündend alle in der Hervorbringung des Wunders aller Wunder, des Menschensprossen, des neuen Repräsentanten der Unsterblichkeit, der Menschheitsidee,--denn was ist ein Kindlein anders, als ein liebliches Glied der Kette, welche uns hinüberbindet in die Ewigkeit--haben ganz sicher einen überragenden Anteil am Seelenleben gegenüber dem Manne. Die überraschende Ursprünglichkeit der Frau wurzelt eben in der Fähigkeit unterbewußter, schneller und zwingender Kurzschlüsse. Während des Mannes Anteil am Aufbau des neuen Sprossen sich mehr der Ausbildung des Intellektuellen, des Bewußten, des zur Automatie erst sich Entwickelnden, die Probleme des Lebens bewußt Lösenden zuneigt, hat die Frau weit mehr den Bestand des schon Erworbenen, Instinktiven, Automatischen dem Nachgeborenen einzuprägen (zu vererben). So ist es naturgewollt, daß die Frau somatischer, der Mann intellektueller ist, wenigstens ganz gewiß vom Standpunkte der Fortpflanzung aus, den wir--es hilft nun einmal nichts, so traurig das beim notorischen Geburtenüberschuß weiblicher Wesen klingt--nun einmal in der Natur als das durchgreifendste Leitmotiv überall führend und lebendig finden. Wenn jetzt eine Bewegung durch die Frauenwelt geht, entstanden nicht aus den unterbewußt dominierenden Forderungen der Generation, sondern aus den bewußten und zwar ökonomischen Nöten der Erhaltung und Ernährung des Individuums, so glaube ich, muß man die Frage aufwerfen, ob diese Emanzipation, diese Verschiebung der vitalsten Notwendigkeiten nicht doch etwas rüttelt an den Grundbedingungen der natürlichen Ordnung, und

———

ob sie nicht zerschellen wird an der brutalen Tatsache, daß eben es der Natur überall weniger auf das Individuum, als auf die Art, weniger auf das Wohlbefinden des Einzelnen, als auf die ungestörte Fortentwicklung des Ganzen ankommt, zwei Gesichtspunkte, von denen der eine menschlich, vergänglich, der andere zeitlos und ewig ist. Ist es so gewiß, daß von dem Gewühl der Grundtriebe in uns nur ein winziger Teil, nämlich nur der auslösende Anstoß zur Willenshandlung, in unser Bewußtsein ausstrahlt, so kann von den Sinneswahrnehmungen mit Sicherheit behauptet werden, daß sie doppelt angeschlossen sind: teils münden sie in automatische Sphären, und zum anderen Teil im Bewußtsein, wo sie gleicherweise Kontakte d.h. Anstöße zur Regulation der bewußten und unbewußten Mechanismen auslösen, wie das auch vollständig nachweisbaren anatomischen Strukturbildern entspricht. So z.B. wird nicht alles, was als Licht oder Schall oder Gefühl auf unsere Sinnestasten wirkt, als Lichtempfindung übertragen, sondern es mögen ultraviolette Strahlen ebenso wie Töne über und unter der als Ton wahrnehmbaren Skala unserem unterbewußten Getriebe zugeführt werden zur dynamischen Auslösung verschiedener Automatien, ohne daß auch nur ein leise wehender Hauch von den Tiefen der Unterseele über die Tasten unserer Bewußtseinsklaviatur dahinfährt. Was hier von Licht und Ton gilt, trifft natürlich auf alle Arten von Empfindungswahrnehmungen zu, seien es äußere oder innere, vom vegetativen Organsystem gegebene. So lösen Störungen der Bauchorgane zum Teil Gefühlsinhalte, Seelenstimmungen ganz typischer Art aus, wie das von den Hypochondrien sattsam bekannt ist, und es ist fraglos, daß ein Mensch sich schon leidend fühlen kann, d.h. einen dumpfen Druck auf dem Ablauf seiner seelischen Registrierung verspürt, lange ehe sein Bewußtsein oder der Arzt von dem Herd der Störung etwas aussagen kann. So erklären sich die allgemeinen Unlustgefühle der Neurastheniker, Hypochonder, Hysteriker, bei denen allein der träge, adynamische, schleichende Ablauf der ernährenden Funktionen ohne jede organische Veränderung genügt, um mit dem der Lust des Lebens aufgezwungenen dumpfen Widerstand allein jede

Lebensfreude zu vergällen. Wie im Traume bei der Abblendung des Bewußtseins von Raum und Zeit durch die rhythmische Schlafhemmung Organreize die Motive auslösen zu Ideenverknüpfungen ganz bezüglichen Inhaltes, so kann bei Reizaufspeicherungen aus der Tiefe der Minenarbeit unserer somatischen Apparate die Vorstellung trotz aller ablenkenden Außenreize immer wieder hineingezogen werden in die dumpfe Ahnung eines Unheils, einer Gefahr, einer sich vorbereitenden Katastrophe. Es ist das Unglück der Hypochondrischen, daß sie recht haben, wenn sie behaupten, daß doch auch alle schweren Zustände von Krankheiten ganz ebenso beginnen: das heißt mit dem dunklen Gefühl einer herannahenden Gefahr. Es ist eine schwierige Aufgabe, sich an diese scheinbar die Wurzel des Lebens annagenden Sensationen zu gewöhnen und sie im Bewußtsein ganz auszuschalten: immer wieder kündet die grämliche Miene, daß die gequälte Seele stutzt und nach innen sinnt, als wenn sie lauscht auf das Bohren und Nagen des bösen Wurmes tief in geheimen Gewölben. Umgekehrt wirken die frischen, kraftvoll dahinflutenden Wellen gesunder rhythmischer Auslösungen im Organsystem befruchtend und lebensgefühlerhöhend auf unsere Seele, ein Bad, ein Marsch, eine heitere Gesellschaft enthält eine Unzahl solcher uns unbewußt einverleibten Impulse, die wie kleine Peitschenhiebe auf die Zugkräfte unserer inneren Bewegungen wirken, wahrscheinlich weil die dadurch im organischen Getriebe erzwungenen Entladungen alle aufgespeicherte Reservereizung ausgleichen, die Atmosphäre reinigen. Alle diese Reize wirken aber um so unmittelbarer auf unser Unterbewußtsein, je mehr der störende Einfluß der Kontrolle durch das Bewußtsein abgeblendet ist: im Rausch, im Schlaf, in der hypnotischen Fesselung der Seele, im Bann einer zentrierenden Idee, im Rausche der Kunst, in der rhythmischen Ekstase des Tanzes und der symbolischen Handlungen treten Wirkungen hervor, die eben ihrer unkontrollierbaren Unmittelbarkeit wegen stets etwas Mystisches an sich haben, so oft schon als Beweisvorgänge übernatürlicher Gewalten, als das Wirken dämonischer Kräfte angesprochen sind. Sie sind aber vielmehr Dinge, die natürlicher sind als viele

---

andere Erscheinungen des Seelenlebens, über die wir uns, durch Erfahrung verblendet, nicht mehr wundern, denn sie offenbaren nichts als alteingewurzelte Fähigkeiten der Seele, die uns nur deshalb so fremdartig erscheinen, weil sie in ihrem immer vorhandenen Mechanismus der Kontrolle durch das Bewußtsein für gewöhnlich entzogen sind. In seltenen Momenten nur wirkt eben das Leben direkt nach Ausschaltung des Bewußtseins, über dem solange ein hüllender Schleier des Versunkenseins liegt, auf die automatischen, altüberkommenen Zentren, und staunend sieht der Beobachter Sicherheit, Zweckmäßigkeit, Unmittelbarkeit, Zielgefühl und Innenklarheit bei deutlichen Anzeichen von psychischer Bewußtlosigkeit auftreten oft in einer besonders vollkommenen Reinheit, vollkommener, als er selbst diese Aktionen unter Beihilfe des oft nur störenden Bewußtseins zu vollbringen imstande wäre. "Ja, wie ist das möglich, er ging doch ganz sicher", "er schwankte nicht einen Augenblick" "und war doch augenscheinlich ohne klares Denken!"--Das sind die gewöhnlichen, staunenden Fragen, auf die es nur die eine, nur scheinbar paradoxe Antwort gibt: er war so sicher, eben weil er nicht bewußt war.

Wir wissen jetzt, daß die Automatie eben dem Problematischen des Bewußtseins in vielen Punkten überlegen ist. Das Unterbewußtsein hat also ganz sicher Ortssinn, Muskelsinn und Zeitsinn. Für die beiden ersten Fähigkeiten, denen durch Abblendung des Bewußtseins unter Umständen gar nichts genommen werden kann, sind Rauschzustände aller Art beweiskräftig, und für den Zeitsinn des Unterbewußtseins sei bemerkt, daß für mich das oft zitierte Aufwachen zu bestimmter Stunde kein Problem mehr ist, seit ich weiß, daß Helligkeit und Morgengrauen, Pendelschlag und Glockenton ebensowohl direkt wie über den Umweg durch mein Bewußtsein hineinreichen in die tiefen Willenslager meines Wesens und daß man daher nicht zu glauben braucht, daß die in uns stetig pochende Uhr, das Herz, mit ihrem Sekundenzeiger, dem Pulse, auch imstande ist, Stunden und Minuten zu registrieren wie ein Chronometer aus Menschenhand.

Wir sind am Ende unserer Untersuchung. Ich hoffe gezeigt zu

haben, daß es nicht aussichtslos ist, den Blick nach innen zu richten und auf die scheinbar dunklen Nebel zu achten, welche aus der Tiefe der Brust aufsteigen in die Helle unseres beobachtenden Geistes. Hier und da erhascht man, sich selbst streng kontrollierend, doch einen flüchtigen Zipfel des Gespenstertuches, und der herabgefallene Mantel zeigt kein so unbekanntes Gebild, daß man sich erschaudernd davon abwenden oder erzittern müßte vor dem Ding da, welches, ein Wesen für sich, nirgends in der Erfahrung eine Analogie hat. Für viele Menschen hat das Unterbewußte Ähnlichkeit mit den Tiefenungeheuern der See, den Fabelschlangen, die nur hier und da ihren Leib an das Licht des Tages erheben. Manche glauben gar nicht daran, andere erschaudern vor der Mystizität seiner Natur, und noch andere, die genau hinsehen, können hier und da nachweisen, daß das gefürchtete Ungeheuer weder eine Schlange noch ein Ungetüm ist, sondern eine auf realen Vorgängen natürliche Spiegelung von Gesetzmäßigkeiten, die sich im Grunde der See ebenso lebendig erweisen, wie im Gewoge der menschlichen Seele.

SEELISCHE HEMMUNGEN UND SCHMERZEN

Nicht ohne Verwunderung werden einige, welche vielleicht schon hier und da meinen Namen in irgendeiner Beziehung zu chirurgischen Dingen nennen hörten, die Ankündigung dieser Essays über Kapitel aus der Seelenlehre vernommen haben. Aber es scheint bei näherer Betrachtung doch auch gerade der Chirurg unter den Ärzten alle Veranlassung zu haben, sich mit dem Wunder aller Wunder, der Menschenseele, recht eingehend zu befassen. Welch ernste Beziehung von Seele zu Seele, wenn ein leidender Mensch ohne Bangen und Zagen dem Wundarzt seiner Wahl Leib und Leben vertrauensvoll für Augenblicke höchster Gefahr in die Hände legt, in Hände, an deren Können und Vollbringen sich oft genug das Schicksal hängt! Wer müßte wohl mehr lernen, das leise und laute Bangen der Seele zu beschwichtigen und von irgendeiner geheimnisvollen, vielleicht oft gefährlichen Macht der Persönlichkeit Gebrauch zu machen, als der menschlich fühlende Operateur? Wer sähe öfter die Menschenseele in ihrer echten Heldengröße und in ihrer zitternden Unzulänglichkeit frei von aller konventionellen Maskerade, als ein Chirurg mit offenen Augen und lebhaftem Anempfinden! Eins aber qualifiziert meiner Ansicht nach uns Chirurgen mehr als fast alle anderen Mediziner zur Psychologie, sofern wir nur wollen, das ist das psychologische Experiment im großen Stil, welches wir täglich anzustellen von Berufs wegen gezwungen sind: die Narkose, die gewaltsame Betäubung der Seele. Ja, ein psychologisches Experiment allergrößten Stiles nenne ich es, wenn wir durch Verabfolgung von flüchtigen Gasen die Seele zwingen, alle ihre fühlenden Polypenarme Schritt für Schritt zurückzuziehen, damit sie bis in die Tiefe eines selbst traumlosen Schlafes sich selber unbewußt verharre im schwankenden Gleichgewicht zwischen Sein und Nichtsein so tief und so lange, wie es dem Operateur gefällt. Wer Tausende von Malen aufmerksam den zu Betäubenden in die Fensterchen der Seele, in die Pupillen geblickt hat, der sollte doch wohl auch etwas wissen und sagen können vom Labyrinth der Brust und von den Träumen, die der Seele auf dem Wege in die Ewigkeit kommen mögen. Eine Narkose ist ja wie eine Ouvertüre zur Tragödie des Todes, wenn Gott sei Dank auch nur selten das Stück bis zu Ende gespielt wird! Was Wunder aber, wenn bei diesem, ich möchte sagen, brutalen Eingriff in ein Getriebe der Seele, gegen welches das Zauberwerk eines Präzisionsinstrumentes aus Menschenhand ein jämmerliches Stümperding ist, so leicht der filigranene Schleier nervöser Spinngewebe, um welche die Seele schwebt, zerreißt und zerflattert! Was Wunder aber auch, wenn gerade dem Chirurgen immer wieder der Gedanke sich aufdrängt, daß hier ein Mechanismus vorliegt in dem Vorgange des künstlichen Einschläferns in wenigen Minuten, oft in Sekunden, welcher dem Einschnappen einer Bremse, eines Kontrestromes, einer Hemmung in sehr wesentlichen Zügen gleicht.

Es ist mir natürlich nicht fremd, daß es unter den Psychologen eine mächtige Gruppe gibt, welche die mechanische Analyse jeglicher Gehirntätigkeit im Prinzip ablehnt, und ich will im Verlauf dieser Auseinandersetzungen einmal das Geständnis ablegen, daß ich nicht der Meinung bin, daß jemals die Physiologie uns den letzten Aufschluß über das Wesen der Seele und des menschlichen Bewußtseins geben könne. Das vermag sie ebensowenig, wie etwa die Physik das Wesen der Schwerkraft zu enträtseln imstande ist; aber sie kann auf dem Wege des Experimentes und der Beobachtung immer eindringlicher die Bedingungen beschreiben, unter welchen dieses oder jenes psychische Ereignis eintreten kann oder muß. Durch diese Einschränkung will ich mich ein für alle Male gegen den Vorwurf eines anmaßlichen Materialismus verwahren. Ich möchte um keinen Preis diejenigen, welche erkenntnis-theoretisch tiefer in diese Materie eingedrungen sind, als ich, verstimmen; mit der Aufdeckung eines Mechanismus ist ja aber nicht zwingend eine materielle Deutung verbunden. Für mich ist der Mechanismus der Seele, wie der Mechanismus überhaupt, als Weltanschauung gedacht, eine ideale Betrachtungsweise. Durch Kenntnis des Kontrapunktes und der Harmonielehre ist der Genius eines Beethoven nicht beleidigt. Gott und seine Werke sind nicht weniger erhaben, wenn man nach Gesetzen spürt, unter denen sie sich offenbaren. Bei dem Wunderwerk der Seele kann unmöglich eine Betrachtungsweise erschöpfend sein, und wie ein tiefer Bergsee gleichsam in jedem Lichte neue Zauber kundgibt, so verträgt es wahrlich das Geheimnis der "fünfzehnhundert Millionen Ganglien" geduldig, ob man von dieser oder jener Ecke des Gelehrtenschreibtisches aus die Brille darauf einstellt. Frei über die Seele reden kann ja schließlich doch nur der Künstler, der in der glücklichen Lage ist, dazu keiner Worte zu bedürfen oder doch nur von Begeisterung und Ehrfurcht durchrauschter! Vielleicht gelingt es dem Thema auf eine kurze Spanne Zeit die verschiedenen philosophischen Richtungen zu vereinigen, und ich will mich jedenfalls bemühen, den Leser möglichst ohne Fachlupe gleichsam mit bloßem Auge heranzuführen an das Tatsächliche meiner Feststellungen, die ich mir erlaubt habe unter einem einheitlichen Gesichtswinkel zu gruppieren.

Welche ungeheure Rolle spielt in der gesamten Erscheinungswelt, in dem Spiel der Kräfte die Hemmung, der Widerstand! Ein Weltgesetz könnte man daraus formulieren; zu einem philosophischen System könnte man ihr Walten, die Idee von ihr ausgestalten!

Ist nicht jede Form ein Resultat der Bewegung der Materie gegen einen Widerstand? Was ist die Anpassung anders, als Wirkung von Hemmung und Widerstand auf das vorwärtstreibende Leben? Was ist der Rhythmus anders, als die periodisch gehemmte Bewegung! Was ist Bewegung anders, als die durch einen Widerstand in bestimmte Bahnung gezwungene Kraft! Und wie anders wäre Kraft zu erforschen und wirksam zu machen, als durch künstliche und bewußte Einschaltung von spezifischen Widerständen! Vielleicht können wir überhaupt niemals etwas wissen von dem Wesen der Kraft, sondern lernen und studieren nur immer feiner die Widerstände und die Hemmungen, welche die Urkraft zwingen, in so verschiedener Form in Erscheinung zu treten. Wer rief die Elektrizität in die Erscheinung, wenn nicht die Einschaltung geeigneter Widerstände (Isolation)? Würde das Licht ohne Existenz eines

———

Äthers übertragbar, ohne das brechende Medium analysierbar sein? Wird es nicht sichtbar am Widerstand unserer Nervenmaterie? Was sagt das Newtonsche Weltgesetz anderes, als daß die rätselhafte Eigenbewegung der Gestirne durch Anziehung und Abstoßung in bestimmten Bahnen dauernd gehemmt ist? Vollenden nicht auch Sonnen ihre "vorgeschriebene Reise"? Wohin wir sehen: Kräfte, Eigenschaften, Bewegungen, die wir noch nicht, ja niemals verstehen können, und Hemmungen, Widerstände, die wir erforschen, ja willkürlich verändern können. Nur das Studium der Hemmungen enthüllt die Gesetzmäßigkeiten. Erst die Herrschaft über die Widerstände gibt dem Menschen die scheinbare Gewalt über die Kräfte oder übermittelt die Ahnung von ihrer Gesetzmäßigkeit.

So hat sich denn auch bei der rätselhaften Natur der seelischen Kraft für die Psychiatrie und die Psychologie der Gedanke an das Walten der Hemmung in der Seele als überaus dankbar erwiesen; liegt doch in dieser Betrachtungsweise eine kluge und fruchtbare Beschränkung. Ich möchte sagen, daß erst mit der weiteren Ausbildung der Hemmungslehre ein neutraler Boden geschaffen werden wird, auf dem Philosophen jeder Richtung miteinander verhandeln können, ohne sofort bei der Frage nach der Natur der Seele in einige Dutzend feindlicher Heere gespalten zu werden. Wer die Hemmungen, unter denen sich die seelische Kraft äußert, studiert, präjudiziert ja nichts über das Wesen, über Göttlichkeit und Unsterblichkeit der Seele, nichts über Geisterwesen und Transzendenz, sondern, da er das Bild nicht zu entblößen vermag, begnügt er sich an dem Studium der Schleier, welche die Himmlische umwallen, und hofft vielleicht durch leises Betasten der dunklen Hüllen ihre Formenschönheit zu ahnen. Freilich würde die bisherige Annahme der Physiologie, wonach die Hemmungen im Nervensystem eingeschaltet würden gleichsam durch Konterströme wiederum nervöser Natur, nicht viel Terrain gewinnen lassen, weil wir ja dann wieder angewiesen sind auf das Studium nervöser Kraft, die wir eben nicht enträtseln können. Wenn wir uns das Gehirn des Menschen oder besser sein gesamtes Nervensystem vorstellen als einen

Sternenkomplex von Milliarden kleinster schwingender Sonnenstäubchen, die durch ein unnennbar feines Maschennetz von leitenden Fädchen, den Ganglien und ihren Fortsätzen, miteinander verbunden sind (wobei wir denken müssen, daß dieses Milliardensystem im kleinen Raume des Schädels wunderbar zusammengefügt ist), und wenn wir annehmen, daß es Ströme und Erzitterungen elektroider Bewegung sind, welche Empfindungen, Begriffe, Handlungen auslösen--so ist es klar, daß niemals alle diese kleinen Sinnesspulen, Begriffstaster, Telephone und Markoniapparate sämtlich zu gleicher Zeit auf- und niedergehen und sich die goldenen Eimer reichen, sondern wir müssen annehmen, daß immer nur eine oder sehr wenige Bahnen frei sein können; alle anderen müssen im Augenblicke des Erklingens einer einzelnen Gruppe ausgeschaltet, gehemmt sein. Das ist genau so, als wenn ich an meinem Telephon nur dann mit einem andern Teilnehmer sprechen kann, wenn alle übrigen tausend Nummern des Anschlusses für mich beraubt sind. Nur immer ein Gedanke ist zeitlich frei, die Milliarden anderen gleichzeitig gehemmt. Alle unsere Wahrnehmungen, Gedanken, Bewegungen, Willensimpulse sind aus zeitlich aufeinanderfolgenden Aktionen zusammengesetzt, und in dem schnellen Wirbel des Ablaufens der Gedankenspule folgt doch immer die Tätigkeit eines Systems der eines anderen, wenn auch mit Blitzesschnelle. Was wir die Konzentration des Gedankens nennen, ist in die Sprache der Hemmungslehre übersetzt Ausschaltung aller Systeme bis auf eine Gruppe. Es leuchtet ein, daß also der Ingenieur, welcher unter dem Dache der Intelligenz sitzt und welcher die Systeme ein- und ausschaltet, der eigentliche Herr unserer Seele ist. Nimmt man nun mit der allgemein gültigen Lehre an, daß auch dieser Maschinenmeister nervöser Natur ist, so kommen wir mit unserer Assoziationslehre, mit der Lehre, daß Seelenleben eine Kette von Ganglienzellenbewegungen bedeutet, meiner Ansicht nach in die Brüche. Dann ist nicht das Gangliensystem, nicht das Gehirn der eigentliche Sitz der Seele, sondern dann ist der eigentliche Spiritus rector animae nur der Teil der Nervensubstanz, welcher der Hemmung vorsteht, dann sitzt der eigentliche Präsident unserer Seele in den übrigens hypothetischen Hemmungszentren, und es wird noch rätselhafter, woher denn eigentlich gerade diese kleinen Bezirkskommandos ihre die ganze Armee beherrschende Überlegenheit beziehen. Solche Seelenquartiere über der Seele, solche Oberseelen vermehren also meiner Meinung nach nur die Rätsel, statt sie zu vereinfachen. Das wäre ein Spiel von Seelentätigkeiten, bei welchem man niemals klar wird, wer nun eigentlich die Trümpfe in der Hand hält, wer einschaltet und wer ausschaltet, dann gäbe es nur eine gänzlich verborgene mystische Einheit, und jegliche mechanische Analyse der Seelentätigkeit würde zu einem zwecklosen Spiel mit Worten. Ich muß es mir leider versagen, an dieser Stelle des weiteren die Unhaltbarkeit der Lehre vom Strom und Gegenstrom in unserem Gehirnapparat darzutun, und muß mich neben diesen kurzen Andeutungen damit begnügen, auch auf den Mangel aller Analogie aus der Elektrizitätslehre hinzuweisen: erklärt man die Gruppenerzitterungen der Ganglienzellen für das Wesen der seelischen Vorgänge, so kann man nicht ihre Hemmung als einen analogen Vorgang auffassen, ohne gleich noch eine Seele über der Seele zu fordern, und ohne zu behaupten, daß der in das Gehirn eindringende Reiz gleichzeitig zur Erregung und Ertötung der Nervenströme dient. Dann müßte also dieselbe Ursache auch den Grund ihres Nichtseins darstellen. Das ist meiner Ansicht nach nur die Maskierung eines metaphysischen Prinzipes mitten in einer mechanistischen Analyse. So unbefriedigt mich nun die bisherige Form der Hemmungslehre, wonach also ein Nervenstrom den anderen aufhebt, gelassen hat, so fruchtbar erwies sich mir eine andere Betrachtungsweise, welche die hemmende Tätigkeit einem ganz anderen System nicht nervöser Natur überweist, nämlich dem an den Ganglien vorüberkreisenden Blute.

Daß das Blutwasser tatsächlich stromhemmende Kraft hat, kann man, wie wir noch sehen werden, direkt beweisen, und es muß nur aufgezeigt werden, in welcher Weise es an die Gangliensysteme herangelangt. Dazu bedarf es des Nachweises eines besonderen Apparates, der, an das Blutsystem angeschlossen, den Blutsaft gegen die Hirnzelle bewegt. Dieser wichtige Apparat, welcher nach meiner Auffassung die Rolle isolierender, zwischen die Ganglienzellen eingeschobener feuchter Platten spielt, ist der Lymphapparat des Gehirns und Rückenmarks, die Neuroglia. Bisher war man der Meinung, daß dieses feine Maschennetz bindegewebiger Fasern, in welchem die nervösen Apparate im Gehirn und Rückenmark aufgehängt sind, eben ein Stützapparat sei, um welchen sich die Ganglienketten wie Schlinggewächse, wie etwa Winden um Drahtschlingen, stützend ranken, ein Gitterwerk, das gleichzeitig die Bahnen der ernährenden Blutgefäßchen trägt. Die Neuroglia sei, wie die Wissenschaft sich ausdrückt: Stütz- und Nährgewebe. Dagegen spricht mancherlei: vor allem die höchst komplizierte und differenzierte Form dieses Abkömmlings des Bindegewebes. Stütz- und Nährgewebe finden wir überall im Körper: es gibt ebenso, wie es ein knöchernes Skelett gibt, ein bindegewebiges. Der Leib ist, wenn man alle spezifische Organmaterie hinwegdenkt, ein geformter Bindegewebsschwamm, d.h. alle Organe, Muskeln und Weichteile sind aufgehängt gleichsam in fasergewebigen, zähsträhnigen Maschen und Netzen, gleichwie das Fleisch einer Orange hängt in einem harmonischen Gitterwerk der Fasern. Überall in jedem Organ ist die feine Struktur dieses Gewebes dieselbe: nur im Gehirn und Rückenmark ist dieses Stützgewebe von unerhört kompliziertem Bau. Die Hirngefäße, und nur sie, umspinnt eine feine geschlossene Drainage und Röhrenmasse von Geweben, in welchen Blutwasser von den Gefäßen durchsickernd und gleitend gelagert ist; von diesen muffartigen Gefäßräumen gehen unzählige Kanälchen an alle Gangliensysteme und liegen in sternförmigen Umhüllungen, genau den Formen der vielgestaltigen Ganglienzellen angepaßt, um die kleinen elektrischen Zentralkörper, etwa wie ein allseitig geschlossener Handschuh um die Finger. Diese Strahlen und Sterne begleiten Fasern und Kugeln der Nervensubstanz und sind füllbar und entleerbar von dem plasmatischen Blutsaft, wie Milliarden kleiner Schwämme und rispenartiger Futterale. Meine Annahme gipfelt nun darin, daß diese Neuroglia das ist, was in der Elektrizität das umhüllende Seidengespinst um einen elektrischen

Draht, was die Isolierung der Kabel und Akkumulatoren darstellt, daß ihr funktioneller Füllungsgrad mit Blutwasser den Kontakt der Ganglien verhindert, und daß ihr wechselndes Leersein das Überspringen der Seelenfunken begünstigt, Mittels des Blutgefäßsystemes also vollzieht sich das, was wir vorher Ein- und Ausschalten des Seelenstromes genannt haben.

Es sei mir gestattet, hier auf den feineren anatomischen Nachweis der Möglichkeit einer solchen Funktion der Neuroglia, welche ein absolutes Novum in der Medizin ist, zu verzichten; ich habe in meinem Buche "Schmerzlose Operationen" diesem Nachweise genügend Raum gegeben, hier will ich mich an die Probe auf das Exempel machen, nämlich die Anwendbarkeit dieser Anschauung auf einige besondere Bewußtseinsformen prüfen.

Wäre also der gewissermaßen gefilterte Blutsaft von einer solchen Beschaffenheit, daß seine Anwesenheit zwischen den Ganglien ihre Kontakte aufhebt, so müßten, wenn meine Anschauung richtig wäre, die Vorgänge, welche Blutwasser im Gehirn plötzlich und ohne Ausgleichsmöglichkeit anstauten, unweigerlich Bewußtlosigkeit zur Folge haben. Denn denken wir uns überall um die Ganglien eine Flüssigkeitsschicht, welche stromhemmend wirkt, aussickern, so müssen ja die Assoziationen unmöglich werden, weil nirgends Erregungsströme kommunizieren können. In der Tat: das ist der Fall. Dr. Jordan hat in einer Arbeit über ein auf der Insel Java von den Eingeborenen geübtes Narkoseverfahren berichtet, welches darin besteht, daß von rückwärts her dem Kranken am Halse beide großen Drosseladern fest zugedrückt werden. Dann ist der Abfluß des gesamten Blutes vom Gehirn gehemmt und es entsteht das, was am Finger nach einer festen Umschnürung mit einem Gummiring sich bildet: ein Übertritt von Blutwasser in die Gewebsmaschen. Der Finger wird taub, und nicht anders ist es im Gehirn, es wird auch taub unter dieser gewaltsamen Vollpressung mit Blutwasser, es verliert die Fähigkeit, seine Apparate spielen zu lassen, bewußt zu sein: der Betroffene liegt fühllos und bewußtlos, wie narkotisiert. Aber es gibt noch andere Möglichkeiten zur Überstauung des Gehirns.

Stürzt jemand so unglücklich, daß ein erheblicher Bluterguß sich zwischen Schädelkapsel und Gehirn ansammelt, so verhindert das sich bildende feste Gerinnsel in ähnlicher Weise den Abfluß des Gehirnblutes aus der Ader des Galenus und aus den Drosselvenen; die Folge ist wieder Überschwemmtwerden des Gehirns mit Hemmungssaft, Aufhebung des Ganglienkontaktes, Bewußtlosigkeit! Nicht anders, wenn ein Gehirngefäß, verkalkt und brüchig, unter einer plötzlichen Wallung beim sogenannten Schlaganfall birst, und nun das pressende Blutgerinnsel in ganz gleicher Weise von innen her den Abfluß hemmt; es entsteht wiederum die tiefe und langdauernde Bewußtlosigkeit, die so lange währt, bis der Abfluß reguliert ist und die Ganglien durch Fortfall der umklammernden Hemmung anschlußfähig geworden sind, wobei die entstehenden Lähmungen auf Rechnung der direkten Aufwühlung von Hirnsubstanz kommen. Die Mediziner werden mir gleich zurufen: Halt! es gibt doch Bewußtlosigkeiten ohne gehemmten Blutabfluß! Sehr richtig! Es gibt aber auch zwei Formen von Bewußtlosigkeit, welche theoretisch und praktisch gerade auf Grund dieser Anschauungen ganz scharf voneinander zu trennen sind. Wenn in den erwähnten Fällen das Bewußtsein schwindet, weil eine komplette Überschwemmung mit hemmender Blutflüssigkeit die Ganglien festbannt und ruhigstellt, so ist es klar, daß auch noch auf eine andere Weise gerade unter Fortfall der Hemmungsfunktion eine Bewußtlosigkeit denkbar ist, nämlich die, bei der sämtliche Ganglien mit einem Male gleichzeitig miteinander in Kontakt stehen. Das wäre so, als wenn plötzlich in einer Telephonzentrale alle Meldeglocken gleichzeitig erklängen; auch dann würde die Seele der Station, das Meldefräulein, wahrscheinlich jegliche Fassung verlieren. Im Krankenhausdienst konnte ich nicht genug auf diese Form der Bewußtlosigkeit, welche sich also unter einer vollständigen Entleerung aller Hemmungsmaschen vollzieht, aufmerksam machen. Unter dem Anprall des Schädels gegen eine harte Unterlage entsteht bei der Gehirnerschütterung, ohne direkte Verletzung der Substanz des Gehirns, ein nervöser Chok der Blutgefäße, sie erblassen, werden krampfartig ausgepreßt, und die

Folge ist eine reflektorische Starre der Gefäße, völlige Leere, Volumenverminderung des Gehirns und Massenkontakt aller sich nahe berührenden Ganglien. Bewußtsein ist nicht möglich, weil alle Walzen gleichzeitig schnurren und die ganze Hirnorgel in allen Registern und Pfeifen gleichzeitig erbraust ohne Rhythmus und ohne Melodie. Diese Harmonielosigkeit ist eben Bewußtlossein unter Neurogliakrampf und völliger Blutleere des Gehirns. Wie mit einem Schlage erhellt sich uns nun das ganze Gebiet der Bewußtlosigkeiten, vom Schwindel bis zur Ohnmacht, die bei Hirnerschütterung, beim Chok und bei allen erheblicheren funktionellen Blutdruckschwankungen auftreten, und bei denen die ganze Symptomengruppe direkt entgegengesetzt ist jenen Formen der Bewußtlosigkeit durch Behinderung des Abflusses. Während bei den Formen der Bewußtlosigkeit durch Blutleere (beim Verbluten, bei Ohnmacht durch Schreck und Schmerz) Krämpfe und Herzflattern, flache Atmung und Gesichtsblässe, weite Pupille und Muskelzittern das Bild vervollständigen, sehen wir bei der Bewußtlosigkeit durch Hemmungseinschaltung Regungslosigkeit und Herzstrotzen, tiefe, schnarchende Atmung, blaues Gesicht und Pupillenenge in Erscheinung treten. Mangelndes Bewußtsein aber in beiden Fällen: einmal, weil alle Ganglien gehemmt, das andere Mal, weil alle zugleich ungehemmt sind. Wie wunderbar stimmen zu dieser Anschauung die Ergebnisse des Experimentes! Albert, einer der bedeutendsten österreichischen Chirurgen, hat in seinen berühmten Hämmerungsversuchen am Schädel trepanierter Tiere nicht eher Bewußtlosigkeit auftreten sehen, als bis die Blutgefäße in Krampf und Entleerung durch Reflex gerieten. Und Deutsch in Wien sah bei einem Kinde mit traumatischem Schädeldefekt und freiliegendem Gehirn bei jedesmaligem Eintritt von Schlaf die Hirnrinde tiefblau werden. Viele Chirurgen behaupten auf Grund direkter Beobachtung während der Operation, daß das Gehirn in der Narkose blutüberfüllt sei, andere behaupten noch heute das strikte Gegenteil. Mit einem Schlage wird durch meine Annahme der Widerspruch guter Beobachtungen aufgehellt: es gibt eben zwei Formen der Bewußtlosigkeit: eine hyperämische mit komplettem

Blutüberschuß und eine anämische mit komplettem Blutmangel.

So konnte auch in meinem Sinne mit Leichtigkeit eine Theorie des Schlafes und der schlafähnlichen Zustände gegeben werden, welche befriedigen dürfte. Der Schlaf ist ein aktiver Vorgang der Neurogliatätigkeit, eine rhythmisch-periodische Funktion der Neuroglia, ursprünglich ausgelöst durch Sonnenuntergang und normal unterbrochen durch Sonnenaufgang. Er besteht in einer Abblendung des Bewußtseins für Raum und Zeit, in einer Aufhebung des Orientierungsvermögens für unsere Umgebung, und vollzieht sich durch eine Blutfüllung der Hirngefäße und der Neuroglia auf reflektorischem Wege, gleichsam durch eine Dehnung des Gefäßherzens, durch einen Akt der Gefäßmuskeln, welche sich erweitern und damit buchstäblich die hemmende Tarnkappe über die Gangliensysteme stülpen.

Es leuchtet ein, warum, wenn diese Grundanschauungen richtig sind, der Schlaf keine völlige Aufhebung des Bewußtseins erzwingen kann. Da nur die jüngsten Sprossen des Gehirnstammes, die Zonen des assoziativen Denkens, nachweislich anatomisch von solchen komplett füllbaren Neurogliamaschen umhüllt sind, kann sich die Schlafhemmung nicht bis auf die tiefen, unterbewußten und automatischen Gebiete unseres Gehirnlebens, welche durch starres Bindegewebe definitiv isoliert sind, erstrecken. Mein Ichbewußtsein ist im Traum völlig wach, meine Erinnerung ist lebendig, meine Phantasie steht in völlig von der Logik ungefesseltem Spiel und ist im Traum deshalb um so beweglicher, als alle Arten von Außenweltreizen, ein bellender Hund, eine schlagende Tür, ein Schuß, ein Ruf, ein Lichtschein, durch meine Lider einfallend zeitweise und ruckartig imstande sind, die Hemmung zu durchbrechen und unter dem Spiel zwischen Aktion und Ausschaltung das Kaleidoskop des Traumes immer von neuem zu schütteln. Ein ewiger Strom von Lebensreizen flutet auch unter dem Zeltdach des Schlummers durch die Gemächer unserer Seele. Ströme, die mit aller Gewalt, wie starke Affekte, unsere Harfe in der Seele durchtoben, Erregungen, die im Laufe des Tages ihren Ausgleich erzwingen in entschlossenem Willen und Handlungen, sind gemeinhin nicht Gegenstände unseres Traumlebens. Die feinen, schnell verrauschten Motive, welche der brausende Strom des Lebens leicht für den Augenblick übertönen kann, sind es, welche sich im Netz der sinnenden Seele bei Tage fangen wie schillernde Fliegen im Gespinst der Spinne und nun des Nachts ihre luftigen Schwingen wieder heben. Ein tiefer Schmerz, ein Ereignis, das uns laut aufschluchzen oder jauchzen läßt, ist gewöhnlich kein Traummotiv, aber wenn wir uns belauschen, die kleinen, die verlorenen, die nur gestreiften Dingelchen sind es, die bei Nacht der Bildnerin Phantasie die bunten Fädchen in die Hände spielen.

Sie webt nun im Gegensatz zur registrierenden Logik des wachen Bewußtseins in einer unter dem Teppich der Hirnhemmung wühlenden, umgekehrten Richtung die Ganglienbildchen aneinander, flickt dieses Glied an jenes, aus allen Tierreichen Torso an Torso, bis Wunderwesen mit Flügeln und Flossen, Schuppen und Höckern entstehen, bis gespiegelte Taten und Ereignisse sich reihen zur sinnigsten Unsinnigkeit. Nur wer ganz tief schläft, träumt nicht, natürlich: weil die Hemmung zu fest die Tasten niederdrückt, als daß ein Nachtelfchen der Idee über die Klaviatur dahinhuschen könnte.

Während also im Wachzustande die Registerzüge und Stimmentaster unserer Hirnorgel in ewigem Wechsel bald tausend Gruppen dieser, bald jener Gangliensysteme vom Strom seelischer Erregungen erklingen machen, wobei der Rhythmus des pulsenden Herzens zugleich mit dem so empfindlichen Spiel der Gefäßverengerer und -erweiterer das eigentliche Schwungrad des Betriebes abgibt, flackert in der Stille des Schlafes nur hier und da ein leiser Akkord unter dem Dämpfer der Hemmung auf. Während dem wachen Gehirn die Reize von außen in tausend Gruppenmeldungen und Erzitterungen der Ganglien zugeführt werden und sich in elektroiden Anhäufungen zu Vorstellungen und Willensaktionen verdichten, wobei jedem eindringenden Reiz sein seelisches Äquivalent entspricht, entstehen im Schlafe die Gedanken als Bewegungen gleichsam verschluckter Spannungen und kreisen ohne Ausgleich, wie gefangene weiße Mäuschen, im Gehege und Gitterwerk der feinen

Nervenlabyrinthe. Wo eine Lücke, ein Spalt von der Hemmung freigelassen ist, dahinein geht der Strom der Träume immer vor und zurück stets in der Richtung des geringsten Widerstandes. Denn wie jede Bewegung gehorcht auch der Gedanke dem Gesetz der Richtung gebenden Macht des Widerstandes. Nehmen wir an, daß der Hemmungsfortfall in der zuckenden Neuroglia diese Richtung bestimmt, so sind wir in einem psychologischen Irrtum befangen, wenn wir davon sprechen, daß wir unsere Aufmerksamkeit auf irgend etwas konzentrieren; in Wahrheit konzentriert dieses Etwas uns. Das was wir "bewußt aufmerken" nennen, ist das Gefühl von dem Zug und Zügel, welches die Dinge an unseren Nervenfädchen ausüben.

Auf den feinsten Nervensaiten Prüft ein Spielmann sein Gedicht, Wohl fühlst du die Finger gleiten, Doch den Spielmann siehst du nicht!

Dieser große Spielmann kann ebensowohl ein transzendentes Wesen sein, wie die unfaßbare und unentwirrbare Summe der Wirkung aller Weltendinge auf uns. Denn alles wirkt auf alles und in jeder Entfernung, ob mit, ob ohne Draht und Nervenfädchen. Die Seele des Menschen gleicht einem Prisma, einer frei im Raume getragenen Markonitafel, in denen sich die Weltenstrahlen brechen; dieses Medium, in welchem sich Sonnenlicht, Ätherwelle und jeder Reiz transformiert, ist einzig Objekt wissenschaftlicher Analyse. Wir studieren auch hier nur die Hemmungen, welche sicherlich den Schwingungen einer Weltseele in unserem Leibe wie in den Saiten einer Äolsharfe entgegengespannt sind, und können nur in uns hineinlauschend den Anprall des Odems der Natur zu einem ahnungsvollen Liede vereinen. Die Reizbarkeit, welche schon die Frühgeborenen des Lebens besitzen, gilt es nachzuweisen auch in den höchsten seelischen Funktionen, die Widerstände aufzufinden, unter welchen die Seele dieses tut und jenes läßt: das ist einzig, ohne vermessen auf den Grund des Lebens zu langen, Gegenstand naturwissenschaftlicher Forschung. Warum und wodurch diese Reizbarkeit zu Geist wird, kann nur der beantworten, welcher der Erfinder und Schöpfer dieses Weltsystemes ist.

Für mich ist also der Schlaf die Folge eines periodischen

Außerbetriebsetzens unserer gesamten Orientierungsapparate, welche wir Ganglien nennen. Ein Dämpfer wird eingeschoben, eine Hemmungskurbel gedreht, und der wesentliche Lenker dieses Hemmungsmechanismus ist der Fortfall des Reizes des Sonnenlichtes und seine periodische Wiederkehr. Die diesen Reiz übermittelnden Nervenfasern gehören nicht zum Zentralnervensystem, sondern sie gehören zu dem Sonnengeflecht des Sympathikus und zu seinen Abkömmlingen, welche überall die Gefäße vom Herzen bis in die feinen Ästchen des Lebens umranken. In den Ausläufern des Hirngefäßsystemes kreist aber der hemmende Saft, der besonders dazu gebildetes Gewebe durchtränkend die Ganglien an gegenseitigem Kontakt verhindert. So wird endlich einmal klar, warum der, entwicklungsgeschichtlich gedacht, früheste Nerv, die erste in der Tierreihe auftauchende Andeutung eines nervösen Apparates, der Sympathikus, der Seele Erstgeborener, an Weichtieren zum ersten Male zu einer Zentrale der Reaktionen ausgestaltet, auch im Gottmenschen des Genies noch der Herr des Lebens bleibt! Auch die feinsten und erhabensten Gedanken eines schöpferischen Gehirns werden in Schranken gehalten von der gleichsam das gesunde Wachstum der Ideen garantierenden und schützenden Faust des eigentlichen Lebensnerven, des Sympathikus! Hier liegt die einzige, anatomisch begründete Grenzscheide zwischen Genie und Wahnsinn. Denn wehe! wenn seine Wurzeln erkranken und damit die Hemmungen fortfallen, welche der lebenfördernden Harmonie der seelischen Erregungen übergeordnet sind. Die Psychiatrie weiß genug zu berichten von der Entgötterung der menschlichen Seele, die Platz greift, wenn der Hemmungsmechanismus fehlerhaft funktioniert. So hat mir diese Anschauung auch Aufschluß gegeben über die Natur des Temperamentes, indem danach sehr wohl eine geringere oder stärkere Hemmungsfähigkeit des Blutsaftes des Individuums und ganzer Nationen die Ursache für die größere oder geringere Schnelligkeit der Auslösungen seelischer Kontakte sein kann. Ja diese Anschauung versöhnt einigermaßen die Wissenschaft mit der tief in allen Völkern lebenden Vorstellung vom "guten und schlechten Herzen" als einem Teil seelischer

Tätigkeit. Das Herz ist danach nicht so unbeteiligt am Gemüts- und Seelenleben, als man gemeinhin denkt. Nicht nur, daß seelische Erregungen sich nachweislich dem Herzen mitteilen, sondern auch die Tätigkeit des Herzens und die Beschaffenheit des Blutes hat danach verständlichen Einfluß auf unsere Allgemeingefühle. Die sprachliche Wendung: "das liegt ihm im Blute" ist also nicht so sinnlos, wie sie scheint, wie überhaupt die Sprache ja oft für den Hellhörigen die alleinige Verräterin tiefster, geheimnisvoller Vorgänge im Getriebe des Gehirns ist, was nicht wundernehmen kann, da sie ja eine Art Projektion zentraler Mechanismen ist. Wie ungeheuer groß ist das Kapitel vom Zusammenhang seelischer Zustände mit der krankhaften Veränderung der Blutsäfte! Schritt für Schritt können wir in der Pathologie verfolgen, wie der Gemütszustand direkt in Abhängigkeit steht von der Beschaffenheit der Blutmischung. Wie fein reagiert das Nervensystem auf die geringste Abweichung des Mischungsverhältnisses der einzelnen Komponenten! Die Vorgänge dabei sind viel zu plötzlich und reflexähnlich, als daß sie allein durch eine chemische Alteration erklärt werden könnten. Eine leise Verstimmung des Magens, eine Obstipation kann uns tief melancholisch machen, und eine große Freude reißt mit der Erhöhung des Blutdruckes im Gefäßsystem und der Beschleunigung des Blutstromes ohne weiteres die Trauerschleier vom Antlitz unseres vergrämten Gemütes. Der Gefäßnerv (Sympathikus) und die durch ihn erzwungene wechselnde Fülle der Neurogliazotten läßt eben die Assoziationen in allen Graden erleichterter oder erschwerter Kombination vor sich gehen.

Die Beteiligung des Herzens, des Blutdrucks und der Neurogliafüllung in Form eines ein- und ausschaltenden Isolationsmechanismus gibt auch einen Schlüssel, warum unsere Seele gleichsam auf eine rhythmische Natur gestimmt ist. Der Urgrund, warum der Mensch ein tiefinnerliches Grundgefühl für Rhythmus und Gegensätzlichkeit, für Dualismus, für die Zweiseitigkeit aller Dinge auf Erden hat, ist eben in dem rhythmischen Ein- und Ausschalten unserer Wahrnehmungsapparate, der Ganglien, gegeben, da sie ursprünglich vom Pulse diktiert werden. Das Gehirn pulsiert ja sogar sichtbar, wenn man es freilegt, selbst an kleinster Stelle. Flutet die Blutwelle mit der Zusammenziehung des Herzens hemmend zwischen die kleinen Seelentelephone, so werden sie abgestellt, um beim Nachlaß und Abströmen des hemmenden Mediums schnell nacheinander wieder bahnfrei zu werden. Die Aufeinanderfolge der einzelnen Systeme wird dabei reguliert vom Spiel der Gefäßnerven, welche, das muß immer wieder direkt betont werden, einem ganz eigenen Nervenkomplex, dem Sympathikus angehören, der einen gleichsam zwischen Hirn- und Rückenmark eingeschalteten automatischen Stromregulator darstellt. Auf allen den Millionen Pfaden der Sinnesstraßen strömen unaufhaltsam und ununterbrochen Reizwellen zum Gehirn. Sie alle werden gestaut in den unzähligen Reizakkumulatoren und Transformatoren des Gehirns, den Ganglien, und erst wenn die feuchte Platte der Neuroglia stromdurchlässig wird, springt die Blitzkette der Entladungen von System zu System, immer die Lücken erhaschend, welche die geschwächte Hemmung offen läßt. Das ist die Bahnung, die Übung, die Einschleifung in meiner Auffassung. Darin, daß die Öffnung und Schließung dieser Bahnen rhythmisch erfolgt, liegt der Grund für die Rhythmik unseres Tuns und Denkens, der Grund zur Rhythmik der Arbeit, zur Hebung und Senkung unserer Sprache, zum Verse, zum Liede, zur schönen Linie, zur Architektur, genug zur Gesamtästhetik. Denn im Grunde ist alles das meinen Sinnen wohlgefällig, was ihrem natürlichen Rhythmus von seelischer Ein- und Ausschaltung sich einfügt, und unlustgebend dasjenige, welches ihm widerhaarig ist. Daraus folgt auch, daß der ästhetische Geschmack darum so verschieden ist, weil der Rhythmus etwas durchaus Persönliches, an mein Temperament, an meine Apperzeptionsfähigkeit in einer gewissen Zeiteinheit, nämlich der zwischen Systole und Diastole des Herzens, Gebundenes darstellt. Ich kann hier natürlich nur andeuten, wie aus der durchschnittlichen Einheit von 60 Schlägen in der Minute der Mensch sein Zeitbewußtsein hergeleitet hat, indem ja in ihm eine wirkliche Uhr, das Herz, von Anfang an ihr Ticktack schlug, genau so, wie er den Fuß und das Fingerglied zum Raummaß und die fünffache Strahlung der

Hand zum Dekadenzahlsystem ausbaute. Da nun, wie experimentell nachweisbar, unser Herzrhythmus unter den allerverschiedensten Einflüssen schwankt, wie die Wirkung von Mensch auf Mensch direkt am Pulse meßbar wird, so versteht man besser als sonst, warum in der Kunst ein so starkes Moment der Aufsuggerierung eines persönlichen Rhythmus zur Geltung kommt, welches den Zuhörer oder Beschauer völlig in den Bann des Schöpfers schöner Rhythmen zwingt. Das Hingegebensein des eigenen Seelengetriebes an ein mächtiges fremdes, die Seele neu erfüllendes Durchwogen und Durchglühen ist eben die Quelle jedes echten ästhetischen Genusses, nach dem sich ein bewegliches Herz dauernd sehnt.

Habe ich damit die mechanische Seite der Suggestion gestreift, so ist von hier bis zur Analyse der Hypnose auf mechanischem Wege nur ein Schritt. Wenn nach unserer Anschauung die Sonne in ihrer rhythmischen Beleuchtung und Verdunkelung der Erde, resp. die Erde selbst in ihrer rhythmischen Abkehr und Neigung zum Licht einen periodischen, naturgegebenen Hebel zum Ein- und Ausschalten des Bewußtseins abgibt, so muß es ja auch auf andere Weise durch Reflexhyperämie im Gehirn möglich sein, Schlaf und schlafähnliche Zustände zu erzeugen. Nun, das Streicheln, das Wiegen, das Kämmen, das Fixieren, das Zählen, das Ticken der Uhr--das alles sind deshalb schlaffördernde Mittel, weil vermöge der gleichmäßig das Gehirn treffenden Reize die Neuroglia um so leichter Übergewicht über die Zellaktion erhält, je mehr durch Konzentration auf einen Punkt die Hemmung an Macht gewinnt. Gerade wie im Alkoholrausch der nächtliche Schwärmer schließlich immer dieselbe Geschichte erzählt, ehe sein müdes Haupt sich zum Tisch oder unter den Tisch neigt, so läßt der Hypnotiseur auf dem Wege reflektorischer Hemmungsverstärkung das Bewußtsein seitlich ringsumstellen und von den Häschern flüchtiger Gedanken umgeben. Alle Vorgänge eben, welche geeignet sind, dauernd die Neurogliazotten in Erweiterung und Füllung zu halten, bringen Kontakthemmung und bei längerer Dauer den Schlafzustand, also auch die reflektorische Gefäßweite. Alle schlafähnlichen Zustände können auf mechanische Weise einheitlich erklärt werden, selbst Morphium und Chloroform wirken zunächst nur als Entfalter einer durchaus physiologischen Funktion des Gehirns, indem sie ebenso wie der Alkohol im Beginn Gefäßverengerung, damit Erregungen, Exzitationen, leichte Anschlüsse, spielende Gedankenflucht über alle Problemhöhen und -tiefen, und mit der Leichtigkeit der Auslösung von Ganglienfunktionen eine hohe Steigerung des Ichgefühls hervorbringen, erst dann mit der allmählichen lähmenden Erschlaffung der Gefäße, in welchen das Gift kreist, die Einengung und Abblendung des Bewußtseins zuwege bringen, so daß der künstliche Schlaf so auf ein Haar dem natürlichen gleicht. Man hat eine allzu übertriebene Hochachtung vor der Dauerhaftigkeit der feinsten Hirnstruktur, wenn man meint, daß z.B. eine Auslaugung des Fettes aus den Hirnzellen durch das strömende Chloroform der eigentliche Grund der Narkose sei, wonach also das Bewußtsein ausgewischt würde, etwa wie ein Fettfleck durch Benzin. Träte wirklich das Gift ohne diesen segensvollen Maschenfilter der Neuroglia jemals an die Zellen direkt als chemisch aktive Substanz heran, so wäre stets eine direkte Verleimung des Gehirns, die Zertrümmerung der Apparate die Folge. Nur deshalb ist die Narkose in Wirklichkeit kein so brutaler Eingriff, weil man niemals mehr Gift im Körper kreisen zu lassen braucht, als gerade genügt, damit das Spiel des auch im natürlichen Schlaf tätigen Mechanismus ausgelöst werde.

Eine schlafbringende Ursache will ich noch erwähnen, welche allen Schlaftheoretikern große Mühe gemacht hat, das ist die Schlafsucht beim Erfrieren. Soll hier, während ein vor Frost erstarrender Organismus langsam in Schlaf versinkt, sich gerade aus dem daniederliegenden Stoffwechsel ein Schlafgift produzieren? oder soll die sonst doch so frisch und wach machende Abkühlung der Haut hier ausnahmsweise höchste Müdigkeit erzeugen? oder ist es nicht vielmehr im schönsten Einklang mit unseren Vorstellungen, daß durch allseitige extremste Verengerung der Blutgefäße in Haut und Gliedern die inneren Organe blutüberfüllt und damit die Neuroglia zur totalen Hemmungseinschaltung gezwungen sein muß? So nur verstehen wir die frisch machende Wirkung kurzdauernder Abkühlungen, die Erleichterung der Assoziationen im Nervensystem durch Kaltwasserkuren usw., wenn wir annehmen, daß die der Abkühlung schnell nachfolgende Blutfülle in der Haut die Hemmungsfilter im Gehirn entleert und so die Ganglien erregungslustiger macht. So auch begreifen wir, warum man im dauernd kühlen Zimmer besser schläft als im überhitzten, ja sogar, warum wir beim Umwälzen der Bettdecke von der Kühlung der Haut die Wiederaufnahme eines unterbrochenen Schlafes erhoffen. So auch erklärt es sich, daß die Inanspruchnahme großer Blutmengen zur Verdauung bei überfülltem Magen das Gehirn blutärmer und darum aufgeregter und ruheloser macht und daß irgend eine dauernde Ablenkung von Blutmengen aus dem Gehirn unruhiges Träumen zur Folge hat.

So lernen wir aber auch verstehen, warum die ganze Skala der Giftwirkungen immer zwischen Erregung und Lähmung hin und her schwankt, weil diese beiden Funktionen vornehmlich gebunden sind an die Tätigkeit der Neuroglia, welche wie ein schützendes Filter vor den feinsten Teilen des eigentlichen Räderwerkes ausgespannt ist. Wäre die pathologische Anatomie nicht allzusehr im Banne von der Stütznatur der Neuroglia, sie hätte schon längst vielleicht näheren Aufschluß über die Funktionsstörungen als Folge primärer Neurogliaerkrankungen geben können. Wenn Füllung, Ausschwitzung, Gerinnung, Verfettung, Verkalkung usw. in ihr erst auf ihre eventuellen funktionellen Folgen geprüft sein werden, dürfte auch für die Heilung von Geisteskrankheiten mit ihrer vielfachen Beziehung zur Blutmischung diese Anschauung fruchtbar werden können. Ich will nach dieser Richtung nur ganz entfernt die Möglichkeit der direkten Durchspülung der Neuroglia vom Blutgefäßsystem, die Wirkung des Aderlasses, die eventuelle chirurgische Entlastung des Hirnödems, der apoplektischen Blutungen usw. andeuten. Die Möglichkeit, daß man durch Einverleibung von verschieden prozentigen Kochsalzlösungen in das Venensystem, mit der Schaffung einer künstlichen Plethora zusammen mit dem nachfolgenden energischen Aderlaß überall im Körper, also auch im Gehirn, sehr wirksame Resorptionsvorgänge anregen kann, steht für mich schon heute außer allem Zweifel.

Dieser langen, zum Teil sich leider wiederholenden Auseinandersetzungen bedurfte es, um einigermaßen im Rahmen dieser locker gesammelten Abhandlungen meine Anschauung zu entwickeln, unter Rücksichtnahme auf diejenigen Leser, welche nicht genügend Physiologen sind, wodurch meine Definitionen leider schwerfällig und unbeholfen werden mußten. Ich kann mich dafür aber mit den folgenden Betrachtungen um so rascher abfinden.

Bei der Frage nach der Natur des Schmerzes muß meiner Meinung nach jede Beantwortung beide Formen schmerzhafter Empfindung, die seelischen wie die körperlichen, in Betracht ziehen, weil nur auf diese Weise eine Definition wirklich erschöpfend sein dürfte, und weil beide Formen der schmerzhaften Bewegungen in unserem Körper eine große Fülle von rein physischen Berührungsflächen darbieten; ich erinnere nur an die mimischen und sekretorischen Begleiterscheinungen des seelischen und körperlichen Schmerzes, an das Weinen und Gesichtverzerren, ferner an die Beteiligung der Atmung, an Schluchzen und Schrei, an Pupillenvergrößerung in seelischer und körperlicher Angst und an andere gemeinsame unerfreuliche Wirkungen der Unlustzustände, um die Notwendigkeit einer gemeinsamen mechanischen Begründung zu betonen. Was nützt es zum Beispiel in dieser Richtung, wenn wir, wie jetzt viele Neurologen, mit der Ansicht uns begnügen wollten, daß der Schmerz eine ganz spezifische Sinnesenergie vorstelle, daß also in unseren seelischen Orientierungsapparaten ganz bestimmte Einrichtungen gleichsam Wächterdienste gegen die herannahende Gefahr bei Verletzungen aller Art übernehmen? Abgesehen davon, daß man auf diese Weise notwendig zu dem tief pessimistischen Prinzip einer Schöpfungstheorie kommt, die den Schmerz als ein von Anbeginn dem Menschen aufgeladenes Kreuz darstellt, wozu die Legende aus der Bibel vom verlorenen Paradiese und dem Fluch des Erzengels einige Berechtigung gäbe, abgesehen von dieser kühnen und gefährlichen Meinung, als sei jedes Lebewesen eigens dem Schmerz ausgeliefert und vorbestimmt, läßt die Lehre von der Spezifität der Schmerznerven eben den psychischen Schmerz völlig in der Luft schweben. Aber auch sonst läßt sich vieles gegen eine solche Anschauung vorbringen. Als schlagendstes Argument gegen den Bestand bestimmter, nur Schmerz leitender Nerven--spezifisch schmerzleitend in dem Sinne, wie z. B. der Sehnerv nur Licht leiten kann--will ich eine Beobachtung anführen, welche ich als erster bei Operationen unter meiner örtlichen Schmerzlosigkeit gemacht habe, und welche später häufig, so namentlich von Lenander in Stockholm, bestätigt ist. Als ich am Bauchfell operierte ohne Narkose bei vollem Bewußtsein des Patienten unter Anwendung nur örtlicher Betäubung, bemerkte ich, daß das normale, blasse, nichtentzündliche Bauchfell auch ohne Einspritzungen ohne Empfindung gegen Stich, Schnitt und Hitze ist, daß aber nach wenigen Minuten an den der Manipulation ausgesetzten Stellen nach vorheriger Rötung Schmerz auch gegen leiseste Berührung auftritt. Ist der Schmerz ein nur auf spezifischen Bahnen geleitetes Spezialgefühl, wie ihn die moderne Neurologie zu definieren geneigt ist, so müssen in einer Spanne Zeit von wenigen Minuten Schmerznerven wachsen können, denn Körperzonen, die eben noch nicht empfindlich waren, werden es gleichsam unter den Händen. Hier ist mit der Annahme, daß der Schmerz nur auf vorgebildeten Bahnen geleitet werden kann, nichts anzufangen; denn es fehlen im Bauchfell gänzlich solche vorgebildeten sensiblen Bahnen, und doch gewinnt es bald die Fähigkeit, zu schmerzen. Wer besondere Schmerzbahnen annimmt, muß sich vorstellen, daß diese Leitungsdrähte des Wehgefühls innerhalb der Bündel der hinteren Rückenmarksnerven zusammen mit den anderen Strängen für das Tast-, Wärme- und Muskelgefühl verlaufen, und müßte unbedingt die zentralen Ausstrahlungen dieser besonderen Bündel auch als eigentliche Schmerzzentren im Gehirn nachweisen. Hier aber gerade hat diese Theorie ein arges Loch: nicht nur fehlt jede Spur eines Nachweises von Schmerzzentren im Gehirn, welches doch gerade die Neurologen so ausschließlich als den Sitz der allgemeinen seelischen Apperzeption hinstellen, sondern es ergibt sich aus vielfachen, auch eigenen

Beobachtungen, daß das Gehirn selbst absolut ohne Schmerzempfindung ist. Der berühmte Kopfschmerz ist entweder Schmerz der Hirnhäute oder Schmerz des weitverzweigten Nervus Trigeminus, der nicht mehr dem eigentlichen Gehirn angehört. Es würde also bei diesen gewichtigen Einwänden gegen die Theorie von der Spezifität der Schmerznerven eine andere, welche dieser Spezifität nicht bedürfte und doch alle bekannten Phänomene des Schmerzes verständlich zu machen vermöchte, entschieden den Vorzug verdienen.

Eine solche Theorie glaube ich auf Grund meiner Anschauung von dem Hemmungsmechanismus geben zu können.

Der Schmerz ist ein Allgemeingefühl der Unlust. Ist der gleichmäßige und harmonische Ablauf der gesamten Körperfunktionen die Quelle vom Gefühl der Gesundheit und der Lust, so muß bei den Unlustempfindungen dieser im naturgegebenen Rhythmus schwingende Gleichklang aller Kraftströmungen im Organismus gestört sein. Schon das besondere rein funktionelle Bemerkbarwerden eines einzelnen Organsystems, etwa der gefühlte Pulsschlag des Herzens oder der Arterien, kann dadurch, daß er die seelische Orientierungsspannung von der Außenwelt weg auf eine Lokalität des Körpers zurückzulenken zwingt, Störungen des Allgemeingefühls im Sinne der Witterung einer Gefahr veranlassen. Das Gefühl der Fülle im Leibe, die Spannung in einem Muskelsystem, Steifigkeit in den Gelenken, kann schon ohne jede Schmerzempfindung starke psychische Beunruhigung hervorrufen. Auch jedes Flimmern vor den Augen, jedes Summen im Ohr, Kribbeln in der Haut, kann bei längerer Dauer mit dem Gefühl der Unbehaglichkeit bis zur Qual verbunden sein, d.h. jeder Funktionsstörung ist der Gedanke an eine nahende oder doch mögliche Gefahr assoziiert. Wenn ein Sehnerv, welcher eben nur für Licht empfänglich ist, exzessiv gereizt wird, etwa bei Verletzung oder Durchschneidung, so wird zwar dadurch kein Schmerz erzeugt, aber die auftretende Flammengarbe von Lichtempfindungen verursacht einen tiefen seelischen Stoß, auch ohne direkten Schmerz. Also auch die spezifischen Sinnesorgane können wie jedes Organsystem alarmierende Meldungen im Gehirn und Rückenmark auslösen. Schmerz aber vermögen nur die Nervenbahnen zu leiten, deren Berührung an sich normalerweise Tastgefühle auslöst. Das sind die sensiblen Nerven und der Sympathikus, deren Ausbreitung zu Endkolben und Endgeflechten in allen nervösen Häuten und der Körperhülle Platz gefunden hat. Wann entsteht nun z.B. von der Haut her Schmerz? Immer nur dann, wenn das Gehirn durch die abnorme, gehäufte Art der Reizung nicht mehr in der Lage ist, Einzelmeldungen und Sonderkontakte zu differenzieren, wenn die Meldungen nicht mehr streng innerhalb der gegenseitig durch die Nervenisolation gegebenen Bahnen bleiben, sondern wenn durch gewaltsame Annäherungen und Sprengungen, durch seitliches Überspringen und Defektwerden der Nervenscheiden transversale Massenkontakte ausgelöst werden. Der Schmerz ist ein Kurzschluß elektroider Spannungen im Nervensystem. Drücke ich gewaltsam eine Hautfalte zusammen, so presse ich unzählige Tastkörperchen seitlich aneinander. Die Folge ist zunächst Kribbeln und Jucken, das auch schon beim Streichen und Kitzeln durch Vibration der Hautzottenleisten entsteht; dann folgt bei gewaltsamem seitlichen Druck und in ganz gleicher Weise bei Ätzung und Brand ein Defektwerden der Bindegewebshüllen der Nervenapparate, welche hier genau der Funktion der Neuroglia im Gehirn entsprechen, d.h. ich störe den Isolationsmechanismus, so daß seitlich elektroide Funken überspringen. Die Folge sind massenhafte reflektorische Alarmsignale, d.h. gleichzeitige und aus den Bahnen geworfene Gruppenmeldung in einer Form und Intensität, auf welche normalerweise die Seele nicht eingestellt ist. Diese Alarmsignale mit dem Charakter der Bedrohung und Gefahr, dieses Anzeichen der beginnenden Läsion der peripheren Nervenstrombahnen, dieses Verwirrungsgefühl durch irre geleitete Reize im Getriebe des Nervenmechanismus nennen wir "Schmerz". Dieser Kurzschluß der seitlichen Entladung bei verletzter Nervenisolation ist um so intensiver, je mehr Apparate gleichzeitig lädiert sind oder je dicker der Sammelstrang ist, an welchem die Nervenhülle defekt wird ganz gleich auf welche

Weise. Hierdurch, wenn also plötzlich in der Zentrale turbulente Feuermeldungen gleichzeitig ertönen, entsteht eine Unfähigkeit des Gehirns sich schnell zu orientieren, und die Unlust, welche jeden exzessiven Reiz begleitet, steigert sich zusammen mit den Wirbeln von Oberstrahlungen, welche in gänzlich ungewöhnlicher Richtung ausbrechen, zu Angst und Raserei, zu planlosen Abwehrbewegungen, zu Affekthandlungen, oder wenn diese selbst übertönt werden, zur Ohnmacht und zum Kollaps. Jeder Schmerz trifft also zum erstenmal völlig jungfräulichen Boden, und es spricht gewiß für meine Auffassung, wenn seine Wiederkehr nicht mehr so erschreckend wirkt, weil das Gehirn zum zweiten Male nicht mehr so ganz unorientiert über das, was nun kommen wird, ist. Denn die Furcht vor dem, was folgen könnte, ist oft größer, als die Klage über den Augenblicksschmerz allein ausfallen würde. Wäre der Schmerz eine spezifische Nervenenergie, so wäre nicht abzusehen, warum schon selbst ein heftiger Anfall eines sich wiederholenden Schmerzes relative Gewöhnung bei Wiederkehr auch nach längerer Zeitpause beobachten läßt, was man weder vom Ton noch vom Licht noch von anderen spezifischen Sinnesenergien behaupten kann. Auch, daß man von zwei Schmerzen stets nur den stärkeren wahrnimmt, spricht gegen die Theorie der spezifischen Schmerzleitung, denn ich kann z.B. von einer Farbe alle Nüancen gleichzeitig wahrnehmen. Die große Summe der entwicklungsgeschichtlich eingeübten und koordinierten Reflexe einer schnellen und unvermuteten Reizung zur Atmung, zur Herzbeschleunigung, zur Pupillenerweiterung, zur Darmbewegung, zur Lockerung der Schließmuskeln aller Art beweist, daß die plötzliche Überladung gewisser Zentralen des Gehirns nach einem schnellen und ebenso plötzlichen Ausgleich der psychischen Spannungen mit rasanter Flugbahn drängt: ein Schrei, ein Stoß, ein starrer Blick, die fahle Blässe des Gesichts, sie alle sind der Beweis für das Bestehen einer blitzschnellen, kurzschlußartigen Entladung von Spannungen, auf welche der Betrieb der Seele physiologisch nicht eingestellt ist. Jede Bedrohung hat Beziehung zum Atmungszentrum, schon plötzliche Abkühlung, durch die Dusche etwa, bringt tiefe

Atemzüge und Neigung zu Stimmbandschluß und stoßartiger Respiration, d.h. die Inanspruchnahme auch aller Hilfsmuskeln der Atmung, einschließlich der Mund- und Nasenöffner, womit der mimische Anteil an der Schmerzwirkung erklärt wird. Jede Gefahr, jede Angst, ja jede Erregung läßt die Pupille weit werden, um dem vielleicht hilfreichen Licht die ganze Fläche frei zu geben, und ein schnell pulsendes Herz jagt das Blut wahllos in alle Systeme, um jede Funktion gleichsam sprungbereit durch Heranwälzen der Ionen des Sauerstoffes auszurüsten.

Ich würde nicht wagen, mit solcher Sicherheit auch hier den gestörten Hemmungsmechanismus für die Natur des Schmerzes in Anspruch zu nehmen, wenn ich nicht einen Trumpf in der Hand hielte, der die absolute Stichhaltigkeit dieser Anschauungen mir täglich aufs neue zu beweisen geeignet ist.

Meine Form der Schmerzlosigkeit zu operativen Zwecken, welche man die Infiltrationsanästhesie nennt, ist direkt eine Frucht dieser Anschauungen. Eine Hypothese aber, welche ein so stolzes, nunmehr überall anerkanntes Resultat gezeitigt hat, darf immerhin einige Berücksichtigung auch seitens der Theoretiker beanspruchen. Die Lösung, mit welcher ich örtliche Schmerzlosigkeit erziele, ist eine Flüssigkeitskomposition mit der ausgesprochenen Absicht, die Isolation, die Hemmungen zwischen den seitlichen Nervenkontakten im Gewebe zu verstärken, ohne die Nerven selbst etwa durch Gifte leitungsunfähig zu machen. Ein anästhetischer Mückenstich, wie ich ihn mit meinen ungiftigen Lösungen in der Haut anlege, läßt die einzelnen Nerven durchaus tastleitungsfähig, hebt aber den Schmerz absolut sicher auf in jeder Schicht, weil er dazu bestimmt und erfunden wurde, um das, was den Schmerz macht, den seitlichen Kurzschluß der Nerven, durch Hemmungsverstärkung unmöglich zu machen. Ich schiebe zwischen die Nerven einen Dämpfer, ein Sordino ein, was Professor Bier in gleicher Weise am Rückenmark direkt mit bewunderungswürdiger Kühnheit wiederholt hat, ohne daß wir die Nervensaiten selbst irgendwie lädieren oder gefährden. Es wird für mich stets ein Triumph folgerichtigen Schlusses sein, daß ich diese Form der schmerzlosen Operationsmethode fand einzig auf Grund der Deduktion, auf Grund der lebendigen Anschauung von dem Bestehen eines Isolations- und Hemmungsmechanismus im Betriebe des Nervenlebens. Professor Bier hat auch den Nachweis geführt, daß in der Tat das Blut den von mir behaupteten schmerzisolierenden Einfluß auf die peripheren Nerven hat, und ich selbst habe schon früher angegeben, daß Übertritt von Blutwasser in die Gewebe (beim sog. ödem) unter Umständen genügt, um die Nerven sämtlich für Schmerz leitungsunfähig zu machen. Alle diese gewichtigen Tatsachen lassen kaum eine andere als die von mir gegebene Deutung zu, und wir haben nur nötig, diese an der Peripherie des Körpers gewonnenen Erfahrungen auf das Gefüge der Zentrale im Nervensystem zu übertragen, um gleicherweise eine Einsicht in das Geschehen beim psychischen Schmerze zu gewinnen.

Auch in der Seele gibt es einen Kurzschluß elektroider Spannungen. Auch hier enthält die unsere Seele brutal überfallende maximale Anspannung, die nach dem Äquivalenzgesetz der Kräfte ebenso materiell wirksam sein kann wie eine äußere Gewalt am Leibe, übergroße Ladungen im Gebiet der Vorstellungen, d.h. die in umgekehrter Richtung zu den Apperzeptionen schwingenden Gangliengruppen durchsprengen explosionsartig die einbettenden Hemmungen. Das typische Beispiel für solche Explosionswirkungen im motorischen Zentrum ist für mich diejenige Form der Epilepsie, welche durch eine materielle Bindegewebsnarbe im Gehirn gegeben ist. Vor dieser Narbe finden periodische Akkumulationen von nicht auflösbaren Spannungen statt, nicht auflösbar, weil die narbig verdickte Neuroglia auch gewaltigen Ansammlungen nervöser Kraft die Hemmung entgegenhält. Steigt aber diese aufgespeicherte Spannkraft zu einer Höhe, daß sie den Wall durchbricht, so brausen in die unvorbereiteten Systemgebiete hinter der Narbe die Fluten der elektroiden Wellen verheerend ein, und der Krampfanfall löst sich aus, verstärkt durch den Chok der Gefäße, der seinerseits allein, wie wir sahen, das Bewußtsein schwer zu alterieren vermag.

Das ist das Bild auch der seelischen Schmerzauslösung, wenn wir eine Kette von deprimierenden Ereignissen oder ein einziges tief an unsere Lebenshoffnung, an den Glauben an unser Glück greifendes Moment erleben. Die Spannungen in der Phantasie, welche schließlich stärker sind als jedes vorangegangene seelische Erlebnis werfen uns unter der Analogie einer geistigen Epilepsie in einen Strudel von Unorientiertheit und brennender Hilflosigkeit, durchfluten uns mit dem Gefühl des Vernichtetseins, und in gleicher Weise wie bei der physischen Obstruktion des körperlichen Schmerzes findet die Entladung in Schluchzen und Tränenstrom, in Affekthandlung, in Herzangst und Pupillenklaffen ihren Ausgleich, wenn nicht die mit dem Willen aufgebrachte gewaltsame Hemmung den Affektströmen einen Damm entgegenwölbt. Aber die Faust der die flammenden Blitze erstickenden Neuroglia kann endlich auch erlahmen und dann eine Affekthandlung resultieren.

Beim seelischen Schmerz mag so das Gehirn wechselnd buchstäblich erröten und erblassen.

Ich bin am Ende meiner Ausführungen und schließe mit Zagen, daß ich es gewagt habe, ein so gewaltiges Thema, wie es das Gebiet der seelischen Hemmungen umfaßt, in einem geschlossenen Aufsatze zu erledigen. Vielleicht aber ist es mir doch gelungen, wenigstens die Hauptzüge dieser, wie ich zugebe, kühnen und gewagten, aber ergiebigen Hypothese zu entwickeln, und ihre Anwendbarkeit auf fast das gesamte Gebiet des Seelenlebens wenigstens andeutungsweise vor Augen zu führen.

DER SITZ DER SEELE

Als der Zeitgenosse Friedrichs des Großen La Mettrie seinen berühmten Aufsatz: L'homme machine schrieb, konnte er nicht ahnen, daß dieser kleine und wenig umfangreiche Essay die Quelle einer unendlich verbreiteten, aber ganz unsäglich öden Weltanschauung werden sollte: des jetzt auf ganzer Linie geschlagenen Materialismus. Das heißt: der Lehre von der chemisch-physikalischen Begreifbarkeit der Welt und ihrer Probleme. Ähnlich wie einst die Rationalisten die Wunder der Persönlichkeit Christi aufzulösen meinten in platt-alltägliche, nur durch die Phantasie der Gläubigen verzerrte Begebenheiten, so war für die Ritter von "Kraft und Stoff" es eine ausgemachte Sache: Geist, Seele, Gemüt, was sollen sie anders sein als eine Art Absonderung der nervösen Organe, Exkremente der Ganglien, eine Art Gehirngalle? Wie Niere, Leber und andere Drüsen die Abfallstoffe des Heizmaterials unserer menschlichen Maschine abstoßen (sezernieren), so sezerniert der Wunderball in unserer Schädelkapsel einfach ein luftiges Etwas und dampft aus dem Gehirnbrei die Nebel des Gedankens!

Nicht drastischer läßt sich die Kümmerlichkeit dieser Weltanschauung, die man besser eine Weltblindheit nennen könnte, darstellen, als mit dem echt materialistischem Problem: wie wird aus der Kartoffel, die ein Genie verzehrt, ein Gedicht, ein Bildwerk, eine Symphonie? Viele Materialisten umgingen auch wohl den Kern der Sache, indem sie nämlich rundweg diese Fragen für der Wissenschaft nicht zugänglich und für keinen Gegenstand der "exakten" Forschung erklärten, womit dann die Exaktheit gerade da aufhören müßte, wo das Interesse für jeden Nichtwissenschafter beginnt. Denn es ist unsere ungestillte Sehnsucht nach dem Wissen vom Sitz der Seele ja nur ein Teil der alten Frage: "woher? wohin?" Und nicht nur Narren warten auf Antwort.

Ich will versuchen nachzuweisen, daß es auf diese Frage eine leidlich befriedigende Antwort gibt. Nämlich aus der unumstößlichen Wahrheit heraus, daß die Natur uns ein Delphi ist, das zwar stets sinnreich antwortet, aber nur, wenn man weise fragt. Der falschen und aus vorangegangenen Irrtümern entsprungenen Frage gegenüber ist sie, die Gütige, einzig Wahrhaftige, in der Rolle des verblüfften und verstummenden Vaters, den ein Kindlein fragt, ob die Sterne nie zu Bett gehen, ob der liebe Gott auch einen Regenschirm hat, und wie die sinnigen Unsinnigkeiten aus holdem Irrtum sonst noch lauten mögen. Fragt man erst nach einem Sitz der Seele, als nach einem Dinge, das kein Ding ist, das aber trotzdem vielleicht überall und ewig ist, so muß die Antwort eine kindliche, närrische und törichte sein. Und doch ist es ein Axiom der Wissenschaft, eine ausgemachte Sache für Unzählige: die Seele sitze im Gehirn! Prüfen wir einmal, ob sich diese Antwort ernstlich halten läßt.

Es ist Tatsache, daß viele unserer seelischen Fähigkeiten, z.B. die Sprache, gebunden sind an die Unverletztheit eines ganz bestimmten Bezirkes des Gehirns; daß Geruch, Geschmack, Gesichtssinn, Temperatursinn, Bewegung der Glieder, Atmungsbewegungen aufzuheben sind durch Verletzung oder organische Zerstörung ganz umschriebener, oft nur pfenniggroßer Teile unseres Gehirns.

Es kann nimmermehr bestritten werden, daß diese Teile den Mechanismus bestimmter seelischer Funktionen ganz und gar beherrschen. Durch unzählige, untrügliche Erfahrungen, durch Experiment und Beobachtung am Krankenbett, ist festgestellt, daß ohne Nervensubstanz, ohne Gehirn eine Seele einfach nicht vorhanden ist.

Im Banne dieser Tatsachen hat die sogenannte Lokalisationslehre geschlossen, daß Gehirn- und Rückenmark der Sitz aller seelischen Funktionen sein müsse, und hofft von dem weiteren Fortschreiten der Beobachtung ständige Nachweise von immer neuen Herden spezifischer Funktionen. Es wäre eine Torheit, an diesen Tatsachen zu rütteln, aber die Frage ist berechtigt: liegt hier nicht doch eine schiefe Deutung vor? Wenn die Verletzung eines bestimmten Hirnteiles den Verlust einer zugehörigen Funktion bedingt, so ist damit keineswegs bewiesen, daß diese Stelle des Gehirns allein diese Fähigkeit produziert. Es kann vergleichsweise die Durchschneidung eines Bündels von

Telephondrähten einen bestimmten Stadtteil des Telephonanschlusses berauben, und doch bleibt die Zentrale unberührt. So könnte auch das Sehen, das Sprechen, das Hören und Riechen im Gesamtgehirn entstehen, und die die Funktion scheinbar verletzenden Läsionen der sogenannten Zentren könnten nur zusammengekettete Sammelstellen von Leitbahnen nervöser Tätigkeiten treffen, welche ihre unzähligen letzten Ursprungsquellen weit über das Gehirn verstreut haben könnten. Diese Überlegung ist von großer Wichtigkeit, weil nur durch ihre Annahme erklärt wird, warum solch Verlust des Sehens, Hörens usw. von einer Stelle aus durchaus nicht immer ein dauernder ist. Denn es ist unumstößlich wahr, daß Hunde, denen man das "Sehzentrum" herausschnitt, in gar nicht langer Zeit doch wieder sehen "lernten", und es muß ein schlechter Beobachter sein, dem nicht auffiele, daß Menschen mit Verlust des Sprachzentrums deutliche Anzeichen zu einem Versuch zu sprechen aufweisen. Sie bilden innen doch die Sprache, es geht aber nicht heraus, sie zucken die Achseln, verziehen das Gesicht zu schmerzlicher Resignation--die Leitungen (wohl gemerkt nicht die Sprache bildenden Seelenherde) sind verletzt! Aus diesen und zahlreichen anderen Gründen hat man die Theorie der Herdfunktionen immer wieder angegriffen und ihr die Anschauung von der Universalität der ganzen Gehirnmasse entgegengestellt, wonach jede Ganglienzelle durch Übung schließlich zu jeder Funktion wesentlich und stellvertretend herangebildet werden kann, so daß also nach dieser Ansicht wenigstens das Gesamtgehirn dann als Sitz der seelischen Funktionen anzusprechen wäre. Mir scheint es, als wenn in der Lokalisationslehre nur die Zettelchen von Lavater und Gall, die diese auf das Schädeldach klebten, allzu kühn nunmehr auf das Gehirn selbst aufgedrückt würden, daß also keineswegs der Nachweis lokalisierter Seelentätigkeiten irgend etwas über den Sitz dessen, was wir Seele nennen, aussagen könnte. Sagt man aber nun: so ist eben das Gehirn und Rückenmark im ganzen als Sitz der Seele anzusprechen, dann gehört zum Gehirn auch das gesamte Nervensystem mit allen Fasern und nervösen Organen, und dann sitzt wieder die Seele ebenso gut in meinem kleinen Finger, wie in der Nase.

———

140

Nun sind aber die einzelnen Sinnesfunktionen, für welche man Herde im Gehirn fand, ja eigentlich gar nicht der Hauptbestandteil dessen, was wir gemeinhin "Seele" nennen. Dazu gehört vor allem die ganze Skala der Allgemeingefühle, Lust, Schmerz, Gemüt, Phantasie, Logik, Willenskraft usw. usw. Wo in aller Welt ist auch nur der Schatten eines Beweises dafür erbracht, daß auch diese, wesentlich seelischen Funktionen irgendwo einen Herd, ein Zentrum, eine Lokalisation im Gehirn oder Rückenmark oder sonst wo besitzen? Hier sehen wir im Gegenteil das Gehirn, das doch der Herr der Gefühle sein soll, in sklavischer Abhängigkeit von jeder Verdauungsstörung, vom Stoffwechsel des übrigen Leibes, von Störungen und rein vitalen Veränderungen aller Art. Wenn man nun aber ferner die Tatsache recht fest ins Auge faßt, daß z.B. das Herausschneiden der gesamten Schilddrüse, welche um die Luftröhre gelagert ist, den betreffenden Kranken, und wenn er ein Genie gewesen wäre, unweigerlich zum Idioten macht, weil dann durch Fortfall sogenannter innerer Sekrete (Beimischungen zum Blute) allmählich die Hirnfunktion erlischt, so erfährt hiermit die Lehre vom Sitz der Seele im Nervensystem allein einen nicht zu verwindenden Stoß. Ebenso wie also irgendein Zentrum nötig ist zum Vollbestand einer Seele, ist also auch dringend der Schilddrüsensaft vonnöten. Also auch hier, in einer Drüse, sitzt ein Zentrum der seelischen Funktionen.--Ferner:

Wenn wirklich alle Eindrücke, die man empfängt, zu den Gehirnganglien geleitet werden, so taucht die Frage auf, warum im Gehirn alle Ein- und Ausschaltungen einen so geregelten Gang nehmen, warum nicht die fünfzehn Millionen Ganglienzellen bei der nie schweigenden Anreizung durch Tausende von Außenweltswirkungen, stets in chaotischem Wirrwarr durcheinander brausen, als würden die Tasten einer Orgel alle gleichzeitig niedergedrückt? Das ist nur möglich durch Hemmungsvorgänge, welche bald diese, bald jene Bahn dem Strom freigeben, so daß, wenn eine Gedankengruppe schwingt, alle anderen gehemmt, abgestellt sind. Das ist im Innern des Schädels nicht anders als an meinem Telephon, an dem ich auch nur sprechen kann, wenn alle anderen Nebennummern isoliert sind. Die Hirnhemmung, waltend und schaltend wie ein Ingenieur, ist also unbedingt der Herr der Situation in meiner Seele, und wenn sie, wie die Schulmeinung ist, gleichfalls Hirnzellentätigkeit ist, so wäre das Zentrum der Seele dieses ganz in der Luft schwebende nervöse Hemmungsorgan, von dem bisher auch nicht ein Zipfelchen eines Gewandes oder einer anatomischen Grundlage gefunden ist und nie gefunden werden wird.

Ich selbst bin der Begründer einer Lehre, nach welcher dieses Ein- und Ausschalten gar nicht von Nervenelementen besorgt wird, sondern von dem Blutsaft und dem Herzen, so daß ich hier zum Bekenner eines alten Volksbewußtseins geworden bin, wonach das Herz, das herrliche menschliche Herz, nicht nur als Druckpumpe, sondern auch als wirklicher Faktor unseres Seelenlebens eine bisher von den Naturforschern nur höhnisch belachte Rolle spielt. Ich habe die vollgültigsten Beweise dafür erbracht, daß das Blut im Gehirn mit dem Herzpulse eingeschleudert und abgesogen das im steten Wechsel des Pulses bedeutet, was für den elektrischen Strom die Isolierung, jedem Laien als grüne Seidenhülle um den Kupferdraht bekannt, darstellt.

Es würde Wiederholung sein, wollte ich hier nochmals den Nachweis erbringen, daß ein solches Zwischengespinst zwischen den Nervenfäden und Gangliensternen, Neuroglia genannt, mehr ist als ein Stützgerüst, an dem die Nervenzellen ranken. Es ist für mich unumstößlich, daß die mit Blutsaft gefüllte Neuroglia den aktiven vom Herzdruck abhängigen Isolationsapparat, welcher ein- und ausschaltet, ausmacht. Hier erwähne ich diese Anschauung nur noch einmal, um darzutun, daß unmöglich das Gehirn und Rückenmark allein so schlankweg als der Sitz der Seele bezeichnet werden darf. Erst mit meiner Auffassung wird der Schlaf, der Traum, die Narkose als aktive Tätigkeit der Seele verständlich, wie ich das in zahlreichen Arbeiten zu erweisen mich bemüht habe, erst mit ihr wird die Phantasie, das Unterbewußtsein, die Lehre von den Affekten und Geistesanomalien eine neue Beleuchtung erfahren. Ist sie richtig, dann wird es ganz und gar hinfällig, der Seele einen bestimmten

Wohnort im Leibe zuzusprechen, dann ist sie überall bei uns zu Haus, in den Nerven, in dem Blute, in den Drüsen, in dem Sonnengeflecht, und wird von unendlich vielen Dingen mehr beherrscht als allein von der Intaktheit des Gehirns.

Denn jede Zelle des Leibes hat ihre Seele für sich; in der Republik, dem Zellstaate, den die letzten erkennbaren Lebenseinheiten in unserm Leibe bilden, hat jeder winzige, mikroskopische Bürger einen Hauch der belebten Allseele in sich, und die Zeit ist nicht mehr fern, wo die Zelle auch ihr eigenes Gehirn und ihren Nervenapparat für sich zugesprochen erhalten wird. Die Hirnzellen, die in ihrer Gesamtheit nur ein grandioses Regulationsorgan darstellen, werden dann nicht mehr als Thronsessel der Königin Seele gelten, sondern die Millionen seelischer Wunder, welche insgesamt die unbeschreibbar herrliche Harmonie eines Lebewesens hervorbringen, werden jeder Magenzelle, jeder Hautfaser ebenso zugeteilt werden müssen, wie diesen Prätendenten einer angemaßten Macht, den sogenannten Zentralorganen. Die menschliche Seele ist der Mensch als Ganzes. Mit der Antwort auf seine Herkunft, die die Philosophen anders als die Theologen, die Naturforscher anders als die Künstler formulieren, fällt die Frage nach seiner Seele von selbst zusammen. Die Seele der Monade, des kleinsten Lebewesens, birgt alle Probleme, und hier mündet eben die Frage nach der Seele ein in das große Rätsel des Lebens überhaupt. Wir werden von der Seele stets nur soviel wissen, als wir vom Leben verstehen. Der Gedanke über die Seele ist eins mit dem Gedanken über das Leben.

INSTINKT UND SPIEL

Des Lebens letztes Merkmal ist die Reizbarkeit. Hier steht des Menschen Spürsinn still, denn nicht tiefer hinab vermag der Geist der schöpferischen Natur den Gedanken des Lebendigen nachzudenken. Ein armselig Symptom, ein Symbol halten wir in der Hand, statt seines dahinter liegenden Wesenskernes. Und doch ist dieses Merkzeichen des Lebendigen, die Reizbarkeit, die einzige kardinale Eigenschaft sowohl der letzten im Winde verlorenen Pflanzenspore, wie auch der Krönung des Lebendigen, der menschlichen Seele. Ein Automat, eine Maschine beantwortet den Reiz, den auslösenden Anstoß stets in derselben Weise, zu dem einen von ihrem Erbauer gewollten Zweck; die Zelle aber, der lebendige Automat, hat eine Wahl, eine Willkür, eine Freiheit. Aus einfachen reizbaren Zellen ist jedes belebte Wesen geschaffen, und an solche Zellen ist das höchste, wie das niedrigste Leben geknüpft; denn geistiges Leben ist Zellfunktion im Laternchen des Leuchtkäfers nicht minder, wie der Funke hinter der Prometheus-Stirn des Genies! Aufsteigend von der einfachen Reizbarkeit des einzelligen Lebewesens bis zur Feinfühligkeit des sublimsten Gedankens, der den Harfensaiten der menschlichen Seele entgleitet, wurde der Nerven Stammherr, der Nervus Sympathicus, der den Rhythmus der kriechenden Raupe, wie den Flug der Libelle beherrscht, geschaffen als der erste Schritt zur Organisation chaotischer Bewegungsmöglichkeiten. Nach ihm kam Rückenmark und Nervengeflecht und endlich die Krone des Nervenbaums, das Gehirn. Kein Geringerer als Goethe sah, daß das Schädeldach ein entwickelter Wirbel sei, und die Hülle mußte sich wohl entwickeln, weil an der Spitze der Rückenmarksäule die sich fortbildende Nervenmasse das Gehirn erzeugte. Dessen jüngste Sprossen, die Hirnrindenzellen, sind der Sitz unseres Bewußtseins. Ein jeder von uns trägt also in sich die organischen Niederschläge dessen, was vor uns war. Einst war Stufe für Stufe aufsteigend alles das bewußt, was jetzt unbewußt, automatisch gleichsam "von selbst" sich reguliert: Das Atmen, der Herzschlag, die harmonische Bewegung, die Verdauung, genug das Leben an allen geheimen Laboratorien unseres Leibes. Unter unseren, nunmehr uns selbstbewußten Gehirnteilen muß also ein sich selbst überlassenes Labyrinth des Gewordenen in fester Bahn geordnet liegen, aus dem wohl die dunkelen Gefühle stammen, die wie dunkel empfundene Donner rollen durch die Niederungen unserer Seele. Diese fernen, unterbewußten Triebkräfte, das Resultat der Daseinskämpfe aller derer, die vor uns waren, sind der Inbegriff dessen, was wir mit dem Namen "Instinkt" belegen.

Wahl also, das bewußte Gefühl, so oder so zu handeln, steht dem "Muß" gegenüber, der Wahllosigkeit unseres Tuns aus den unserem Bewußtsein entzogenen Trieben heraus. Der kategorische Imperativ Kants, das Gewissen, was kann es anders sein, als die Hand der vorwärts gestaltenden Innenmacht, die uns alle am Ende zwingt, so zu leben, daß wir entwicklungsfähig ("vorbildlich" Kant) werden können, andernfalls wir als lebens- und entwicklungsunfähig abzutreten haben vom Schauplatz des immer spielenden Dramas: Leben.

Wir vermögen einen Blick zu tun in den Mechanismus dieses grandiosen Getriebes gerade in unserer menschlichen Seele. Denn es ist ein organischer Unterschied zwischen den Gebieten, in welchen wir bewußt denken, Probleme schmieden und uns den neuen Anforderungen des Lebens anpassen, und jenen, wo uns jede Wahl abgeschnitten ist.

Um ein Bild aus der Elektrizität zu geben,--wir denken und sinnen mit willkürlich ein- und ausschaltbaren Gedankenelementen, unsere Instinkte aber, unsere Regulationen des Stoffwechsels, unsere Automatien und Reflexe sind definitiv in ihren Bahnen eingestellt, die dazu nötigen Anschlüsse sind ein für allemal bestimmt und aneinander angereiht, sie sind in den Händen einer abgeschlossenen Hemmung.

Wenn wir dem ebengeborenen Säugling, bevor sein Mund je die Mutterbrust erreichte, einen Finger an die Lippen haken, so beginnt er zu saugen; wenn der erste Strahl des Lichtes sein Auge trifft, so verengt sich seine Pupille: das Getriebe der nervösen Reize hat keine andere Wahl, es muß die Bahnen gehen, welche die Reflexbewegung stets in gleicher Weise auslösen, weil diese entwicklungsgeschichtlich angewöhnten Reize stets dieselben Bahnen entlang durchlaufen müssen, weil alle anderen Möglichkeiten durch festgelegte Hemmung ausgeschaltet sind. So sind die Reflexbewegungen also deshalb angeboren, weil Millionen unserer Vorfahren diese Art der Beantwortung von Lebensreizen als die zweckmäßigste und immer wiederkehrende für uns erlernt haben. Die automatischen Reaktionen haben sich also im Laufe der Jahrtausende als die zweckdienlichsten, als die erhaltungsgemäßesten herausgestellt, und sie gehören zu dem definitiven Bestande unseres nervösen Gesamtmechanismus. Die Methode der Natur dabei war die Schaffung einer dauernd fixierten Hemmung, welche Ausweichungen in nervöse Nebenleitungen unmöglich machte. Daß wir niesen, erbrechen, lachen müssen, wenn man uns die Nase, den Rachen, die Sohlen kitzelt, sind zwingende Beweise für die Unausweichbarkeit der bestimmten Reize aus definitiven Leitungsbahnen; das tiefe Atemholen beim kalten Wasserstrahl, das Verschluckenmüssen selbst gefährlicher Gegenstände (Münzen, Gebisse, Gräten usw.), wenn sie den Gaumenring passiert haben, der Lidschluß bei grellstem Licht sind Dinge, die wir mit höchster Willenskraft nicht hemmen können, weil das Spiel der Kräfte eben für diese Aktionen unabänderlich reguliert ist. Es ist ein weitverbreiteter, aber irrtümlicher Glaube, daß man unser ganzes Seelenleben in dieser Weise meint auflösen zu können in die eine Frage nach den Reflexbewegungen. Für weniger elementare und kompliziertere Handlungen, für unser Gedankenspiel und für unsere Empfindungen kommt eben noch ein anderes, uns die Freiheit des Willens aufnötigendes Etwas hinzu. Liegt vor mir ein Buch, so kann ich es aufschlagen oder ich kann es unterlassen; sehe ich einen Apfel, so kann ich ihn fassen oder liegen lassen und habe dabei stets das Gefühl ganz freier Wahl, zu tun, was mir beliebt. Gegenüber einem ethischen Problem habe ich nicht minder das Gefühl der Freiheit, mich für dies oder jenes Tun oder Unterlassen zu entscheiden. Hier empfinde ich die Summe aller auf mich wirkenden Reize nur als einen Richtung gebenden, aber nicht zwingenden Antrieb.

———

146

Dieser mehr oder weniger entscheidende Antrieb stammt nun aus zwei Quellen: Aus einer bewußten, kontrollierbaren und aus einer nicht kontrollierbaren, unter- oder unbewußten Auslösung von Reizen. Antriebe, deren Quellen uns verborgen liegen, aber um so lebhafter uns beherrschen, nennen wir "Instinkte". In zwei große Gruppen, denke ich, sollte man die Instinkte, die unterbewußten Antriebe zur Handlung einteilen: In solche, welche uns überkommen sind, aus früheren Stufen der Entwicklung, welche also gewissermaßen Rückschlagtriebe aus einer früheren Daseinsperiode der Menschheit sind; und in solche, welche der unaufhaltsamen Vorwärtsentwicklung unserer Seelenmechanismen entstammen.

Jene sind Instinkte des Gewesenen (deszendente), diese des Werdenden (aszendente). Beide stehen in Verbindung mit unserm Willensmechanismus, d.h. sie können die Ein- oder Ausschaltung dieser oder jener Handlungsrichtung mehr oder weniger zwingend hervorrufen. Diese ausgelösten Willensaktionen können uns persönlich nützlich oder schädlich sein, sie können aber auch für die Entwicklung der Menschheit als Ganzes fördernd oder hindernd, also erhaltungsgemäß oder entwicklungshemmend sein.

Wo könnte der Seelenforscher für das Überkommene und Eingeborene tiefere Züge der Erkenntnis tun, als bei der Beobachtung des werdenden Menschen, dem jungen Erben des gesamten Menschheitsbesitzes, dem Kinde? Was aber ist des Kindes tiefste Betätigung? Das Spiel, dieses für die Wissenschaft ernsteste aller Dinge. Ist der Entwicklungsgedanke richtig, so muß ja in den erwachenden Trieben jedes jungen Infanten alles das oder wenigstens das Wichtigste dessen zu erkennen sein, was einst auch Bestand der Kindheit des ganzen Menschengeschlechtes war. Mit anderen Worten: Die Geschichte der Menschheit muß sich gedrängt, konzentriert, im Wesensabdruck wiederholen in den Lebensäußerungen des jungen Bürgen für die Unsterblichkeit des menschlichen Typus. Es muß also am Geborenen funktionell das frühere Geschehen in großen Zügen bemerkbar sein! Und ist es das etwa nicht? Wer je ein Kind in seinem heißen Triebe Erdarbeiten hat machen sehen; wer es beobachtet hat, wie es mit Wasser umgeht, mit diesem heiligen Ernst einer schweren, selbstverständlichen Lebensarbeit, wer seine Lust am Tier, an Pferd, Kühen, Schafen und Ziegen gesehen und wen das Leuchten seiner hocherregten Augen beim Anblick dieser Urahnen-Genossen erfreut hat, dem muß sich der Gedanke aufdrängen: hier ist wirklich das Wissen und Kennenlernen nur ein sokratisches Erinnern, ein Wiedergewinnen längst in ihm schlummernder Gefühle! Nimmt man hinzu seine Lust zum Kampf, ja seine Grausamkeit, ja selbst den Hang zu Lüge und Betrug, so fällt es uns wie Schuppen von den Augen: das sind ja alles, alles Dinge, die Begleiter, Zwecke, Mittel von unausweichbarer Notwendigkeit im Kampfe des Daseins unserer Menschheits-Ahnen waren. Ja, gewiß: hier prägte die formende Hand der Entwicklung Fähigkeiten und Gelüste vor, die nun wie eine Zwangsvorstellung, wie ein stetes Müssen die Willensaktion wie zugeboren zu den Dingen der Umgebung erscheinen lassen. Zählt man nun die dokumentarisch festgelegten Kettenfolgen dazu, unter denen ein Genie, ein Talent der letzte markante Ausläufer in Generationen vorgeübter Fähigkeiten war, so muß man zugestehen: Nichts beweist deutlicher, als das Kind und seine Seele, daß es Triebe und Instinkte gibt, welche wie Reproduktionen, Rückschläge, Wiederholungen ganzer Abschnitte der Stammesvorfahren sich geradezu aufdrängen. Der daseinkämpfende Urmensch mußte Erdarbeiter, Wasserbeherrscher, Tierpfleger, Kämpfer sein, er mußte List, Lüge, Verstellung, Grausamkeit als Mittel seiner Erhaltung gebrauchen, er war dem Getreide, den Blumen, den Farben der Natur wahrlich näher, als ein Großstadtkind, das, trotzdem es am Asphalt und zwischen Steinmauern gedieh, doch seine unendliche Sehnsucht nach Feld, Wald, Wiese eingeboren beibehalten hat. Seht es spielen mit eifergeröteten Wangen am Sandhaufen, am Bach und seht es Blümlein pflücken, nach einem Pferdchen strampeln, nach einem Soldaten zittern, seht es nach dem hellen Sternhimmel langen und zum Mond die Händchen heben--man muß es zugeben: hier waltet ein Erinnern: ein aus den Tiefen des Gewordenen jauchzend aufbrausendes Wiedererkennen! Dieses Wiedererkennen, dieses

Zugehörigkeitsgefühl zu der umgebenden Natur und zu Erstlingsfunktionen vergangener Epochen verläßt nun auch den aufmerksam sich beobachtenden Erwachsenen nie, wenn auch das umgebende Leben neue, erst zu bewältigende Aufgaben an uns stellt und ganz allmählich damit die meisten unserer eingeborenen Instinkte hinabsinken läßt in den tieferen Schacht unseres Innern. Sie sind und bleiben aber doch die Wärme, Licht und Glanz strahlenden Quaderzüge im abgelagerten Gestein der Seelentiefe und des Charakters, Wollen und Wesen eines Menschen ist fest verankert mit der Summe dieser unserer Beobachtung längst entzogenen Urgefühle. Wie viel von unseren Sympathien, von unserm Haß und Lieben, von Neigung und Gewohnheiten, bösen und guten Lüsten mag ferner in der Tiefe des Unterbewußten seine unverschüttbaren Quellen haben? Was kann des Gewissens Stimme anders sein als das Gefühl der Disharmonie gegen allen Bestand des Überlieferten, in welche uns eine Handlung oder Unterlassung bringt? Denn ein tiefer Zwiespalt in uns mahnt uns, daß wir mit einer einzigen Tat an den Grundfesten dessen rütteln können, was alle Väter vor uns aufgebaut!

Aber diese Entwicklung steht niemals still, sie drängt unaufhaltsam an gegen die hemmenden Mächte der uns Grenze weisenden Natur. Und dieser Vorwärtstrieb der Entwicklung, diese Sehnsucht unsererseits, wieder vorbildlich zu werden, Merksteine des Erworbenen zu schaffen für die nach uns Kommenden, ist die Quelle dessen, was wir kommende Instinkte nannten. Bietet gerade unsere Zeit nicht ein klassisches Beispiel dafür, wie mächtig diese Triebe eingreifen in das Gestalten der Welt in uns und um uns? Es ist, als schaffte der Menschengeist Geschöpfe, Maschinen, Werkzeuge, Kräfte nach einem in sich selbst gefühlten Ebenbilde! Er spinnt ein Netz gleichsam nervöser, elektrischer Verbindung von Menschengehirn zu Menschengehirn über die ganze Erde, er durchfliegt Erdteile und Meere, er schuf im Leib des Planeten Organe, die ihm Licht und Wärme und neue Kräfte liefern, und hält im bewegten Bilde (Kinematoskop) die Zeit fest und zeigt späteren Generationen die Geschehnisse geschwundener Sekunden! Wahrlich wir sind in einem klassischen Zeitalter, Zeugen unerhörten Gestaltens, und unser Trieb ist: technische Vollkommenheit. Was Wunder! wenn bei diesem rasenden Ansturm der aufsteigenden, aufwärtsführenden Instinkte die Probleme des Herzens, der Sittlichkeit, der Religiosität, der Ehrfurcht, der Behaglichkeit, des sich Genügeseins zu kurz kommen? Das ist die Gefahr schnell vorwärts brausender Kultur. Die Neurasthenie, das allgemeine Nervenzittern ist die Kehrseite der Medaille: die eingeborenen Instinkte sind im Kampf mit den erworbenen. Möglich, daß an diesem Konflikt die moderne Kultur zerschellt, aber die Hoffnung bleibt bestehen, daß auch diese Triebe eben einrücken können in den definitiven Bestand des zu Überliefernden. Wäre das nicht der Fall, so wäre der Weg der Kultur ein einziger großer Ozean des Irrtums. Denn nur, wenn unsere zeitlichen Probleme fähig sind, zu dauernden Instinkten sich einzufügen in den Zukunftsbestand der Menschheit, ist die Fortentwicklung des Menschen als eines auf der Erde dauernd lebensfähigen Organismus garantiert.

TEMPERAMENT

Nicht nur Gesetz und Recht, auch Namen schleppen sich wie eine ewige Krankheit durch die Zeiten. Wie es aber gerade die Irrtümer sind, welche leichter und ausgedehnter Verbreitung finden, als die Wahrheiten, so gibt es auch überkommene Namen, welche um so fester im Sprachgebrauch haften, je irrtümlicher die Anschauung war, der sie ihren Ursprung verdanken. Ja für viele werden namentlich Fremdwortbezeichnungen mit schwerer logischer Begriffsbestimmung zu leeren Lautformeln, mit denen sie stets nur dunkel empfundenen, aber nicht aussprechbaren Sinn verbinden. Und doch muß man erstaunen, wie oft bei weiterer Fortentwickelung unserer Kenntnisse schließlich solchen alten Wortreliquien ein packender Sinn innewohnt. Solche Begriffe sind oft von derselben unaussprechlichen Tiefe, wie Volkslieder, deren Schönheit man oft auch erst dann inne wird, wenn uns recht viele Jahrhunderte von ihrem Ursprung aus des Volkes Herzen trennen. Solche Worte z.B. sind die "Elemente", der "Äther" der Alten, welche Grundbegriffe im Zeitalter der physikalischen Chemie und der Theorien von der Elektrizität geworden sind. Man sieht daraus, daß die Wissenschaft die überlebten Worte gebrauchen kann wie alte Häuser, die man nur modern einzurichten braucht, um dem Geist der Zeiten zu entsprechen. Das Wort "Temperament" verdankt seinen Ursprung folgendem Irrtum: In der Zeit der Saftmischungslehre war man der Ansicht, daß die Temperatur des Körpers abhängig sei von dem Übertritt gewisser Säfte ins Blut. Rotes Arterienblut, Schleim, gelbe und schwarze Galle, das waren die vier Stoffe, mit denen die alte Saftlehre als Fundamenten der Blutmischung ihre Systeme zusammenschusterte. Zahlreiche Sprachgebräuche erinnern noch heute an die einstige Sieghaftigkeit dieser humoralpathologischen Lehre, d.h. der Lehre von der Erklärbarkeit aller Krankheitszustände aus Blutveränderungen. Das "gallige Blut", die "versetzten Hämorrhoiden", der "zurückgetretene Salzfluß", der "nach innen geschlagene

---

Ausschlag", die "nicht herausgekommenen Masern" usw. sind solche noch lange nicht ausgestorbenen, ein bißchen Wahrheit bergenden Schlagworte.

So haben des alten Galen vier Kardinalsäfte (Blut, Schleim, schwarze und gelbe Galle) auch als Ursachen der vier Temperamente (d.h. Erzeuger spezifischer Blutwärme), des sanguinischen, des phlegmatischen, des melancholischen, cholerischen, noch heute ihren dünnen, wissenschaftlichen Schimmer von tatsächlichem Verhalten, nicht weil sie einen Tatbestand ausdrücken, sondern weil dem Kenner der menschlichen Seele der zeitweilige Zustand der wissenschaftlichen Lehrmeinung den offenen Blick fürs Wesen des Menschenherzens nicht zu trüben vermochte. Nicht allzu selten ist derjenige ja der stärkste Wissenschaftler, dem der Formelkram seiner Zeit den sogenannten gesunden Menschenverstand nicht unterzukriegen vermag. Die Lehre von der zündenden Suggestivkraft eines Schlagworts, einer Formel verdient wahrlich ein eigenes Kapitel in der Psychologie.

Ist es also ganz sicher falsch, daß das Überwiegen des roten Blutes, des Schleimes, der Galle im Blutsaft Ursachen der Temperamente sind, so ist es doch unstreitig richtig, daß die Zustände der wechselnden Erregbarkeit unseres "Blutes" ganz gut sich in diese vier kardinalen Begriffe einreihen lassen. Ja, Kants weise Modifikation der Kardinaltemperamente in Leicht- und Schwerblütigkeit, seine Einteilung der Menschen in Warm- und Kaltblütige, kommt der Wahrheit schon recht nahe. Nur klafft noch der eine Widerspruch: was hat das Blut mit der größeren oder geringeren Schnelligkeit der Auslösung unserer Grund- und Stimmungsgefühle zu tun? Temperament ist ja Nervensache und nicht Sache des Blutes und seiner Mischung. Da tauchen die Worte auf "leichtsinnig" und "schwerfällig", "gutmütig", "schwermütig", "hitzköpfig", "Feuergeist" und verschieben den Vorgang richtiger auf Zustände der Gesamtstimmung einer Seele.

Dieser Widerspruch würde schwer zu überbrücken sein, wenn nicht die in diesen Blättern schon mehrfach angedeutete Theorie von der Natur des Blutumlaufes zwischen den einzelnen

Gehirnelementen (Ganglien), als eines Stromregulators, hier klärend eingriffe. Wir wollen sie an dieser Stelle noch einmal kurz zusammenfassen. Das Gehirn ist ein Orientierungsorgan für die Außen- und Innenwelt. Diese Orientierung geschieht durch Registrierung und Verbindung von Reizen, welche bewußte oder unterbewußte Vorstellungen, Empfindungen, Impulse auslösen. Dem Ablauf dieser einwirkenden Empfindung ist ein zeitliches Maß gesetzt, vermittels dessen die Wahrnehmungen nicht alle gleichzeitig den Ganglienapparat bestürmen, sondern hintereinander ausgelöst werden. Wahrnehmungen geschehen also gleichsam wie die telegraphischen Meldungen vermittels eines ständig arbeitenden Unterbrechers, vermittels einer dem Seelenstrom rhythmisch eingeschalteten Hemmung. Wäre in unseren wahrnehmenden Organen nicht eine solche intermittierende Hemmung am Werke, so müßten in jeder Sekunde Millionen Wahrnehmungen von allen Organen der Sensibilität auftreten, und statt einer tastenden Orientierung würde eine verwirrende, durcheinander brausende Disharmonie entstehen. Man stelle sich einmal vor, wie quälend es sein müßte, zwei Gedanken von gleicher Stärke zu gleicher Zeit zu empfinden, wieviel mehr würde das ungehemmte Durcheinanderfluten aller nur möglichen Vorstellungen nebeneinander in demselben Zeitmaß unser Bewußtsein völlig aufheben! Nun sehen wir Gedankenflucht, Verwirrtheit, Ohnmacht, Orientierungsunfähigkeit mit absoluter Sicherheit überall da auftreten, wo Blutleere eintritt, oder wo das Herz und die Blutgefäße ihre rhythmische Überflutung über das Nervensystem aussetzen. Wir wissen, daß eine fahle Blässe des Gesichts solche Zustände anzeigt, weil die Gefäßnerven alle solche Betriebsstörungen mit Krampf und folgender Blutentleerung beantworten. Daß das Gehirn an diesen Blutleerezuständen tatsächlich teilnimmt, kann man bei Operationen an eröffnetem Schädel direkt beobachten. Da sieht man auch, daß im Schlafe das Gehirn ganz entgegengesetzt der bisher landläufigen Meinung blutvoll ist und daß diese Blutfülle umschlägt in Blässe, sowie der Betreffende erwacht. Das konnte man bei einem Kinde mit entblößtem Gehirn viele Male beobachten, d.h. Blutfülle beim Einschlafen, schnelle Blutarmut beim Aufwachen. Hält man dazu die Tatsache, daß alle Zustände des erhöhten Blutgehaltes des Gehirns namentlich bei Blutstauungen mit Bewußtseinsstörungen im Sinne der Schlafhemmung begleitet sind, so drängt sich ein Gedanke auf, der für die Beurteilung dessen, was wir Temperament nennen, von allergrößter Bedeutung ist, und der dem uralten Begriff der Leicht- und Schwerblütigkeit eine ganz neue und moderne Fassung zu geben imstande ist. Nämlich: das Blut hat in der Tat direkten und wesentlichen Einfluß auf den Ablauf der Geschehnisse in unserem Nervensystem. Ist nämlich die Nerventätigkeit bedingt durch die elektrischen Bewegungen ähnliche Molekularerzitterung, so ist sie auch ein- und ausschaltbar, hemmbar, ableitungs- und zuleitungsfähig, d.h. beeinflußbar im höchsten Maße durch die Natur der eingeschalteten Widerstände. Nun wissen wir, daß um die Nervenzellen herum dauernd mit dem Herzpulse bewegt ein Flüssigkeitsstrom kreist, der dem Blutstrome direkt entstammt, und zwar in dazu vorgebildeten Räumen. Wir wissen ferner aus direkten Beobachtungen am Widerstandsmesser für elektrische Ströme, daß das Blut und die Blutsäfte hemmende Kraft besitzen. Darum muß das mit dem Blute in Verbindung stehende Hüllgewebe der Nervenzellen ein Nervenstromeindämmer, ein Isolator sein. Ist dies richtig, so werden also unsere Nervenbewegungen rhythmisch durch die isolierende Blutwelle ein- und ausgeschaltet, und Anschlüsse sind nur da möglich, wo im Spiel der Gefäßmuskeln zeitweilig Entleerungen des Blutsaftes zwischen den Gangliensystemen statthaben; umgekehrt sind Anschlüsse dann unmöglich, wenn die Lücken zwischen den Systemen mit Hemmungssaft gefüllt sind. Das dieses Entleerungs- und Füllungssystem beherrschende Organ ist die Neuroglia, und diese ihr zugeschriebene Funktion ist der Inhalt meiner Neurogliatheorie.

An der Hand dieser Überlegungen wird es nunmehr leicht, sich den Einfluß des Blutes auf die Grundstimmungen unserer Seele klar zu machen. Ist der Blutsaft von einer Zusammensetzung, welche den Bewegungswellen der

Nervenelemente von Natur starke Widerstände einschaltet, weil eben ein solcher Saft eine Flüssigkeitssäule darstellt, durch welche nur schwerfällig elektrische Entladungen stattfinden können, so hat der Träger eines solchen Blutsaftes eben ein phlegmatisches, langsam aufnehmendes, schwerblütiges, erst nach vielfachem Anprall zündendes Temperament; sein Gehirn hat, wie man sagt, buchstäblich eine ein bißchen langsame Leitung. Ist umgekehrt ein Blut von leichter Durchschlagbarkeit für die elektroiden Spannungszustände im Nervensystem, so würde sein Träger leicht empfänglich, schnell auslösend, schnell kombinierend, leichtblütig, sanguinisch sein.

Da hätten wir also eine grundlegende Definition dessen, was wir Temperament nennen: Temperament ist ein Maß für die größere oder geringere Schnelligkeit der Auslösbarkeit und der Anschlußfähigkeit der Nervenspannungen, oder, weniger gelehrt ausgedrückt: Temperament ist Sache der Widerstandsfähigkeit gegen Eindrücke. Man kann also als gewiß annehmen, daß jeder Mensch einen Grundrhythmus besitzt, vermittels dessen er bei normaler Beschaffenheit seines Blutes mehr oder weniger schnell Reize, Impressionen, Eindrücke, seelische Attacken aller Art verarbeitet, und daß dieser Rhythmus bei jedem Menschen ein anderer, in gewissen Grenzen abweichender ist, wie das Rot, das ich sehe, eine andere Nüance darstellt, als das Rot, welches ein anderer sieht. Dieses Widerspiel zwischen Erregung von Nervenströmen und dem Widerstand, welchen sie im Seelenorgan mittels der Saftwelle finden, ist es also, was das Temperament ausmacht, und man begreift sofort, daß dieser Zustand nur ein im großen und ganzen konstanter sein kann, weil ja der Zustand unserer Blutmischung nur summa summarum ein konstanter ist. Man begreift sofort, daß es ein absolutes Gleichmaß des Temperamentes nicht zu geben vermag, daß wir heute morgen melancholisch und nachmittags sanguinisch sein können, einfach deshalb, weil die Zusammensetzung unseres hemmenden Blutsaftes wechselnd sein muß, und daß hier der Salzgehalt, die molekulare Zusammensetzung des Blutes, sein Reichtum an Sauerstoff oder Kohlensäure, die Beimengung fremder Substanzen, alles Dinge, die von Stunde zu Stunde wechseln können, auch von Einfluß auf das Dynamometer unseres Temperamentes sein müssen. Wir begreifen nun auch leicht, warum ein bißchen Alkohol, von dem Blutsaft eingesogen, schon so schnell unser Temperament erhebt, aus einem Melancholiker einen Lebensbejaher machen kann, weil eben der Ausgleich zwischen den erregten Strömen eminent erleichtert ist, und es ist verständlich, daß man die Gifte alle einteilen könnte nach dem psychologischen Prinzip der größeren Erleichterung oder Erschwerung elektrischer Stromleitung im Nervensystem. Denn es ist immer der Blutsaft, der auch diese abnormen Bestandteile zum Gehirn trägt und hier die Änderungen der Nervenanschlüsse vollzieht, mag nun diese Zufuhr durch Außengifte (Alkohol, Morphium, Chloroform, Atropin) oder durch Innengifte (Harnsäure, Galle, Eitergift, resorbiertes Bakteriengift, wie im Fieber) geliefert sein. Man sieht gerade durch geschärften Blick für das Psychologische am Krankenbett, wie sehr Blutsaft und Temperament im Abhängigkeitsverhältnis zueinander stehen.

Nur muß man sich die Angelegenheit nicht allzu mechanisch vorstellen. Kompliziert wird die Sache dadurch, daß das Spiel der größeren oder geringeren Zufuhr von hemmungsfähigen Säften außer von dem Pulse auch vom Nervus sympathicus, diesem Urahnen der Nervensubstanz, beherrscht wird, indem seine Steuerung der Stromenge und Stromweite beherrscht wird von all dem dunklen Triebleben, mit dem eben die ganze Welt, ihre Sonnen und ihre Finsternisse auf unserer menschlichen Seele spielen. Man hat eben die Erregbarkeit dieses Wurzelgebietes unserer seelischen Kraft als den notwendigen Vermittler zwischen Gehirn und Blutsafthemmung aufzufassen. In ihm, in seinen überall ausgedehnten Geflechten, welche den ganzen Körper durchsetzen, wie ein Urgehirn für sich, das schon alles in sich trägt, was die Entwickelung Millionen unserer Vorfahren erworben hat, haben wir den eigentlichen Herrn unseres Lebens, auch unserer Allgemeingefühle zu respektieren, und ob in uns Harmonie oder Disharmonie, Lust oder Unlust herrscht, das wird wesentlich entschieden durch die Strahlenaktivität der Milliarden Ganglien des Sonnengeflechtes in unserem Leibe, das am Feuer der Blutbildung ebenso beschäftigt ist, wie an der Schmiede der Eisen- und Phosphormoleküle oder an der Geburtsstätte der Saatkörner für die unzähligen, vielleicht nie geborenen neuen Menschen in uns. Wie diese Nervengrundstimmung ist, ob lebensfroh zur Entwicklung und zur Schönheit drängend, oder düster auf Vernichtung, Haß oder Verneinung grübelnd, das ist natürlich dafür entscheidend, welche Mischung aus dem Zusammenbrausen aller dieser Kräfte entsteht: warum eben zeitweise ein Cholerischer phlegmatisch und ein Melancholiker in dionysischer Ekstase erscheinen kann und umgekehrt. Das ist auch die Erklärung, warum man schließlich ganzen Familien, Sippen und Völkern bestimmte Grundfarben der Temperamente zuschreiben kann, weil eben das rhythmische Spiel des Sympathikus, dieser Stammeswurzel der Menschheit, welche eingesenkt ist in Boden, Klima und Heimatluft, welche gebunden ist an die Scholle mehr als mancher ahnt, bestimmend ist für die größere oder geringere Fülle, mit der eben der eindämmende Blutsaft die Hirnzellen umspült.

TIERSEELE UND MENSCHENSEELE

Für die Naturwissenschaft, welche heute noch in den etwas wackelig gewordenen Geleisen des Darwinismus wandelt, ist es eine ausgemachte Sache, daß der Mensch ein höher organisiertes Tier, daß er gewissermaßen nur die letzte, erhabene Krönung des Lebens sei, hervorgegangen aus den unendlich mannigfaltigen Formungen und Abänderungen, welche die Widerstände des Daseins auf die vorwärtstreibende, dem Leben nun einmal anhaftende Gestaltungskraft ausgeübt haben. Die hohen Geistesgaben, so meint man, welche dem Menschen gestattet haben, eben Geist und Vernunft in allen Dingen walten zu lassen, sind Steigerungen überall auch im Tierleben tätiger Seelenkräfte; die Seele des Menschen sei also nur dem Maß nach, nicht dem Wesen nach von der Tierseele verschieden (nur quantitativ, nicht qualitativ). Daß die Naturforscher dieser Entthronung des bisher souveränen, völlig unbestritten als Zentrum der Welt aufgefaßten Menschengeistes die Feindschaft aller Männer des Glaubens an Gott und den göttlichen Ursprung des Menschen verdanken, kann nicht wundernehmen. Mit der Beweisbarkeit dieser Anschauung fiele ja nicht nur die Schöpfungslegende, welche ja immerhin ihren tiefen symbolischen Sinn behalten könnte, sondern es stürzte auch rettungslos die jedem Einzelnen instinktiv innewohnende, übrigens uralte und noch lange nicht ausgestorbene Überzeugung, daß der Mensch doch das Maß aller Dinge sei. Copernikus gab mit seiner Einreihung der Erde als eines Körnchen Sandes in das brausende Meer der Gestirne diesem zentrierenden Menschheitsgedanken (Anthropomorphismus) den ersten, Darwin den zweiten Stoß: mit der Idee einer sukzessiven Entwicklung.

Also ein Aufsteigen des Menschen langsam aus dem Staub der Erde oder dem Urschlamme des Meeres! (Letzterer ist längst ins Land der naturwissenschaftlichen Märchen gewandert: denn auch die Naturbibeln haben ihre Legenden, nur soll man sie noch fester glauben als die der Religionsbücher.)

Eine Schöpfung aus dem Erdenkloß zwar auch, aber nicht mit einem Schlage aus der Hand und mit dem Odem Gottes, sondern durch die langsam durch Jahrmillionen gestaltende Faust der Anpassung und Vererbung, wobei der Trieb zur Vermehrung, das "Seid fruchtbar!" immer als etwas Selbstverständliches ohne Erklärung gelassen wird.

Es ist schlechterdings unmöglich, den Entwicklungsgedanken in den Naturerscheinungen zu leugnen, ohne tausendfältigen Gesetzmäßigkeiten, Erfahrungen, Experimenten Gewalt anzutun, wenngleich zugegeben werden muß, daß der Darwinismus noch keineswegs mit demselben den Schöpfungsbegriff umstößt. Bekanntlich war Darwin gottesgläubig und muß wohl angenommen haben, daß der schaffende Gott eben die langsame Entwicklung dem beseelten ersten Lebenskeime eingehaucht hat, wodurch das Schöpfungswunder wahrlich nicht weniger staunenswert und herrlich erschiene. Was dem gläubigen Naturforscher Demut abzwingt, ist eben das Wunder der unendlichen Entwicklungsmöglichkeit des Lebens, der Milliarden Variationen am gleichen Typus, der Unerschöpflichkeit der Mittel zum Anpassen an unzählige Widerstände und geheime Schwierigkeiten, endlich das unverkennbare Zweckbewußtsein der sich vorwärts entwickelnden lebendigen Masse. Die Schöpfung, die der Gottesmann im Herzen trägt als einmalige für ihn denkbare Möglichkeit der Entstehung von Welt und Mensch, ist eben für den Naturforscher ständig für einst, jetzt und alle Zeiten stumm am Werke; das ist eigentlich der ganze Unterschied. Eine Frage trennte die beiden Weltanschauungen, aber viel tiefer und scheinbar unüberbrückbar, uferlos: das ist eben jene schon angedeutete: kann wirklich der Menschengeist als eine höhere Stufe Tiergeist definiert werden? Es möge mir erlaubt sein, einige Gründe beizubringen, welche gegen eine solche Auffassung von der einfachen Steigerung der Tierseele in die Menschenseele sprechen. Unstreitig sind in den nervösen Apparaten, welche das Leben im Tiere und im Menschen regulieren, eine große Anzahl Einrichtungen und Funktionen anzutreffen, welche völlig identisch arbeiten und nur gradweise

Unterschiede erkennen lassen, alle Sinnesorgane, alle Reflexe und automatischen Bewegungen, alle bewußten oder unbewußten Mechanismen des Stoffwechsels und der Fortpflanzung, die Mechanismen der Liebe und des Hungers-- alle diese anatomischen und funktionellen Dinge sind gleicherweise im Nervenapparat von Tier und Mensch vorhanden: manchmal dies oder jenes beim Menschen vollkommen und höher entwickelt, manchmal--und das ist sehr bemerkenswert--auch in entschieden höherer Entwicklung beim Tier als beim Menschen, z.B. der Gesichtssinn beim Raubvogel, die Witterung bei Hund und Reh, die Automatien der Bewegungen bei der fallenden Katze, beim Hund und Pferd[1]. Wo aber liegen denn die eigentlichen Unterschiede zwischen Tier- und Menschenseele, dergestaltige Abweichungen, daß von einem Gradunterschied gar nicht die Rede sein kann? Wir meinen, daß es offenkundig genug ist, daß solche essentiellen (wesentlichen) Unterschiede in Hülle und Fülle bestehen, welche alle auf ein einheitliches Prinzip zurückzuführen sind. Der Unterschied wird bemerkbar zunächst in rein historischem Sinne: alle Daten der Geschichte beweisen, daß der Mensch sich zum mindesten in bezug auf seine Lebensgewohnheiten im Lauf relativ sehr kurzer Zeitläufe gründlich verändert, daß er sozusagen seine Lebensweise in breitesten Grenzen aktiv vorrückt, während das Tier von Anbeginn seines Auftretens auf der Erde, vom Moment, an wo der Hirsch Hirsch, der Vogel Vogel war, aktiv an seiner Lebensart nicht das geringste geändert hat. Nicht einmal Ortsveränderungen, geschweige Nahrung, Liebesleben, Wohnungsverhältnisse, Bewegungsmittel usw. haben die geringsten, aktiven Variationen erfahren.

Fußnote 1: Ein Beispiel dafür war im Zirkus Schumann vor einiger Zeit zu sehen. Auf einer von langsamer Drehung zu immer rasenderer Eile getriebenen Drehscheibe wurden erst Menschen und dann Tiere postiert. Während die Herren der Schöpfung sehr bald abgeschleudert wurden, vermochten die Tiere sich durch schnellste Anpassung an die Bewegung "auf dem Platz" mühelos auf der sausend rotiereuden Drehscheibe galoppierend zu halten.

Man kann also sagen: Die Lebensbedingungen der Tiere waren in historischen Zeiten konstant, während ein überirdischer Historiograph den Pfahlbauer und den kommandierenden General zu Pferde wahrscheinlich für zwei ganz verschiedene Lebewesen mit Recht verzeichnen würde. Ebenso stabil ist das Tier geblieben von Anbeginn seines Auftretens in bezug auf die Erkenntnis seiner Stellung zum Weltganzen, während der Mensch sein Verhältnis zur Natur um ihn und in ihm einer dauernden Betrachtung unterzogen hat, was ihn neben anderem auch dazu geführt hat, Herr von Tieren und von Naturkräften zu werden, wovon bei Tieren in beiden Hinsichten auch nicht das geringste zu bemerken ist. Fügen wir hinzu, daß bei Tieren nichts zu sehen ist von einer bewußten Kunst und bewußten Ethik (alle darauf bezüglichen Beispiele gehören in das Gebiet automatischer, reflektorischer Nerventätigkeiten, sind also Handlungen aus Mechanismen, nicht aus Motiven heraus), so meinen wir die hervorstehenden differenzierenden Merkmale zwischen Tier- und Menschenseele wenigstens symptomatisch angegeben zu haben. Worauf beruhen nun diese erkennbaren Unterschiede?

Folgen wir dem Entwicklungsgedanken, so muß mit dem Menschen eine durchaus neue seelische Kraft aufgetreten sein, es muß mit ihm ein Prinzip zur Erscheinung und Wirkung gekommen sein, von dem vor seiner Erschaffung nichts auf der Erde beobachtbar gewesen sein kann, weil alles, was mit dem Menschen entstand, erst durch dieses neue Prinzip möglich wurde. Wenn wir nicht annehmen wollen, daß wirklich das, was wir Menschenseele nennen, ein Ding für sich ist, ein metaphysisches, unerhörtes Wunder, mit dem uns der Geist der Natur begabt hat--eine Anschauung, welche wohl unwiderlegbar sein dürfte als die eine denkbare Möglichkeit--so müssen wir zum Erfassen einer anderen Möglichkeit eine Hypothese einführen, welche vielleicht wahrscheinlicher und einfügbarer in den Entwicklungsgedanken ist, als jene des unvermittelten Eingreifens einer übernatürlichen Macht in den Ablauf der Dinge.

Machen wir uns zuvörderst einmal die seelische Stellung des Menschen zum Weltganzen ganz klar. Das Wunderbarste und

Verblüffendste an dem Verhältnis einer schöpferischen Natur zum Menschen ist die Tatsache: daß sich das fortentwickelnde Leben Organe (Nervensubstanz, Gehirn, Seele) geschaffen hat, die fähig sind, dieses Leben zu begreifen, die durch Entwicklungen seelischer Kraft dazu geführt haben, daß die entwickelte Materie sich selbst begreift. Nehmen wir einmal an, um ein Bild zu gebrauchen: Die Sonne wäre der Quell aller Dinge, so bestünde das Wunder darin, daß die Sonne sich das Menschenauge zu einem Spiegel ihrer eigenen Schönheit und aller ihrer Eigenschaften erschaffen habe. So schuf die gesamte Natur den Menschengeist, um sich in ihm ihrer selbst und ihrer Gesetze allmählich ganz bewußt zu werden. Es könnte fraglich sein, ob dieses Wunder nicht nur auf der Erde und keinem anderen Gestirn geschehen ist, so daß die kleine Erde doch der geistige Mittelpunkt des Universums sein könnte, sein einziger Spiegel. Denn unstreitig ist der Mensch fähig, sich von der Gesamtnatur, von den letzten Dingen eine Vorstellung zu machen, in sich ein Bild der Welt aus seinen Gedanken zu erzeugen. Wenn man nun bedenkt, daß jeder unserer Gedanken in seiner Entstehung genau so materiell sein muß wie eine vorbeifliegende Bleikugel, daß er sekundäre Wirkungen haben kann, welche die größesten materiellen Katastrophen (Explosionen, Felssprengungen usw.) hervorrufen, so erhellt erst recht der kolossale Schritt, welchen die Natur in der Hinzufügung der seelischen Kraft zur Entwicklung gemacht hat. Wenn wir nun nicht zugeben wollen, daß eben diese Kraft der sich selbst bewußte Geist des Schöpfers ist, womit alle Forschung aufhören würde, so ist man gezwungen aus einem anderen, weniger übernatürlichen Prinzip heraus das Auftreten der menschlichen Fähigkeiten in der Kette der Entwicklungen wenigstens hypothetisch zu erklären.

Da die bei Tieren beobachtbaren psychischen Tätigkeiten nicht ausreichen, um die Seele des Menschen als eine Steigerung dieser Ausübungen zu definieren, da wir andererseits von einem Eingreifen einer metaphysischen Macht absehen wollen, so bleibt nichts übrig, als der Nervensubstanz der menschlichen Seelenorgane eine im Tier nicht beobachtbare neue Funktion zuzuschreiben. Diese neue Funktion ist die Fähigkeit der menschlichen Nervenmasse, nicht nur in der einen Richtung von der Reizstelle zum Wahrnehmungszentrum zu schwingen, sondern auch in umgekehrter Richtung vom Wahrnehmungszentrum zur Reizstelle bewegt zu werden. Auf dieser Funktion beruht unsere Fähigkeit, z.B. ein Pferd mit Farbe, Form, Schatten und Licht und allen anderen Eigenschaften nicht nur zu sehen, sondern es auch von nunmehr neu zu erzeugen. Gerade wie im Kinematoskop durch Abrollen von tausend Einzelbildern eine wirkliche Form und Bewegung eines tatsächlichen Bildes entsteht, so ist der Mensch, und nur er allein, imstande, von innen heraus, aus dem funktionellen Betrieb seiner Ganglienzellen heraus die Welt mit allem, was wahrgenommen und gedacht werden kann, neu entstehen zu lassen.

Mit einem Worte: die Phantasie, als eine besondere Funktion der menschlichen Nervensubstanz erfaßt, ist es was den Menschen aus dem Tierreich so hoch und herrlich heraushebt, daß man wohl sagen darf: gewiß ist der Mensch tierisch in seiner physischen Natur, aber er ist Gottes Ebenbild in seiner psychischen Natur. Wohl ist er das höchste Tier, aber zugleich auch eine Vorstufe zu höheren Wesen. Das letzte Tier der Erde, der erste Gott dieser Welt, das ist der Mensch!

GLAUBE UND WISSENSCHAFT

Die Stellung des Menschen und des seiner Beobachtung Zugänglichen im Weltganzen zu begreifen--diese uralte Sehnsucht ist der gemeinsame Quell alles Wissens und jeden Glaubens. Wie zwei sich ewig befehdende Königinnen im Geisterreiche stehen sie sich gegenüber und sind doch Geschwister von derselben Mutter aller Erkenntnis--der Kausalität--geboren, Glaube und Wissenschaft. Daß bisher nie ein ehrlicher Friede zwischen diesen beiden Denkungsarten und ihren Vertretern möglich war, ist im Grunde um so verwunderlicher, als es ja bei gleichem Ursprung und bei gleichem Ziel eigentlich nur ein Streit um die Methode ist, der sie trennt. Was bei dem Glauben die innere, selige Überzeugung, die Ahnung, die Offenbarung ist, das ist beim Wissen die widerspruchslose Hypothese, die alle Erscheinungen deckende gedachte Gesetzmäßigkeit. Sind das nicht im Grunde vielleicht dieselben Funktionen unseres Seelenapparates, die in dem einen wie dem anderen Falle zu einer unverrückbaren Einstellung unserer logischen Tätigkeiten auf einen bestimmten Zentralpunkt führen, der in der Art zwingender Selbstsuggestion die Ausgangsstelle aller Schlußfolgerungen darstellt? Nichts ist machtvoller als die Formel. Sie reißt den einzelnen in unwiderstehlicher Suggestivkraft in den Bann ihrer Kreise, sie hat infektiöse Kraft und vermag die Massen in geradezu epidemischer Weise unter ihr Banner zu zwingen, wie eine Armee unter das Symbol einer Fahne. Was mag das Wesen der Formel, des Schlagwortes, des erlösenden Gedankens, der Suggestion eines sich aufzwingenden, epocheschaffenden Begriffes sein?

Wenn der Entwicklungsgedanke richtig ist, so ist Denken ein Wachstum, so gehört ein Heranreifen der einzelnen Elemente unseres Denk- und Empfindungsorganes dazu, um einen Gedanken, d. h. dem Zusammenklang so und so vieler Akkorde erzitternder Ganglienelemente die immer nötige Resonanzfläche zu schaffen. Das geschieht, "wenn die Zeit gekommen" ist, wenn das Ackerfeld des augenblicklichen Entwicklungsstandes des organischen Saatfeldes vorbereitet ist für den neuen Keim.

Das Aufdämmern neuer Kombinationen von Ganglientätigkeiten in einem Gehirn (dem genialen), das erstmalige Aufleuchten anschlußbereiter, bisher nicht durchleuchteter Gebiete würde verlöschen wie eine Sternschnuppe an dem Horizonte des Bewußtseins der Mitlebenden, wenn nicht im Stillen gleichmäßig eine Zündfläche in mitgeborenen Gehirnen geschaffen wäre; wie es ja oft genug geschehen ist, daß entwicklungsgemäße Gedanken erst Jahrhunderte später ein tragfähiges Ackerland in den Seelen der Nachgeborenen erhalten haben. Diese Zündkraft wohnt genialen Gedanken eben deshalb inne, weil die Entwicklung der meisten Gehirne einer Epoche ziemlich gleichmäßig herangediehen ist an die letzte, entscheidende Auslösung, die nur Einem, manchmal auch Mehreren (nur Unkundigen überraschend durch ihre Gleichzeitigkeit) gelingt. Jahrhunderte lang kann eine Idee vorbereitet sein, bis in einem Geiste der Prometheusfunke durchbricht, und wie einst Goethe gesagt hat: das Auge muß sonnenähnlich sein, wenn es die Sonne zu sehen vermag, so fällt dieser Funke auch in nervöse Systeme, welche spezifisch empfänglich sind für das ihnen gebrachte Licht. Das ist dann in der Tat ein Vorgang, der mit der Infektion durchaus vergleichbar ist, weil auch bei ihr eine Disposition unbedingt dem Haften des Ansteckungsstoffes vorangehen muß. Formeln also, welche in der Entwicklungsrichtung der menschlichen Geistesapparate gelegen sind, sind deshalb so suggestiv, weil ja die Mitgehirne schon warten auf einen Anschlußreiz, dem sie entgegengewachsen sind. Ist diese Anschauung von dem buchstäblichen Heranwachsen der Geisteselemente zu neuen Aufgaben richtig, und alle Forschung und Erfahrung scheinen sie zu stützen, so kann man sagen, daß alles Objektive, alles sogenannte Allgemeingültige naturgemäß einem Wandel unterworfen ist und daß das Objektive bei seinem erstmaligen Auftreten zunächst erst die Wahrheit eines Einzelnen, d.h. etwas durchaus Subjektives gewesen ist. Die eine Wahrheit anerkennende Mitwelt steht also unter der Suggestivkraft eines Genies, solange bis eine noch zwingendere subjektive Kombination diese "Wahrheit auf Zeit" ablöst. Dieser Tatbestand trifft nun den Glauben ebenso wie die Wissenschaft. In großen Perioden wechselt der Glaube ebenso wie die Wissenschaft ihr Gewand. Da die Sehnsucht, das Rätsel der Welt zu lösen, in jedem Gläubigen nicht minder wie in dem Wissenschaftler die Ursache der Annahme dieser oder jener ihn ganz erfüllenden Überzeugungen ist, so kann es nicht wundernehmen, daß eine große Reihe von Parallelen sich aufstellen lassen zwischen der Entwicklungsgeschichte der Religion und der Wissenschaft. Da es sich aber um dieselbe Funktion der Seele in beiden Fällen handelt, so kann die Berufsfärbung, welche unabänderliche Vorgänge unseres Geistesapparates erfahren, nicht weit genug gehen, um diese Gleichrichtung des inneren funktionellen Betriebes zu verwischen. Ich kann an dieser Stelle nicht diese funktionelle Parallele zwischen Wissenschaftlern und Glaubensmännern bis ins Einzelne durchführen, es möge genügen, auf einige naheliegende Ähnlichkeiten hinzuweisen, um wieder einmal daran zu erinnern, wie müßig es eigentlich im Grunde ist, wenn, wie das so oft geschieht, zwischen Theologen und Naturforschern gespannte und sich gegenseitig exkludierende Feindseligkeiten eröffnet werden.

Ich würde nicht wagen, den lieben Gott vom Standpunkte der Wissenschaft eine zwar wahrscheinliche, aber unbewiesene Hypothese zu nennen, wenn nicht ein Mann, dem es um den Namen Gottes heiliger Ernst ist, den Spieß mit vollem Recht sofort umkehren und der Wendung ihre blasphemische Schärfe nehmen könnte, indem er einem solchen Naturforscher antwortete: "Umgekehrt, lieber Freund, mit jeder deiner Hypothesen umschreibst du nur den Gottesgedanken." Da in der Tat eine Wissenschaft ohne Hypothese niemals zu grundlegenden Gesetzen kommen würde, es bisher auch nicht möglich war, Wissenschaft ohne Hypothese zu treiben, so muß man zugeben: auf beiden Seiten ist ein großer Unbekannter, und je nach Temperament und Erziehung wird auf der einen Seite mit Ehrfurcht personifiziert und symbolisiert und auf der anderen Seite mit kühler Logik analysiert, was übrigens die Ehrfurcht nicht ausschließt. In beiden Fällen aber ist eine gedachte, substituierte, der äußeren Erfahrung nicht zugängliche, nicht beschreibbare, faßbare und erkennbare Grundmacht der Urgrund aller Dinge. Ist die hypothetische Durchdringung aller Materie mit dem Äther, seine Erfüllung des Weltraumes an jeder Stelle etwas anderes als die Allgegenwart Gottes, nur in naturwissenschaftlicher Formel? Ist das Gesetz von der Erhaltung der Kraft nicht der uralte Unsterblichkeitsgedanke nur in physikalischer Fassung?

Gibt es eine besondere Lebenskraft, und die moderne Naturwissenschaft nähert sich mit dem Neovitalismus bedenklich dieser Möglichkeit, so ist die Unsterblichkeit auch geistiger Funktionen nicht mehr außer dem Bereiche naturwissenschaftlicher Denkweise. Der Glaube an die Einheit der Kraft (Monismus), hat er nicht verzweifelte Ähnlichkeit mit dem Monotheismus der Juden, dem ebenso ein Polytheismus voranging, wie dem Monismus eine auf viele Einzelkräfte aufgebaute Kraftlehre? Und weiter--der nie verschwindende Dualismus der Philosophie, die Gegenüberstellung von Kraft und Stoff, von Gott und Teufel, von Energie und Widerstand, sind es nicht alles Bezeichnungen für funktionelle Vorgänge in unserer Seele, welche jedem Menschengehirn eingewurzelt bleiben, mag Zufall und Wahl seine Träger nun zur Gemeinschaft von Priestern oder von Naturwissenschaftlern geführt haben? Es ist eine nicht mehr zu bestreitende Tatsache, daß die Naturwissenschaft ebenso dogmatisch sein kann wie die Kirche. Das eigensinnige Festhalten an Voreingenommenheiten, Überlieferungen und bequemen Gewohnheiten ist eben ein allgemein menschliches Hindernis für den Fortschritt, ganz gleich, ob es sich in Kirche, Staat oder Laboratorium bekundet. Wir haben Unfehlbarkeitsanwandlungen hier wie dort, und die Päpste der Wissenschaft sind nicht weniger intolerant gewesen als die der Kirche und sind es noch.

Es gibt Wissensmonopole ebenso, wie es Erkenntnismonopole gibt. Die konsequenten Negierer in der Wissenschaft sind die Zwillingsbrüder der Atheisten. Der Wille zur Macht ist auf den Akademien nicht weniger am Werke als in den Konsistorien. Die

---

167

Intoleranz, die Proselytenmacherei, die Verketzerung anders Gläubiger und tausend andere Menschlichkeiten hier wie dort.

Alle diese Beispiele beweisen schlagend, daß die allgemein menschlichen Funktionen einer Seele, die Art des mechanischen Ablaufes geistiger Bestrebungen nicht durch den Beruf oder das Amt wesentlich modifiziert werden können, daß die menschliche Seele als Funktion eine Einheit bedeutet, daß alle Menschlichkeiten in jedem Beruf sich ereignen müssen und daß im speziellen der Priester mit dem Vertriebe und der Propaganda seiner Lehren nicht anders verfährt als der Wissenschaftler. Nirgends wird die Parallele dieser Funktionen deutlicher als in einem Vergleich zwischen Priestern und Ärzten, die beide als die praktischen Verwirklicher religiöser oder wissenschaftlicher Ideen zu gelten haben. Es möge ein kurzer Vergleich dieser beiden Berufsarten hier gestattet sein.

Weniger die Priester als die Ärzte dürften erstaunt sein, wenn man den Nachweis versucht, daß diese beiden Tätigkeiten tief im Wesen verwandt und verkettet sind, nicht nur durch die gemeinsame Fürsorge um den Einzelnen, dort in seelischer, hier in körperlicher Beziehung; ein Vergleich, der sich geradezu aufdrängt und nicht nur in der Forderung wurzelt, daß in jedem Arzt etwas Priesterliches sein müsse, sondern viel mehr noch in der Methode der Einwirkung auf den seelisch und körperlich Notleidenden bei näherem Zuschauen offenbar wird. Die Gleichheit liegt in dem Angriffspunkt des menschlichen Elends, des Leids, des Kummers, der Not, des Schmerzes bei beiden. Der Priester tröstet die Seele und hypnotisiert sie, reißt sie hinweg mit den befreienden Ideen des Hinweises auf ein Jenseits, auf eine ausgleichende Gerechtigkeit im Reiche höherer als irdischer Mächte, psychologisch gesprochen, er erhebt die Seele über die Gegenwart mit der Suggestion einer großen Hoffnung, gegen welche das Irdische in ein Nichts versinkt, und der Arzt erreicht mit dem Schlaf, direkten chemischen Alterationen des Gehirns, mit Morphium, Narkose und Anästheticis eine funktionell der Hypnose ganz nahe stehende Bewußtseinstäuschung über den Zustand der Gegenwart. In dem einen Falle Hypnose auf dem reflektorischen Wege durch Gedankenübertragung, in dem andern auf dem Wege der chemischen Alteration der Hirnfunktion. Dinge, die in ihrem Mechanismus vielleicht verwandter sind, als man heute noch allgemein zugeben möchte. Verfasser hat den Versuch unternommen, für die Narkose, für die Schmerzlosigkeit Prinzipien aufzustellen, welche auch für die Giftwirkungen die Auslösung physikalischer Vorgänge bedeuten, und glaubt damit alle Formen der Bewußtseinseinschläferung auf einen einheitlichen Mechanismus, den der physikalischen Hirnhemmung zurückgeführt zu haben, so daß einem Menschen auf dem Wege der Verbalsuggestion Trost zu bringen, für den Seelenmechanismus nichts anderes bedeutet als die Einverleibung gewisser beruhigender Medikamente: in beiden Fällen geschieht ein Appell an denselben Mechanismus: Eindämmung, Einengung, Blendung, Hemmung des Bewußtseins. Was Priester und Arzt groß und mächtig macht, ist dasselbe: die starke, suggestive Kraft ihrer Persönlichkeit, welche in beiden Fällen trotz aller zwingenden Gewalt der Heilmittel im letzten Grunde nicht entbehrt werden kann. Der eine hat sein Trostmittel, die Religion, der andere sein Heilmittel in der Hand; wie sie aber wirken, ist nicht allein im religiösen Gedanken an sich, nicht allein im Heilstoff an sich begründet, sondern bedarf in beiden Fällen der Zutat tiefgreifender Glaubensstimmung, welche erst recht die Pforten der Seele öffnet für den Eingang der Heilswahrheiten und -Wirkungen. Die Sonne der Hoffnung muß von beiden gleichermaßen belebend in das Dunkel der verzagten Seele ausstrahlen. Wie oft ist die fromme Lüge, die Heiligung der Mittel durch den idealen Zweck den Priestern gerade von den freidenkerischen Ärzten vorgeworfen worden, und welchen Arzt gäbe es, der um ein Stück "frommer" Lüge, um eine gute Dosis bestgemeinten Jesuitismus herumkäme? Nein, ganz gewiß ist der Arzt berufen, das Erbe des Priesterstandes auf sich zu nehmen, und wird dieser Funktion nicht eher gerecht, als bis er bewußt und ohne Verschleierung den Methoden der Glaubensmänner in gerechter Würdigung mehr Ehrfurcht als bisher zu zollen bereit ist. Ist wirklich die Wirkung aller der herrlichen Heilquellen so wesensverschieden von dem "Lourdes" der Gläubigen? Ist nicht mancher Kurort wie ein Wallfahrtsort, ja spielt nicht das Rezept bisweilen die Rolle eines Ablaßzettels für Sünden des Genußes, hat nicht die Medizin immer noch den alten, psychologisch auch tief begründeten Brauch, hier und da Rezepte zu verschreiben, ut aliquid fieri videatur? Wie viele Gläubige pilgern im Sommer nach Karlsbad oder Marienbad mit der stillen Hoffnung, die hier vergebene Sünde im folgenden Winter reichlich nachholen zu können!

Die Medizin kennt Päpste und Episkopate; der Glaube an die Chemie ist so stark und dogmatisch, wie nur irgend eine Heilswahrheit, und die Zeiten sind dagewesen, wo wissenschaftliche Überzeugungen die Herrschergewalt von Staatsreligionen besessen haben, in denen Ketzern und Andersgläubigen der wissenschaftliche und materielle Ruin sicher war. An die Stelle des Totmachens durch die Inquisition und des Ketzergerichts ist oft genug das noch wirksamere Totschweigen getreten, der Boykott, das Abrücken, das Verfehmen, das in modernen Zeitläufen, nur scheinbar schonender, dem "Protestanten" den Strick oft genug gedreht hat. Die Geschichte aller Wissenschaften kennt Beispiele von krassester Dogmatik, Ketzerhinrichtung und Bannbullen, und die Szene des zum Widerruf gezwungenen Galilei wiederholt sich alle Jahrhundert mehrmals.--

Ist hier an einem Beispiel gezeigt, wie nahe sich in praktischer Anwendung Wissenschaft und Glaube berühren, so ist ihre Verkettung in ideeller Hinsicht eine noch viel weiter und tiefer gehende. Die Vertreter echter Wissenschaft sind von jeher dem Felde ihrer Probleme genaht mit einer tiefen und heiligen Ehrfurcht, die sich in psychologischer Hinsicht nur wenig unterscheiden dürfte von dem Gefühl der Demut, mit welchem der echte Priester vor den Altar tritt. Ja noch mehr, dem ehrlichen Forscher wird mit dem Zuwachs seines Wissens stets ein Staunen über den unbegreiflichen Reichtum der Natur Hand in Hand gehen, und eine Kette von Offenbarung und Wundern wird ihm die durchforschte Außenwelt aufweisen, genau wie dem Religionsmann die tiefdurchsonnene Innenwelt. So weit der spürende Spaten auch reicht, überall wird er auf Granit des Unergründlichen im letzten Sinne stoßen und wird, falls er gerecht ist und fähig, die Probleme psychologisch zu begreifen, in höchster Toleranz Jedem sein Recht lassen, sich über undefinierbare Dinge eine Meinung nach seiner Fasson zu machen. Denn er weiß, daß Dinge des Gemütes und der Phantasie weder zu stützen noch zu widerlegen sind mit den Waffen des Intellektes. Es gibt eine Einheit des wissenschaftlichen und des religiösen Denkens, die sie beide der Kunst nähert: die Phantasie. Ohne sie gäbe es keinen neuen, fruchtbaren Gedanken, ohne sie wäre aber auch kein Glaube möglich. Dieser schöpft aus den Tiefen des Gemütes, jener aus denen des Verstandes. Nie wird eine Wissenschaft das religiöse Empfinden auslöschen können, nie aber auch kann ein Glaube den Resultaten der Wissenschaft sich entgegenstellen. Ein Mann des Gottesglaubens, wie Goethe, konnte ein fruchtbarer Forscher sein, und ein Mann der kühnsten Gedanken der Wissenschaft, ein Newton, konnte ein strenggläubiger Kirchengänger sein.

RAUSCH

Rausch--welch ein wunderbares, eine Fülle tonmalerischer Anklänge in sich bergendes und weckendes Wort! Ein Lautsymbol merkwürdigster und tiefgreifendster Art. Tauchen aus ihm doch Laute empor und klingen ans Ohr, die an ein schäumendes Wehr, an ein gurgelndes Wellenspiel, an ein im Sturme zitterndes Blättermeer gemahnen, ähnlich wie ein diskretes Parfüm von Veilchen die dazu gehörige Wiese und den Wald, Himmelsblau und Freiheitsgefühl der Seele aufzunötigen vermag. Wie treffend, ja erschöpfend wird in diesem Sprachgebrauch der eigentliche Seelenzustand, der den "Rausch" bedingt, und den wir gleich kennen lernen werden, direkt beschrieben, einfach und fast sicherer, als es die kompliziertesten Hilfsbegriffe der Wissenschaft zu tun vermöchten. Woher stammt der ahnenden Seele der Volkssprache diese tiefgründige Weisheit, daß sie oft schon alle Geheimnisse vorgeahnt zu haben scheint, welche die grübelnde Wissenschaft auf mühsamen Umwegen oft auch nicht tiefer zu entschleiern vermag? Eine Frage, die uns zwingt, anzunehmen, daß unsere Sprachbegriffe vielfach nichts anderes sind als eine symbolische Projektion psychologischer Vorgänge im inneren Räderwerk der Seele nach außen. Fürwahr, die Sprache ist eine der reichsten Fundgruben unserer Seelenkunde, wenn auch bisher noch eines Bergmannes harrend, all ihre Schätze zu heben. Das mag einmal beleuchtet werden an diesem Beispiel der Beziehungen der berauschten Seele zum Rauschen und Brausen bewegter kleinster Teilchen, mögen es nun Tropfen der Regenflut, Halme des Grases, schwingende Saiten der Äolsharfe oder die zitternden Phosphorsternchen im Filigran unserer Seele, die Ganglien des Gehirns, sein.

Wer doch einen Blick hinein tun könnte in den feinmaschinellen Präzisionsbetrieb der fünfzehn Millionen schwingender, webender, gleitender, aufzuckender und aufleuchtender kleinster Ganglienkugeln da hinter dem steilen Altar unserer Gedanken; etwa hinter die Stirn eines vollendet arbeitenden Gehirnes, das dem eines Goethe, eines Helmholtz, eines Beethoven ebenbürtig wäre! Wer nur, wie der denkendste aller Dichter, Hebbel, zum schlafenden Kinde sagt, einmal in seine Träume sehen könnte--dem wäre alles, alles klar! Denn, was nutzt es uns, das Gehirn der Abgeschiedenen hin und her zu wenden, es in feinste Scheibchen zu zerschneiden--im lebendigen Spiel, in jauchzender Arbeit, im Rausch des Lebens müßten wir es schauen, wollten wir den ganzen Gespensterreigen in dem geheimnisvollen Gefäß erhabenster Gedanken überblicken! Und doch: die Technik unserer Tage, emporgereift zu einer Werkstatt gar für Menschenflügel durch das Reich der Luft, an ihrer Spitze die Elektrizität, gibt uns vielleicht doch Bildermaterial und Zeichenstifte genug, um freilich in den Kinderschuhen der naivsten Erkenntnis einmal den Versuch zu wagen, so etwas wie einen Rundgang durch den Bildersaal des seelischen Betriebes zu unternehmen.--Da hängen die Millionen feinster kleiner Sternchen (Ganglienkugeln) in einem Maschennetz, so zart, daß Spinngewebe dagegen Schiffstaue oder Ankerketten sind; wie feinste Träubchen im Spalier, wie Windenblüten am Drahtgitter sind sie ausgesät und senden aufleuchtend ihre Feuerstrählchen aufeinander zu. Denn wenn der millionenfach gespaltene Fingerstrahl der Sonne, umgeformt in Millionen Arten von Außenweltreizen oder Innenweltgeschehnissen, an ihre Aufhängeschnürchen rührt, dann blitzen sie vielleicht auf mit hellen oder dunklen Lichtwellen (die gibt's jetzt nämlich auch), zittern und machen es wie die Sender und Empfänger der Marconi-Platten: sie haben sich etwas mitzuteilen, irgendeine Form der Milliarden Möglichkeiten von Bewegungswellen, von Rhythmen, von Interferenzen und harmonischen oder disharmonischen Vorgängen außerhalb dieser mikroskopisch kleinen Telephonzentrale der Seele. Da klingen an oder leuchten auf vielleicht allein 4000 solcher Sandkörnchen der Weisheit gleichzeitig, und dann weiß es die Seele: der Menschenfinger hat eben etwas glühend Heißes gefaßt, 5000 Muskelumschalter kurbeln schnell die Scheinwerfer der Erkenntnis, die Augen, auf den Fingerpunkt, und indem andere Tausend für blitzschnelles Rückwärtssteuern der Handbewegung sich zitternd ins Zeug legen, meldet der reflektierte Strahl an die Netzhaut im Auge und an die dahinter liegenden anderen 10 Tausend, 100 Tausend, 1000 Tausend Sternchen, alle in verschiedenen Kombinationssystemen aufgescheucht, die Antwort: heiße Ofentür, Blutzufuhr einleiten, Blasen bilden, öl aufstreichen, zum Doktor gehen!

Nicht wahr? das ist zum Lachen komisch, und doch ist es ganz ernst: so und nicht anders vollzieht sich jeder Vorgang der Wahrnehmung, des Erkennens, des Willens, der Tat; und selbst, wenn die Königin der Seele, die Phantasie, aus den Himmelsräumen herniedersteigt, denn nur vom Geist der Welten kann sie kommen, und einen Funken ihres Zauberfüllhorns in die Menschenseele träufelt, dann geht ein wunderbarer Tanz von Gruppenganglienglut und -leuchten, von Zucken und Erzittern, von Flammen und Verlöschen los in der kleinen menschlichen Zauberzentrale, ganz ähnlich wie eben geschildert, nur daß hier das Spiel innerlich vom Zauberstab gleichsam verdichteter, kristallischer und sich wieder lösender Erinnerungen erregt wird.

Werfen wir nur noch einen Blick in unser Bilderbuch. Was ist hier geschehen? Mit einem Male flutet alles regellos, ungeordnet, strudelnd durcheinander. Die Meldungen sind ganz sinnlos, während 1000 Zellen "Stiefel" leuchten, künden andere "Mondkalb", "Schweinebraten", "Fis dur"; die Finger- und Armkräne zucken, die Beinregister wirbeln durcheinander, alle Begriffe rasen wie ein Karussell, und die Irr-Lichtsucher zucken ringsumher an den Fenstern des Seelenarsenals, ohne die fliehenden Dinge fassen zu können--das Struwwelpeterbild eines berauschten Gehirnes! Da ist etwas entzwei gegangen, ähnlich wie an einer plötzlich versagenden elektrischen Lampe, wie an einem brüllenden, zischenden, zitternden, stampfenden Automobil. In der Tat: die Hemmungen, die in der Elektrizitätszentrale wie im Gehirn die Ordnung garantieren, sind kaput. So würde der Bescheid eines kundigen Seeleningenieurs lauten. Jedes solche Denksternchen (Ganglion) hat nämlich um sich ein Gespinst von isolierendem Material (Hemmungsgeflecht), wie jeder Kupferdraht sein Seidentrikot, welches Stromgebung und -empfang reguliert, und zwar von der großen Pumpstation aller Säfte und Kräfte, dem Herzen, her. Je nach Füllung und Entleerung dieser Berieselungshüllen der Nervenknötchen in Gehirn und Rückenmark sind die Strahlungsbahnen geschlossen oder jedem Einfall, jeder Vorstellung, jeder Handlungsvornahme offen. Schade, daß man immer so weit ausholen muß, wenn man Fachgelehrsamkeit populär machen will; die dicke, dicke Schale, die zu durchdringen ist, lohnt selten den kleinen, bescheidenen Wissenskern. Jetzt aber sind wir wirklich am Kern der Sache. Jetzt wissen wir, was eigentlich physisch geschieht in unserer Seele, wenn wir berauscht sind. Es ist ein wirkliches Ganglienstrudeln, -plätschern und Aneinanderpoltern hin- und hergeschleuderter Blättchen im Orkan der allerverschiedenartigsten Erregungen, welche unsere Hirnzentrale gepackt haben. Da kommt beispielsweise die langsam anschwellende Welle vom Saftstrom des Blutes, sagen wir einmal vom Magen her mit dem Alkohol. Die kleinen, anfänglich vom Willen des ganz vernünftigen Trinkers, der sich gerade heute vorgenommen hat, ausnehmend solid zu sein, noch gut beschränkbaren Dosen des mehr Leiden- als Freudenbringers Alkohol treffen kreisend in den labyrinthischen Gezweigen des Blutgefäßsystemes auch die letzten, kleinen, feinen Seidengespinste um die Gangliensternchen. Die abnorme Beimengung läßt die Gefäßnerven ihre Fühler einziehen, die Gefäßröhrchen werden enger und damit die Ganglien austauschbereiter, anschluß(assoziations-)lüsterner. Da haben wir den ersten Effekt: unser eben noch ganz in seiner Würde eingekapselter Tischgenoß wird merkwürdig lebhaft, spricht flüssiger als sonst, ihm fällt auch wohl gar eine hübsche, neue Wendung, eine geistreiche Nuance ein, über die er beinahe selbst erstaunt und selbst geschmeichelt vor Freude röter wird als sonst; das gibt ihm ein Gefühl von Huttenscher Lust, zu leben, obwohl ihm vielleicht sonst ziemlich alles schief geht; dieser Lebensfreudenüberschuß gibt ihm den Kupplerrat, heute einmal nicht so zimperlich zu sein, dem schönen Stoff mal kraftvoll auf den Leib zu rücken, zumal er ja augenscheinlich immer geistreicher wird, sein "ungehemmter" Geist schwebend leicht über Höh'n und Tiefen aller Probleme dahinsteuert mit einer Art selbstanbetender Schönheitsinnigkeit; das alles macht die mit den "Einzeldosen" steigende Anschlußfähigkeit der Ganglien; die Hemmungsgespinste sind durchlässiger geworden, sie sprühen sich Welle um Welle zu, in lustig hüpfendem Tanz, indem der beschleunigte Puls, gleich dem schnellenden Schwanz der munteren Forelle, immer mehr rhythmische Strudel von Kontaktmöglichkeiten (Assoziationen, wie das schreckliche Wort heißt) gibt. Die Leichtigkeit der geistigen Ein- und Ausgabe macht unseren Lebemann zum geistigen und materiellen Verschwender; Selbstüberschätzung, Renommiersucht, Größenwahn verderben die geistige Atmosphäre.

Nun aber gibt es eine physische Grenze der Erregbarkeit der Gefäßnerven, welche diese Hemmungserleichterung bedingen, sie schlagen ins Gegenteil, in Lähmung und damit in Erweiterung der kleinen Hirndrainageröhrchen um, und nun wird oftmals ganz unvermittelt unser lächelnder, jauchzender Lebensbejaher zu einem Tiefmelancholischen, zum täppischen Müllersknecht mit trägster, langsamster, blödester Telephonleitung. Die Äuglein blinzeln nur noch verschmitzt, die Zunge lallt und kündet nur noch die bekannte, immer wiederholte, eingleisige Geschichte, das Haupt sinkt und endlich--ein Kurbelruck an der Hemmung: Falstaff schnarcht mit jenem unpoetischen Echo, mit dem die ausgleichende Natur die Bacchantenjauchzer zu beantworten pflegt. Die langsam vordringende Hemmung hat Lichtlein um Lichtlein am Seelenhimmel ausgelöscht, Nebelschleier und Tarnkappe um die Funkenstationen gezogen und mit fester Hand die schrankendurchbrechende Feuerseele auf die sanfte Glut des unter der Intellektasche glimmernden Unterbewußtseins verwiesen.

Das ist immer dasselbe Spiel, oft nur durch manche phantastischen Exzentrizitäten mit dem Beigeschmack des Wahnsinns nuanciert, ob das Gift nun Alkohol, Morphium, Haschisch usw. usw. heißt. Ja, die Herkunft des Alkohols schon färbt den Rausch spezifisch, wie denn, trotz chemisch gleicher Formel, Fuselalkohol und veilchenduftender Kognak ganz anderen Anschlag auf der Klaviatur unseres Seeleninstrumentes bekunden. Es ist übrigens bei allen Rauschgiften so, als ob dem chemischen Skelett doch etwas von dem Himmel und Erdreich, unter dem es in der Sonne reifte, anhaften bleibt, so daß in der berauschten Seele des Menschen sich etwas von der Heimat der Tränke kund zu geben scheint, aus der sie stammen. So haben Haschisch und Morphiumträume immer etwas Orientalisches in ihren Motiven, und der Kartoffelspiritus verrät pommersche Derbheit und Kraft nicht weniger deutlich als des Rheines Traube Heiterkeit und Frankreichs Schaumwein seinen perlenden Geist.

Aber auch, was die Kunst an Berauschtheit, an Lebenserhöhung, Anschlußleichtigkeit und dionysischem Wahn in uns erzeugt, spielt sich ganz ähnlich im Kaleidoskop der Seele ab. Was ist Begeisterung anderes, als das Hineingerissenwerden unseres seelischen Rhythmus in die brausenden, rauschenden Wellen einer vollaustönenden, übermenschlich schönen Sprache, in das gleißende Spiel einer geistsprühenden Gedankenkunst, in das süße Wogen und Wiegen einer hinreißenden Melodik und Harmonie? Im Mittelmaß schwingt meine Seele, aber die extremen Rhythmen reißen sie zum Einklang mit jauchzendem Lustempfinden, denn jedes Kunstempfinden, das Fesseln des Alltäglichen von meiner Seele reißt, entfesselt auch den Prometheus in mir und macht mein Herz zur Feuerseele; darum berauscht die Kunst. Die goldenen Blätter meiner schönen Möglichkeiten fliegen rauschend empor, wenn ihr Feuerodem mich durchbraust; nie empfundene, nie selbst zu erzeugende Akkorde greift sie auf meiner Sinnenorgel. Sie zeigt mir glühende Nebel von Sonnen der Kleopatra, die ohne des Künstlers Weltallsodem niemals vielleicht in mir ihren mystischen Spiegel erhalten hätten, sie gibt mir Farbensymphonien, die mit mir vielleicht hätten sterben müssen, wenn nicht eines Gottbegnadeten Lichterspiel meine Seele zum reflektierenden Kristall gemacht hätte!--Und das alles durch diese Wunderwelt von seltenen, exotischen, niemals selbst erzeugten Rhythmen auf allen Klaviaturen meiner Sinnesinstrumente. Vom Rausch der Hautnerven bei den schönen, von weicher Hand gespendeten Berührungen und Streichelungen bis zu dem des Auges, das schöne Linien, Farben und Formen gierig trinkt, bis zu denen des Ohres, das Geist und Wohllaut in sich saugt--immer dasselbe daseinfördernde Lustgefühl sinkender Fesseln, fallender Hemmungen, schmelzender Erstarrung. Da tönt der Himmel vor lauter Geigen, die Luft schneit Rosen, und der Odem wird paradiesisch leicht. Die Kunst gibt Lebenssteigerungen, herrlicher und berauschender, als sie je aus goldenen Schalen als Trank, und sei er aus den Trauben Edens gekeltert, der sonnenwärts gerichteten Seele gereicht werden können.

Seid von der Schönheit dieser Welt berauscht--das ist wohl die beste Lehre eines Kämpfers gegen den Teufel Alkohol!

Treibt mein Blut ein Himmelswirbel? Zukunft steigt aus Völkerschmerz, Ewiges aus Lebensglut, Menschheit, dir gehört mein Herz! (Franz Evers)

DIE MUSIK ALS ERZIEHERIN

Die industrielle Technik, die es fertig gebracht hat, daß der ganze große Erdball zu einer gemeinsamen Heimat des Menschen geworden ist, die alle noch so abgetrennten Glieder des Erdreiches mittels elektrischer Nervenfäden und Verkehrsadern zu einem einzigen gewaltigen, kontinuierlichen Organismus vereint hat, diese industrielle Technik ist zweifellos der Träger der Kultur des Abendlandes und wird es noch lange bleiben. Ist doch die ganze große, geistig-humane Idee der sozialen Fürsorge, die vielen wohl als der eigentliche Brennpunkt unseres Kulturfortschrittes erscheinen mag, nichts als die direkte Konsequenz des unendlichen Aufschwungs und des allseitig eindringenden, uns alle umspannenden Einflusses der Technik. Wie in dem glücklich überwundenen Zeitalter des Materialismus die Naturwissenschaft die Religion aus dem Mittelpunkt des geistigen Interesses der Kulturnationen drängte, sie, welche die Zentralleuchte des gesamten Mittelalters gewesen ist, so scheint die objektive, Ursachen suchende Wissenschaft in unserer Zeit längst überstrahlt von den blendenden Erfolgen der Technik, die jene, die Wissenschaft, aus der Ruhe ihres Selbstzwecks hob und längst in ihren Frondienst zwang. Hat doch auch die Philosophie, diese Königin des Wissens, ein nur noch leise hallendes Echo in den Hainen der großen Sehnsucht der Volksseele. Und wie steht es da mit der Kunst, diesem einst so mächtigen Wärmfeuer menschlicher Gemüter und Lebensgestaltungen? Kann es ein Zweifel sein, daß ihre schön gewirkten Fahnen schlaff am Maste hängen, während ein frischer Wind dem stolzen Schiff der Technik alle Segel füllt? Wohl ist es eine Zeit der fast göttlichen Verehrung großer Künstler, die nicht einmal immer den Vergleich mit ihren größeren Ahnen aushalten, nicht aber eine Zeit der Kunst! Wir haben noch keine Kunst, die in der Seele aller unbestritten als Geliebte lebendig wirkte, unser Tun beeinflußte, unserem Willen und Denken Richtung wiese. Die Technik hat gesiegt und überstrahlt alles. Ja, so sieghaft ist die ihr innewohnende Werbekraft, daß auch in der modernen Kunst das technische "Wie?" fast alles ist. Das ist nirgends offenkundiger als in der Musik und gerade hier dem Freund der Volksseele am allerschmerzlichsten. Es kann wohl von niemandem ernstlich bestritten werden, daß wir Deutschen mit dem Charakteristikum unserer verträumten, gefühlsinnigen und grübelnden Seele-- vielleicht gerade deshalb--das musikalischste Volk der Erde sind. Kann doch eigentlich nur Italien mit uns bisher konkurrieren um den Preis der größten Leistungen, der ewigsten Werke der tönenden Kunst, dieser Fähigkeit, von Seele zu Seele zu wirken mit einer Sprache der Gestirne, mit einer Harmonie, die wortlos von den ewigen, ehernen Gesetzen des Weltalls, von seinem geheimen, himmlischen Sinn und von der ahnbaren Schönheit des wirkenden Götterwillens beredter spricht, als tausend Bibeln sprechen könnten. Die Musik ist die unmittelbare Offenbarung der harmonischen Idee des Weltganzen! In ihr ist alles Leid und alle Freude der Kreatur enthalten. In ihr ist das Meer, der Fels, das Tal, der brausende Fluß, der Friede der Heide. Die Flammenringe schwingender Gestirne spiegelt das Meer ihrer schwebenden Akkorde.

Sie kann Sonnen leuchten, Sterne verblassen lassen. Alles Naturerscheinen ist ihr ausdrückbar. Jedem Menschenschicksal, jedem Ereignis, jeder Stimmung findet sie die entsprechende Symbolik. Sie ist wie ein allen Fühlenden gemeinsamer, dem Höchsten und dem Geringsten offener Tempel, in dem ein Glaube verkündet wird, vor dem ohne Widerspruch sich Herzen und Geister beugen. Sie ist die Sprache unserer himmlischen Heimat, der Laut des ewigen Vaterlandes ist in ihr. Sie ist wie eine unbewußte, stille friedliche Einigung über alles Zwiespältige von Menschenbrust zu Menschenbrust.

Ist so Musik wie ein in jedes empfindsame Herz gesenkter heimlicher Besitz von etwas Überirdischem, wie ein verstecktes Stückchen Himmelsblau, wie eine echte Reliquie eines göttlichen Wanderers über irdische Gefilde, die jeder irgendwo im Schrein der Seele als sein Köstlichstes bewahrt--wie sollte man nicht bedauern, daß die Art, wie man heutzutage die Musik zu etwas unerhört Kühnem, künstlich Hochgeschraubtem, exzentrisch Dionysischem, schreiend Krassem emporpeitscht, ganz und gar dazu angetan ist, sie der Volksseele zu entfremden!

Und doch ist nichts so geschaffen, das Herz der Menge tief zu ergreifen, so sanft zu leiten, so innerlich zu bilden, wie diese abstrakte Sprache des Gefühls. Es kann nicht zu oft gesagt werden: mag jede andere Kunst schließlich ein Bildungsvorrecht der Begüterten, einer kleineren Gemeinde von Kennern und Gelehrten bilden, die Musik darf niemals der Seele der großen Mehrzahl des naiven Volkes geraubt werden. Aus dem Volkslied und dem Choral emporgetaucht, wie ein Eiland aus dem Meere ursprünglichsten, innigsten Empfindens, muß sie auch Eigentum des Volkes bleiben.

Beispiellos in der Entwicklungsgeschichte der Künste und Wissenschaften ist die Siegeslaufbahn der Musik. Während alle anderen Zweige geistiger Kultur, alle anderen Künste Jahrtausende gebrauchten, um bis zum Gipfel der Klassicität aufzusteigen, durchmaß sie, diese empfindsame Interpretin einer Logik des schönen Gefühls, den Zeitraum ihres Erwachens aus dem naiven Volksempfinden und ihres Emporklimmens auf die erhabensten Menschheitshöhen in wenigen Jahrhunderten. Welch eine Entwicklung von Palestrina bis Bach und Beethoven, welche Sturmflut von Bach bis Wagner und welches Überschäumen in unseren Tagen! Und das alles im schnellsten Tempo überreichen Wachstums, so daß gleichsam im Umsehen die einfachen Zelte ihrer nomadischen Existenz sich zu prachtvollen Domen und Palästen emporwölbten. Bei allzu hitziger Treibhauskultur pflegt auch den edelsten Gewächsen die Entartung zu drohen! War die Musik der alten Meister eine unpersönliche Anbetung eines selbstgeschaffenen, nackten, schönen Weibes, so scheint man in der Zeit der siegenden Technik darangegangen zu sein, den Leib dieser Göttin mit eitel Schmuck und bunten Gewändern zu überschütten. Den Kultus des Leibes löste ein Kultus der Trachten ab. Statt des schönen Gemäldes ein Chaos bunter, gleißender Farben. Nicht mehr der musikalische Gedanke in vierstimmiger Reinheit ist die Hauptsache, sondern mit allen Mitteln ingeniöser Instrumentation sucht man das Neue in der Auffindung frappanter, orchestraler Klangeffekte. Nicht der klare Grundriß

---

ist der Träger des Stils, sondern eine staunenswerte Phantastik der Arabesken verdeckt die reinen Linien des innersten Gefüges. Dieses Überwuchern des Technischen in der Musik hat, so verblüffend die Resultate in bezug auf die Freiheit aller selbständig geführten Stimmen (Polyphonie und Kontrapunktik) sein mögen, eine große Gefahr: die des Ausweichens der Musik auf das Gebiet tonmalerischer Geräusche! Das Exzentrische der verblüffenden orchestralen Technik entfremdet damit mit Sicherheit die Musik dem Boden des Volksempfindens. Zum wenigsten ist sie dem stets langsam nachrückenden Verständnis der breiten Massen vorläufig viele Epochen hindurch vorangeeilt. Aber es kann mit Fug und Recht die Frage aufgeworfen werden, ob die moderne Musik überhaupt Anwartschaft hat, bis zur Seele des gemeinen Volkes vorzudringen. Sie mag verblüffen und hypnotisieren, fanatische Anhänger und unerbittliche Gegnerschaft erwecken--erwärmen, vertiefen, rühren, erschüttern und das Heiligste in uns bewegen wird sie kaum. Dazu appelliert sie zu sehr an den Verstand, zu wenig an das schlichte Herz. Dieser unmittelbare Appell an das Gemüt des Hörers, diese Könige und Bauern gleich packende Unmittelbarkeit unserer klassischen Musik ist es, die allein erziehliche, bildende, erhebende Kraft für das Volk hat.

Nur so geartete Musik ist im Geisteskampfe der Kulturströmungen unserer Tage mit aller ihrer Tageshast und Existenzangst ein unentbehrliches Gegengewicht, gleichsam ein heiliger Hain, in den die müden Verfolgten jederzeit fliehen können und wo ihnen keine Macht der Erde kraft himmlischen Gesetzes etwas anhaben kann. So weit ich sehe, haben wir keine Möglichkeit, den Stürmen des Lebens einen so Ruhe spendenden Hafen entgegenzusetzen, als die, dem nervösen Impuls unserer Zeit durch gesunde musikalische Genüsse Ruhe und Zuversicht wiederzugeben. Nicht nur, daß die Irrenärzte wissen, daß einfache Musik beruhigt und sanft stimmt, Illusionen zerstört und Wahnvorstellungen verscheucht, jeder hat an sich schon dies innerliche Aufatmen der geängstigten Seele, dies Stillewerden der Dämonen vor den heiligen Klängen verspürt. Wahrlich, gerade in unserer Zeit ist es von Wert, den bildenden, heilsamen, beruhigenden und vertiefenden Wert der guten musikalischen Darbietungen auf das Gemüt des Volkes laut und vernehmlich zu betonen. Man schaue einmal die Andacht gerade unserer einfachen Leute bei den Gratisspenden, die unsere Musikkapellen dem Publikum um die Mittagszeit darbieten. Es ist, als gäbe es in unserer Riesenstadt plötzlich Tausende, die der Daseinskampf gar nichts angeht. Man sehe den Hunderten nach, die die Militärmusik mit sich zieht, die sie ans offene Fenster bannt, und man wird erkennen, mit welcher elementaren Macht ein Marsch wie ein Rattenfängerlied an den Herzen reißt und lockt zur willenlosen Nachfolge ins Blumenland der Phantasie! Tiefer gefaßt, ist die Musik eine Kulturmacht ersten Ranges, sie ist fähig, dem Gemütsleben unserer Zeit eine Religion ohne Dogmen, ein Hort tiefster Seeleneinkehr zu sein! Sie ist die gefühlvolle, sänftigende Schwester der vorwärtsstürmenden Technik.

Darum kann unseres Erachtens kein Unternehmen dankbarer begrüßt werden, als die Absicht, den breitesten Volksmassen die Möglichkeit zu geben, gute Musikaufführungen zu genießen. Man mag darüber streiten, ob die Oper z.B. an sich eine ideale Kunstform ist oder nicht, das eine kann nicht zweifelhaft sein, daß der Erziehungswert gerade der Oper für das Volk ungemein hoch einzuschätzen ist. Gewiß, es mag dem scharfen Denker unnatürlich erscheinen, daß die dramatische Handlung durch Gesang, Chöre und Zwischenspiele widersinnig gehemmt und verzögert wird, aber liegt nicht in der breiten Schilderung seelischer Motive, in ihrer eindringlichen Interpretation durch die Musik, wie in dem griechischen Chor, eine ausgezeichnete Methode, tief innerlichst jedem Zuhörer die Seelenspannungen der Handelnden einzuprägen? Ist es nicht die beste Art, auf das tiefste Mitleid und Furcht, Verständnis für alle Menschlichkeiten, für jede Tragik und Lust in der Seele zu wecken? Und dann bedenke man vor allem, wie sehr die Volksseele gerade in der Oper sich eine von keinem anderen Zweig der Dichtung übertroffene Ausdrucksform geschaffen hat. Sie ist ein naiver, ehrlicher Reflektor des nationalen Empfindens und der nationalen Eigenart. Welche Fülle von Volkstümlichkeit sprießt uns allein aus unsern deutschen Opern entgegen! Wie unmittelbar verständlich aber auch repräsentiert sich der fremde Volkscharakter in der italienischen und französischen Oper! Für die breite Masse bietet so gerade die Oper eine kulturell überaus wichtige Möglichkeit, auf die angenehmste Art ein Stück Völkerpsychologie und Kulturgeschichte zu treiben, da man aus historischen, nationalen, phantastischen oder romantischen Opernwerken eine unerschöpfliche Fülle von fruchtbaren Bildungsanstößen erhält. Mit der ganzen Zauberlockung, die Dichtung, Gesang, Orchester, Malerei und Ausstattung gemeinsam vor dem Genießenden auszubreiten vermag, stellt in der Tat die Oper das universellste Kunstwerk dar. War es doch dies hohe Ziel, welches dem Genius Richard Wagners vorschwebte, indem er die Oper zu einer Arena aller Künste emporheben wollte. Wo hat dies Wagner am herrlichsten erreicht, wenn nicht da, wo er echt volkstümlich blieb: im Lohengrin, Tannhäuser, Fliegenden Holländer und dem deutsch-nationalsten Werke neben dem Faust: den Meistersingern?

Gerade die Volksoper hat Meisterwerke in Fülle, um ihr Amt als Erzieherin des Volkes auf das herrlichste zu erfüllen. Gerade unsere deutsche Musik ist reich genug, um sich den Ehrenplatz neben allen Kulturfaktoren unserer großen Zeit zu erringen.

Aber gerade hier bei der Oper sehen wir den das Ziel verrückenden Einfluß der Technik am allerdeutlichsten. Wie in dem Schauspiel die Ausstattung mit allen Mitteln einer raffiniertesten, maschinellen Verblüffungs- und Blendungsmethode sich vor der geistigen Idee eines Dichterwerkes breit zu machen beginnt, so ist die große Oper noch viel mehr darauf angewiesen, der Maschinen- und Dekorationstechnik die Rolle eines unendlich kostspieligen Rivalen gegen den Geist der Töne zuzuschieben. Auch hier wieder ist die Folge Entfernung des Besitzstandes der Musik von ihrer Heimstätte, der Volksseele. Wo sind die guten alten Zeiten geblieben, wo jede neue Oper im Sturm volkstümlich wurde und ihre Arien, ihre Themen in Werkstatt und Salon mit gleicher Selbstverständlichkeit gesungen, gepfiffen, gespielt wurden? Die

Technik hat es zuwege gebracht, daß die schwerste Problemmusik geschmackverwirrend und Halbgebildete in Massen züchtend, von Phonographen und Pianolas an allen Ecken heruntergeleiert, Markt und Gassen beherrscht. Hier ist ein Gleichgewicht dringend nötig, eine heilsame Rückkehr zur erprobten, altväterlichen Klassizität dringend geboten. Wieviel Heil könnte da dem Volksempfinden aus einer wirklich trefflichen Volksoper erwachsen! Aber freilich, Vollendetes müßte sie bieten können, wenn sie den zirzensischen Vergnügungen der Menge, den Variétés, den Ausstattungsstücken, den Ringkämpfen und anderen sportlichen Extravaganzen Paroli bieten wollte. Man müßte ein schlechter Menschenkenner sein, um nicht zu wissen, daß die Volksseele zwar leicht auf Irrwege zu führen, aber doch niemals auf die Dauer und im letzten Sinne vom geraden Wege der Aufwärtsentwicklung abzubringen ist. So kann sie sich lange von verblüffenden Äußerlichkeiten blenden lassen, aber schon jetzt scheint sie nach Vertiefung und Verinnerlichung zu hungern. Der Verstand des Menschen hat seine Vorratskammern fast überfüllt, die Seele, das Gemüt in unserer Zeit ist leer ausgegangen und sucht in Spiritismus und Okkultismus einen unverdaulichen Ersatz. Wo aber könnte die Seele des Volkes tiefer und nachhaltiger ergriffen, geläutert, gerührt und auf menschliche Güte gestimmt werden, als vor dem Altar der Musik, von dem so viele deutsche Genien das hohe Lied der Schönheit verkündet haben!

MUTTER ERDE

Wie oft, wenn wir als junge Studenten Handwerksburschen gleich hinauszogen vor die Tore, über die junggrünende Heide hinweg, am Wiesenrand entlang, hinein in die schlanken Birken mit dem Schleierlaub, haben wir es vorausgesagt: es ist eine verflixt materielle Sache um das Frühlingsgrün! Da ist irgend ein Stoff dahinter, der einem in die Poren oder die Nase, nicht bloß durch die Augen dringt, und so das Mark mit jauchzendem Optimismus füllt! Etwas "Betrinkliches" muß dahinterstecken!-- Das war eine Anschauungsweise, die man freilich dem Bruder Studio als naheliegend nicht allzu hoch anzurechnen braucht, sie entsprang ja auch weniger tiefen Einblicken in den Zusammenhang der Natur, als dem täglichen Umgang mit "stofflichen" Dingen. Dennoch war sie weise. Die Physik, diese Frau Oberkalkulatorin der Natur, hat's mit ihrer bebrillten Detektivnase herausgetüftelt: es gibt im Chlorophyll (grünes Pigment) der Pflanzen Bewegungen, die auf uns übergehen und sonderbar schwellende, prickelnde, süße Unruh schaffende Wellenkreise an unserem Nervensystem veranlassen: das sind die aufgespeicherten ultravioletten Sonnenstrahlen. Welch ein sonderbares Paradox! Jenseits vom Violett und diesseits vom Rot, unsichtbare Strahlen! Und doch! Auf diesem Paradox ist fast unsere ganze moderne Physik und Chemie aufgebaut, so daß man von nun an vorsichtig sein muß mit Leutchen, die es lieben, mit Paradoxen und Aphorismen um sich zu werfen wie die Automaten mit Schokolade oder Pfefferminzplätzchen. Leuchtendes Dunkel, dunkler Strahl, Nachleuchten, Fluoreszenz, Lumineszenz, Reibungsleuchten, Röntgenstrahlen, Radiumlicht, Becquerelstrahlen, und wie die gleichsam unter der Sehschwelle verborgenen geheimen Leuchtkäferchen der Natur alle benamst sein mögen. Sie alle kann das arme menschliche Auge, dieses Sonneninstrument, das der große Helmholtz einen unvollkommenen Apparat genannt hat, nicht wahrnehmen, und sie sind nur auf raffiniertem Umwege einzufangen; so in ausgepumpten Glasröhren, in welchen elektrische

Flammengarben sprühen, von denen sich das unsichtbare Licht abstößt wie Ruß von der Kohlenflamme (im Röntgenlicht), oder eingefangen durch Silbersalznetze, dessen Maschen weniger durchlässig sind als die menschliche Netzhaut, und rückwärts sichtbar gemacht durch die Photographie. Diese Experimente und tausend andere haben nun gelehrt, daß eigentlich alles, was ist, auf Wellenbewegung und Strahlung herauskommt, und daß die Reihe der Strahlen mit den sichtbaren Strömen von Glanz, welche die Sonne über unsern finstern Planeten ausgießt, lange nicht abgetan ist, sondern daß eben auch ein Ozean von unsichtbaren, strahlenden Bewegungen im Sonnenlicht mit auf uns herabprasselt, in dessen millionenfach variierte Wellenbewegungen des Äthers alles, was ist, auch das Leben, mit hineingerissen ist. Ja, Leben ist vielleicht nichts anderes als dieser Weltenrhythmus, zu welchem Sonne und Ultrasonne mit unzähligen Strahlensystemen die um sich selbst kreisenden Atomkomplexe der Masse anpeitscht, wie ein Wasserfall des Müllers Rad. Das Leben des Kosmos, der leuchtende Odem der Welt, überträgt sich auf die Materie in Gestalt rollender Strahlenwellen. In besonders feinen Krafttransformatoren, in kleinen Speichermaschinen hat die organische Materie es gelernt, das Betriebskapital solcher Lichtwellen aufzuhäufen, um auch nachts und im Dunkel des Wintertags die Maschine nicht stille stehen zu lassen: im Grün der Pflanzen, im Rot des Blutes.

Der größte medizinisch-biologische Denker der Jetztzeit, Ottomar Rosenbach, hat diese Betriebsmechanik durch feinste Molekularströme bis ins kleinste ausgedeutet, ja den ganzen Entwicklungskreis, welchen die Physik und unsere modernen Anschauungen gezeitigt haben, klipp und klar vorausgesagt. "Die reichlich fließenden, unsichtbaren, feinsten Ströme der Außenwelt allein sind die Grundlagen der Bildung der spezifisch somatischen Energieformen!" Da haben wir des Rätsels Lösung: Das Grün des Frühlings, der Glanz der Blätter und Blüten, das Himmelsblau, das Spiel des Lichtes, sie alle haben überall gleichsam hinter sich unsichtbare Schattengeister, die auf goldenen Leitern hineinklettern in die geheimen Werkstätten der Zellen, Zellstaaten, Pflanze, Tier und Mensch und hier ihre stille

Arbeit verrichten. Es ist eben auch auf der Erde nicht anders wie beim Beginn des Lebens im Wasser. Als die Triebkraft die im Meere gelösten Atome von Kohlenstoff, Stickstoff, Wasserstoff und Sauerstoff zu Betriebskomplexen in rhythmischem Anprall all ihrer Kräfte zusammengeschweißt hatte, da gab die in erster Organisation gebildete einfachste Zelle die aufgespeicherte Sonnenkraft in der gleichen Form zurück. Noch heute sieht der Meerfahrer mit Staunen die Kiellinie seines Schiffes aufglühen im Fluoreszenzlicht des leuchtenden Meeres. Hier schafft in Myriaden von leuchtenden Zellen die Sonne transformiertes Licht. Die Quelle der Kraft die Sonne, die Zelle der Transformator, die Arbeit das widergestrahlte, gewandelte Licht! So glüht auch aus den Furchen der von den Naturgewalten oder von bestellender Hand aufgelockerten Erde im Frühling das Licht der Welt zurück. Lebensglut in allerverschiedenster Form leuchtet auf aus Keim und Halm, aus Busch und Wald, aus Mensch und Tier. Heines sentimentales Gedicht feiert Luna als die trauernde Gattin des grollend einsamen Sonnengatten. Das erfordert eine kleine biologische Korrektur: nicht Luna, die kalte, kraterstrotzende Schönheit ist die Gattin der Sonne, nein, unsere Mutter Erde ist es, die dem gewaltigen (übrigens schwerlich in Einehe lebenden) Königsgestirn Myriaden Kinder gebiert. Sie, unsere nach Fechner durchaus lebende, atmende, sich bewegende, Pulse und Kreislauf der Gewässer zeigende Allmutter ist es, welche in jeder ihrer Ackerkrumen, auf felsigem und auf sandigem Boden, ja sogar in ihren atmosphärischen Nebelschleiern überall Wiegen und Brutstätten für ungezählte Geschöpfe trägt, von denen die kleinsten nicht weniger Wunderträger sind als die größten. Mutter Erde! Im Bann des feurigen Gemahls gehst du ewig schaffend, ein ewiges Brautbett und ein ewiges Grab deiner Geschöpfe, die vorgeschriebenen Kreise, hüllst dich ins hochzeitliche Grün und schläfst unter dem Linnen des hüllenden Schnees. Du reckst die Kuppen deiner Berge und die schäumenden Arme der See empor zu den Feuerströmen deines Gebieters, und in deinen Tiefen und Höhen, in deinen Schlünden, deinen Hüllen glüht es allüberall von den Lebensgluten, mit denen dich der Sonnengott täglich aufs neue überstrahlt.

Uns aber, armen Kindern, Erdgeborenen deiner unentrinnbaren Liebe, die wir dich niemals ganz in voller Schönheit sehen--denn eine Weltreise selbst zieht nur eine winzig schmale Spur um deinen Riesenleib--bist du an jeder Stelle die hüllende, liebende, prägende Mutter! Denn unsere Heimat ist immer nur ein armselig Fleckchen deines nur der Phantasie erreichbaren gewaltigen Umfanges. Welche Kraft in der Heimatliebe! Uns prägt die Scholle, uns fesselt die Scholle und läßt uns nie mehr los mit tausend und abertausend Fäden, die aus dem Boden stammen. Welch eine geheimnisvolle Mimikry in der Bildung unseres Gesichts und unseres Leibes nicht nur, sondern auch in den feinsten Regungen unseres Gemütes. Hat nicht das Auge des Seemanns den Farbenton der See, wie die Qualle den farblos durchsichtigen Charakter des Wassers? Ist es ein Unterschied, wenn das langbeinige Insekt Form und Farbe von Zweig und Blatt annimmt, und wenn des Menschen innerstes geistiges Bewegen, seine Lieder, seine Sehnsuchten abhängig sind von dem Boden, der ihn geboren? Das eben sind jene rhythmisch gestaltenden Bewegungswellen, die Land und Pflanze, Tier und Mensch eines bestimmten Bezirkes schließlich abstimmt auf eine biologische oder ästhetische Einheit, die so klar hervortritt an den autochthonen Poeten der Heimat.

ÜBER GRÜBCHEN UND FALTEN

Wer aufmerksam einem Porträtmaler bei der ersten Skizzierung eines menschlichen Antlitzes zuschaut, dem wird es nicht entgehen, wie wenig Linien eine "schauende Hand" nötig hat, um den ganzen lebendigen Gehalt einer Physiognomie in des Betrachters Seele neu zu erwecken, wie wenig armselige Kohlenstrichelchen genügen, um die Wunder der Persönlichkeit auf das schärfste und zwingendste zu umschreiben.

Welcher staunenswerten Vielseitigkeit der Natur an Variationen über dieses einzige Thema, Gesichtstypus, vermag der Künstler tastend nachzugehen, und wie schnell kann die geringste, oft nur mit Millimetern rechnende Ausweichung, Verlängerung oder Verkürzung eine schon vollendete Ähnlichkeit gänzlich über den Haufen werfen. Sonderbar: es sind viel mehr die weichen Teile des Gesichts mit ihren Falten, Linien, Gruben, Schatten, Einsenkungen und Abrundungen über den starren Wölbungen des Kopfskeletts, die die Persönlichkeit für das Auge blitzartig erkennbar machen, als die festen, typischen, schwer individualisierbaren Linien der knöchernen Grundlage des Kopfes. Es ist ein eigentümlicher, aber doch richtiger Gedanke: man würde ein geliebtes Haupt eher an einem Ohrzipfelchen wiedererkennen, als man je aus einer Schar von Totenköpfen den eines verstorbenen Bruders, einer Freundin herauszufinden imstande wäre. Auch wird zur Rekognoszierung der Verbrecher immer die bildliche Darstellung mehr leisten als die feinsten Schädelmaße eines die knöchernen Verhältnisse berücksichtigenden Systems. Der Grund ist ein sehr einfacher. Die Seele, diese letzte, mystische Trägerin der Persönlichkeit, hat keine Gewalt über ihr aus Kalkkristallen gebautes Knochenhaus, sie formt aber um so emsiger mit feinsten Nervenfingern am plastischen, sich windenden, Wellen bildenden Material der Muskeln. Denn auch die Haut, dieser wunderbare, stumpfleuchtende, hüllende Mantel des Körpers, dies schmiegsamste natürliche Trikot des Leibes, ist ja durchsetzt mit Millionen kleiner Muskelsträhnen, die auf das feinste und vielfältigste die zarte Decke der Gesichtsteile zu verschieben imstande sind. So gleicht das Antlitz des Menschen immer bewegt und den Ausdruck wechselnd der Physiognomie eines nur scheinbar starren und unbeweglichen Berges, auf dem das Licht unaufhörlich spielt, oder der Spiegelfläche eines Sees, über den Wind, Himmel und Wolken dahinziehen. Und doch hat jede Physiognomie bleibende, nie ganz verstrichene Linien und Vertiefungen, die die seelischen Affekte zwar steigern oder mildern, aber nicht ganz verwischen können, die sogar der Tod, der alle Bewegung mit einem Ruck hemmt, nicht ganz ausgleichen kann. Denn das Friedenvolle, das dann ein eben noch in Qualen verzerrtes Antlitz erhält, ist wohl nicht der Abglanz einer zum ersten Mal geschauten besseren Welt des Jenseits--ach! wenn es doch so wäre!--sondern es ist der Effekt des Nachlassens heftiger Muskelspannungen, das sanfte Zurückgleiten aufgewühlter Muskelwellen in die Ruhelage, in das Gleichgewicht der Ewigkeit. Im Leben aber sind es gerade diese in nimmer ruhendem Muskelspiel hin- und herbewegten Schatten, diese zueinander strebenden oder ausweichenden, oft parallel laufenden Bögen, diese Falten, die die darunterliegenden Muskeln aufwerfen wie kleine Kobolde, die unter Teppichen ihr Spiel treiben,--die wie lebende Runenzeichen dem Antlitz die Sprache, das Charakteristische, das Verräterische, das Sänftigende oder das Aufreizende, das Beherrschende und das Ergebene, das teuflisch Abstoßende oder den überirdischen Liebreiz, das Dämonische oder das Göttliche geben.

Vor die starrenden Höhlen des grinsenden Schädels breitete uns Natur eine weiche, zart getönte Maske aus Haut und Muskeln, Fett und Fasergewebe, die bald straff gespannt, bald faltig und hängend ihr Kolorit aus dem Rot des Blutes, dem Gelb des Fettes, dem Weiß des sehnigen Gewebes erhält. Wohl gibt das feste Stativ der Knochen auch dieser Maske die entscheidende grobe Modellierung, aber der eigentliche Modelleur ist das Fett, die Füllsubstanz, die Abrundung gebende Masse, die erst die weichen, schwellenden, welligen Linien schafft. Dieses aus feinen, gelben Träubchen gebildete Gewebe ist die eigentlich plastische Substanz in der Hand der größten

Bildnerin Natur. Die unendlich wandlungsfähige Struktur dieser in der Anatomie etwas grob als Fettpolster bezeichneten Substanz bringt es mit sich, daß das Gesicht oft momentane Ausdrucksvarianten durchmacht, ganz ohne Muskelaktion, allein nach dem Gehalt an Blut und Zellsaft in diesem aufsaugungs- und entleerungsfähigsten Gewebe. Welch ein Zusammenfallen der gespannten Züge der Wangen und der Gesamthaut beim plötzlichen Absinken der Kräfte im Schreck, in der Ohnmacht, im Chok, im höchsten Schmerz! Ohne daß ein Muskel zuckt, fällt der Tonus der Haut, das mittlere Maß gesunder Spannkräfte zusammen wie die Segel bei sterbendem Winde. Der im psychischen Affekt der Hilflosigkeit absinkende Blutdruck entleert die strotzende Füllung der Fett-Träubchen, und das hohle Polster entzieht der gespannten Haut die rundende Unterlage. Nirgends ist das so deutlich sichtbar wie am Auge. Man hat sich vielfach den Kopf zerbrochen über die physiologische Bedeutung der Schatten unter den Augen, dieser "blauen Ringe der Venus". Die Lagerung der Augäpfel ist vom Gehalt der Augenhöhlen an Fett abhängig, weshalb bei Leidenden, Hungernden, bei Gram und Grübeln die hohlen Augen entstehen, d.h. bei mangelndem Fett die beiden Augäpfel abwärts und nach hinten sinken. Dadurch bilden sich Falten zwischen Haut und unterem Knochenrand der Augenhöhle, die das dunkle Venenblut hindurchschimmern lassen. Dieser Mechanismus des Zurücksinkens der Augäpfel kann so momentan vor sich gehen, daß eine schwere Anstrengung, ein vorübergehendes Ermatten des Herzens, ein Sinken des Blutdrucks, ein Schreck, eine Depression, die höchste Wonne der Liebe und das tiefste Weh mit dunklen Schatten das Auge oft ganz plötzlich umkreisen. In diesem Sinne ist das Auge ganz sicher ein Spiegel der Seele, wie auch das Aufleuchten der Freude, das Blitzen der Lust im entgegengesetzten Fall den Anstieg des Blutdrucks am Auge erkennbar machen. Wir verstehen also, daß ein Schwinden des Fettes z.B. im Alter die Haut runzlig und faltig, wegen Nachlassens der feinen Unterpolsterung der elastischen Gesichtsmuskeln machen kann. Der nutzlose Kampf gegen Runzeln und Krähenfüße würde nicht so verbreitet sein, wenn eben nicht dieses Nachlassen einer gewissen Spannung des Fettgewebes unter der Haut, seine Schwellbarkeit und Erektilität, nicht so verräterisch für die Zahl der Jahre wäre, die über ein Antlitz ihre Ringe und Furchen gezogen haben nicht viel anders wie am Durchschnitt des Baumes. Auch Menschenstirnen tragen Jahresringe mit ihren Sorgenfalten, Kummerlinien und Schmerzensrunen! Daß hier ein feinerer seelischer Mechanismus im Gesicht im ganzen wie am Auge im Spezialfall besteht, beweist, daß es nicht allein die Anwesenheit von Fettgewebe ist, die Faltung und Runzelung verhütet, weil das Alter ja im allgemeinen fett macht, sondern daß es eine gewisse Schwellbarkeit des Fettgewebes ist, die mit psychischen Affekten Hand in Hand geht, die jung erhält, und deren mit dem Herzdruck und der Atmungsenergie sinkende Intensität den alternden Gesichtern die strotzende Kraft, die psychische Potenz nimmt.

Und nun zu den Grübchen: diesen launigen kleinen Schaukelwiegen der Grazien, der Kobolde und Neckerpeter, diesen kleinen Nischen der kichernden Heiterkeit, die so zart und liebreizend sein können, so weich wie die von dem Flaum einer Möwen- oder Schwalbenbrust im Seesand eingebuddelten Mulden. Auch sie haben mit den Fett-Träubchen zu tun; sie sind nicht, wie ein Poet sagt, "die frohen Tippstellen einer mit ihrem Werk zufriedenen Gotteshand", sondern sie sind an sich prosaisch genug Hauteinziehungen über Schmelzlücken des inneren Fettgusses. Wo Muskelgruppen gegenseitig Lücken lassen, die nicht wie sonst durch die plastische Füllmasse von innen her verdeckt werden, entstehen diese kleinen Zentren der lachenden Lebensfreude, deren Beziehung zum seelischen Innenleben eine so feine und schnell reagierende ist, weil diese Polsterlücken rings von Muskelkulissen umgeben sind, deren unaufhörliches seelisches Spiel wir schon mehrfach betont haben. Gestehen wir es nur ruhig ein, die Wissenschaft kann nichts Erhebliches mehr dagegen einwenden: das Gesicht mit seinen komplizierten Einrichtungen symmetrischer Faltungen, Linien- und Furchenbildungen ist ein Apparat der Seele, der von den groben und typischen Rhythmen des mimischen Ausdrucks der Affekte bis zu den leise widergespiegelten, huschenden

Beschattungen des Gemüts dem Seelenforscher verräterische Kunde gibt. Der allein durch Faltung, Verziehung, Schwellung und Abschwellung, Runzelung, Zuckung des Fettes und der Muskelbündel erzeugte Wellentanz der enorm elastischen Gesichtshaut hat so komplizierte Mechanismen, daß es denkbar ist, daß zwei Menschen der Sprache entraten könnten, um sich über alles Wesentliche zu verständigen, und daß die Möglichkeit besteht, daß viele Tiere nur durch eine komplizierte Mimik gegenseitigen, die Sprache ersetzenden Meinungsaustausch und Verständigung erzielen. Man denke an die mimische Nachahmbarkeit der Gesichtszüge bei Schauspielern, um sich ein Bild von der Feinheit des Muskelspiels im Kommando der Phantasie zu machen. Wird es doch immer wahrscheinlicher, daß die oft zu beobachtende Ähnlichkeit miteinander alt gewordener Ehepaare auf einer Nachahmung der Bewegungen des Gesichts beim Essen, Sprechen, Trinken, Lachen und Weinen beruht. Und auch die Ähnlichkeit der Kinder mit ihren Eltern mag häufig mehr funktionell als formal sein, d.h., die nachgeahmten mimischen Eigenarten der Eltern lassen die Kinder ähnlicher erscheinen, als sie es in meßbaren Formverhältnissen, etwa der Nase, der Augen usw., wirklich sind.

Da alle Faltungen der Gesichtshaut also Muskelbewegungen ihren Ursprung verdanken, so sind sie, wie alles Rhythmische, in gewissem Sinne übertragbar. Nicht nur Kinder ahmen exzentrische Gesichtsausdrücke nach, auch Erwachsene eignen sich posenartige Grimassen anderer an. So schreibt die Seele mit flüchtigem Griffel ihre Neigungen, Wünsche und geheimsten Sehnsuchten ins Tagebuch unseres Antlitzes, adelt unschöne Züge durch heißen Trieb zum Edlen und verzerrt die edelsten Linien aus der Hand des Göttlichen bis zur Abscheulichkeit. Wir alle sollten mehr in Gesichtern als in Büchern lesen lernen!

DAS WUNDER DER WUNDHEILUNG

Eine der gewandtesten, nur selten entlarvten Gauklerinnen ist die Gewohnheit. Sie versteht es, Rätsel, Merkwürdigkeiten und Probleme des Lebens langsam und ganz unkontrollierbar hinwegzueskamotieren, so daß nur wenige von uns hinter ihren Kunststückchen die Möglichkeit eines noch anderen Sachverhalts wittern. Dem Realisten ersetzt die Erfahrung vollkommen die Erklärung. Was man recht oft erlebt, das glaubt man zu begreifen, und Phänomene, die wir angestaunt haben, werden, wie Telephon und Biograph, den Enkeln als die selbstverständlichsten Dinge von der Welt erscheinen. Dem großen Kind, dem Erwachsenen, ergeht es nicht anders: Gewohnheit und Routine nötigen uns eine Brille auf, die in dem Walten der Natur an allen Fragezeichen, an allen noch unbekannten Mächten, allen Märchengestalten, Symbolen und Mystizismen uns vorbeisehen läßt. Es war immer so, ist nun einmal so und wird gewiß so sein: das ist die Suggestionsformel der Erfahrungsweisheit, mit der das träumerisch betrachtende, nachdenkliche, nach Ergründung sehnsüchtige Gemüt in den Bann der "Bedürfnisse des praktischen Lebens" zurückbeschworen wird. Und doch hat jeder in seinem Beruf Kenntnisse von merkwürdigen Dingen, über die er anders zu denken, als es die Tyrannei "allgemeine Ansicht" mit den Fesseln der Gewohnheit erheischt, wohl einen tief verborgenen Trieb verspürt.

So ist für die meisten die Tatsache, daß Wunden heilen, eine naturgegebene und selbstverständliche Eigenschaft des Lebendigen, über die es für die Praxis nur so weit Betrachtungen anzustellen lohnt, als die Forschung Mittel und Wege verheißt, den Ausgleich einer Gewebsdurchtrennung sich möglichst schnell und gründlich vollziehen zu lassen. Die Wundbehandlung interessiert naturgemäß viel mehr, als das Problem der dabei ausgelösten Kräfte: die geheime Spinnstube des Zellstaates. Und doch: jeder, der eine Wunde behandelt, der ihren Zustand prüfend abwägt, sieht unmittelbar dem Wunder aller Wunder ins

Auge: dem Entstehen und Vergehen des Lebendigen, der Neugeburt, dem Ersatz des Verlorenen, einem Versuch zur Unsterblichkeit. Wenn er ein bißchen Künstler ist in seinem Anschaun der Natur, wird ihn etwas von der Ehrfurcht berühren, die jeden umweht, der sich den verschlossenen Türen naht, hinter denen ein Geheimnis schlummert. Die Wundheilung ist doch der Vorgang einer ausgleichenden Neugeburt an der Stelle vernichteten Zellebens. Regeneration, Wiedererzeugung lautet das allgemeine Gesetz, von dem die Wundheilung nur eine Teilerscheinung, einen Spezialfall darstellt. Vieles ersetzt sich an unserm Leib immer aufs neue, auch ohne daß es äußerer Gewalt zum Opfer fällt: unsere Fingernägel sind in 4-5, jene der Zehen in 12 Monaten vollständig neu erzeugt, unsere Augenwimpern wechseln in 100-150 Tagen, und nach 4 Wochen wird keine Hautschuppe mehr an meiner Körperoberfläche sein, die heute hier geboren und ans Licht gehoben wurde. Unsere Hornhaut, dieses klare Fensterchen, durch das alles Licht und jeder Schatten in unsere Seele fällt, wird immer neu gefügt vom Rand her und immer neu geputzt vom sanften Schlag der Lider. Den ganzen Körper durchstreifen Millionen wandernder Säemänner, die die weiten Felder und die tiefen Schachte aller organischen Gebilde mit neuen Keimen überschütten. So ist das Wunder des Säens und des Erntens, der Akt des Fruchtens und des Neubildens, des Sterbens und der Wiedergeburt in uns allen immer am Werk. Die winzigen Handlanger dieser ständigen Arbeit bei Tag und bei Nacht am Webstuhl des Organischen sind direkte Abkömmlinge jener Wunderzellen, die eine rätselhafte Kugel formten, aus deren Kapsel das Dasein eines jeden von uns sprang: die Träger der erhabenen Idee der Menschheit. Denn was ist ein befruchteter Keim anders, als die sichtbare Form der Unsterblichkeit, eine Hoffnung, ein Beweis für die Unvernichtbarkeit des Lebendigen, für die kontinuierliche Erhaltung auch der kompliziertesten Kräfte! Diese Keimlinge, die kein Geringerer als der Nestor der Anatomen, der greise Kölliker in Würzburg, als direkte Überbleibsel des befruchteten Eies auffaßte, die sich zu Millionen Individuen, zu weißen Urtierchen, Leukozyten genannt, in unserm Körper vermehrt haben, springen nun überall ein, wo es eine Neuarbeit, eine Reparatur, ja auch nur einen Widerstand, eine Gefahr gibt. Sie kämpfen mit Bakterien, produzieren Heilkörper, sie stillen die Blutungen durch Abscheidung von Gerinnungssaft, sie tragen die Nahrung den fernsten Geweben aus den großen Drüsenarsenalen der Verdauungshäfen zu, sie sind die Lastträger und Transporteure abgeschiedener, unbrauchbarer und fremdartiger Gewebsbestandteile, Arbeiter, die Gerüste aufbauen und Ruinen abtragen, überall gegenwärtig und immer bereit, aus den tausend Millionen Spalten, die das Blutadersystem ihnen offen läßt, hinauszuschlüpfen und nach dem Rechten zu sehen: eine Armee kleiner Hygieniker, Krieger und Friedensförderer zugleich. Wo organisches Leben sich erhält und ersetzt, besteht es und formt es sich neu durch diese direkt von der Zeugung dem neuen Individuum erhaltenen Kraft der Ergänzung des Verbrauchten. Diese Fähigkeit ist merkwürdigerweise für die verschiedenen Pflanzen- und Tierarten eine höchst wechselnde, d.h. der Grad, bis zu dem ein verlorener Teil wieder ersetzt werden kann, scheint in umgekehrtem Verhältnis zur Ausprägung eines erhöhten, individuellen Lebens zu stehen, und je weniger ein Tier- oder Pflanzenexemplar in jedem einzelnen seiner Teile individuelle Variationen und Differenzierungen aufweist, je mehr es nur Artrepräsentant ist, desto weiter geht die Ersatzfähigkeit des Verlorengegangenen. Spinnen und Krebse ersetzen sich mit allen zugehörigen Teilen abgeschnittene Fühler, Beine und Scheren; Schnecken erhalten ganze Teile des Kopfes mit Fühlern und Augen wieder; Fische vermögen die verlorene Schwanzflosse völlig wieder auszubilden. Bei Salamandern und Eidechsen zeigt sich ein Wiederwachsen des ganzen verlorenen Endleibes mit Knochen, Muskeln und selbst einem Teil des Rückenmarks, ja bei jungen Eidechsen führt seitliches Einkerben des Schwanzes zum Hervorwachsen eines zweiten aus der Wunde. Von solchen Vollkommenheiten des Wiederersatzes und einer luxuriierenden Wundheilung über den Bedarf hinaus ist freilich der Mensch leider weit entfernt.

Es ist beinahe, als hätte die Natur es seiner Launenhaftigkeit und Eitelkeit, niemals sich mit dem Gegebenen zu bescheiden, versagt, mehr als einmal die Nase zu wechseln und sich mehrfach schönere Augen einsetzen zu lassen.

Das Tier freilich, frei von Eitelkeit und selbstquälerischem Grübeln über die eigene unzulängliche Schönheit, kann mit diesen hohen Gaben der Wiederbildung abgeschnittener Glieder keinen Mißbrauch treiben.

Ist es aber nicht geradezu das Ideal einer Regenerationskraft, wenn wir erfahren, daß man den Schirm der gelatinösen Meerqualle (Meduse) in beliebig viele Stückchen zerschneiden kann und aus jedem ein ganzes, neues Quallenindividuum hervorwächst, sofern nur an dem Torso ein Stück des Randes erhalten blieb; wenn Plenarien, Infusorien, Süßwasserpolypen, Ringelwürmer die Fähigkeit zeigen, aus zerstückelten Trümmern eines Individuums ebenso viele Söhne und Töchter zu bilden? Man denke an das in diesem Fall glückliche Opfer des berühmten Schwert- und Schwabenstreichs--die zur rechten und zur linken herabgesunkene Türkenhälfte hätte sich nach einiger Zeit als ein Bruderpaar erhoben--wenn auch der menschlichen Neuerzeugung ohne das Zwischenglied einer neuen Mutter so weite Grenzen gesteckt wären! Für uns Warmblüter ist es nun einmal anders angeordnet, jene Kaltblüter können sich also im Notfall auch ohne Liebe fortpflanzen, jeder ihrer Teile enthält in sich alle Keime zum Neuersatz des Ganzen. Da ist der hochorganisierte Mensch so arm: die Narbe, diese rötliche, später grauweiße Marke, dieses Kainszeichen eines Unglücks, einer von außen wirkenden Gewalt, bei Studenten das stolz getragene Merkmal besonderer Heldenhaftigkeit--dieses indifferente Gewebsmaterial ist das einzige, womit im günstigsten Falle die Krone der Schöpfung zum Ausgleich beschädigter oder entfernter Teile dienen kann. Und doch: in dieser Narbe, dieser bindegewebigen Substitution des Zerstörten, in diesem scheinbar so unvollkommenen Surrogat höher organisierten Gewebes stecken so viele merkwürdige, abgelaufene Prozesse, eine solche Fülle bildnerischer und zum Teil problematischer Vorgänge, daß es sich wohl auch für den Nichtfachmann lohnt, einmal einige Blicke auf ihre Entstehung zu werfen. Wohl jeder trägt irgendeine Narbe an sich, deren Geschichte auf einiges Interesse rechnen darf.

Was geschieht, wenn ein scharfer, spitzer, schneidender oder reißender Gegenstand in unsere Körpergewebe dringt? Ob die Stelle der Verletzung oder Durchtrennung die Oberfläche oder die Tiefe betrifft, ob sogenannte edle oder unedle Teile getroffen werden, sofern das Organ kein direkt lebenbeherrschendes ist, wie z.B. einige Teile des oberen Rückenmarks, durch deren Läsion das Leben wie an einem geöffneten Ventil ausströmt, stets werden dabei neben den spezifischen Gebilden des betreffenden Organs diejenigen Netze mitzerrissen, die überall sind: Lymph-, Blutgefäße und das stützende Gerüst, die Bindesubstanz, in die sämtliche höheren Organe, Drüsen, Muskeln, Nerven, Knochen, eingelassen sind. Denn neben dem knöchernen Skelett durchsetzt, hält und stützt unsern Körper ein bindegewebiges Gespinst, in dessen Maschen die eigentlich funktionierenden Substanzen aufgehängt sind. Dieses Maschennetz stellt zugleich die Bahnen dar, auf denen Blutgefäße und Nerven ihre Ströme zu den Zentralorganen hin- und zurückleiten. Diese drei Faktoren werden also überall getroffen, wo die Kontinuität des Gewebes gewaltsam durchbrochen wird, d.h. wo eine Wunde entsteht. Daher blutet sie, daher schmerzt sie, daher klafft sie. Meldet der Schmerz, dieser bissige und sprungbereite Wächter der Gefahr, den Vorgang zum Gehirn, so sucht seinerseits das herausströmende Blut die eingedrungenen Schädlichkeiten abzuschwemmen: Staub, Bakterien, Gifte, zerrissene und gelöste Gewebsfetzen, die der Zersetzung anheimfallen und Kadavergifte produzieren würden, werden so fortgerieselt, und beim Kontakt des Blutes mit der Luft, beim Aufhören der gewohnten Berührung mit der inneren Glasur der Gefäßröhren (dem Endothelium), gerinnt ein Teil und liefert den organischen Kittleim, dessen weiche Masse die Grundlage für die Organisation der späteren Narbe abgibt. Zugleich wandern aus den vielfachen Spalten des Bindegewebes, durch dessen Entspannung die Wunde klafft, jene Keimlinge der Regeneration, die weißen Blutkörperchen aus, die dem zerrissenen und aufgewühlten Mutterboden die neuen Saatkörnchen zutragen. Nun zeugt und keimt es unaufhörlich,

Zelle um Zelle des Mutterbodens, die Gefäßhäutchen, die Saftlückenauskleidungen, die Nerven, die Bindegewebszellen, sie produzieren von beiden Seiten des Wundspaltes her ein Chaos sich umschlingender, durchwachsender, mit den Fühlern verschmelzender, junger Brut, die scheinbar regel- und ziellos vorwärtsstrebt gegen das jenseitige Ufer. Die Vorposten beider Seiten berühren sich im Innern des trennenden Gerinnsels. Nirgendwo aber gilt trotz des Durcheinanders aller dieser Zellarten so sehr der Satz omnis cellula e cellula, auf deutsch: Art schlägt sich zu Art, wie hier bei der Wundheilung. Allmählich entwirrt sich das Chaos; was zu Gefäßen gehört, bildet mit Geschwisterzellen einen Hohlraum, der schon angeschlossen an das alte Kanalsystem und schon gefüllt ist mit den roten und weißen Ernährungszwischenhändlern, den Blutkörperchen; das Bindegewebsnetz beider Seiten findet sich zu einem spannkräftigen Spinngewebe zusammen, dessen Elastizität gleichsam wie mit eingelassenen Stricken die Wundränder ständig zur Mitte zusammenzieht, d.h. sie einander nähert; die Nerven senden ihre Fühler kontinuierlich aus und finden sich sicher in dem Wirrwarr übereinandergehäufter Mauersteine zurecht.

Dann reichen sich die Werkmeister beider Seiten endlich die Hände und bilden die Strebepfeiler des neugefügten Lebens. Es legt sich Gefäßkolben an Gefäßkolben, Nervenbündel gegen Nervenbündel, und das immer enger sich maschende Bindegewebsnetz bildet offene Lücken und Kanäle, so daß schon in weniger als zehn Tagen, bei ungestörter Heilung, Blut-, Saftstrom und Nervenleitung und mit ihm Leben und Nahrung ungehindert von einer Seite zur andern durch die Mauerwand des provisorischen Gerinnsels herüber und hinüber rollen. Darüber deckt sich schließlich der Teppich der Hautschuppen, der von seinem Muttergewebe aus im Moment der Vollendung dieses Kabel- und Kanalisierungssystems--wunderbar genug-- nicht früher und nicht später, wie auf ein bewußtes Kommando, neugeborene Deckzellen abschiebt und über die noch etwas erhaben rötliche Narbe ausbreitet. Was gibt den Anstoß zu all diesen mit dem Mikroskop mühsam durch die Arbeiten eines

Virchow, eines Thiersch, eines Billroth erforschten Keimungs-, Sprossungs- und Reparaturvorgängen? Ist es nicht merkwürdig, zu denken, daß der plötzliche seitliche Hemmungsfortfall, den der Schnitt oder der Riß bedingt, gleichsam ungezählte Spaltlücken hervorquellenden Lebens öffnet und daß von den reich ausströmenden Saatkörnern auch dem winzigsten etwas anhaftet, das wie ein Bewußtsein einer Pflicht, einer Berufstreue, einer bestimmten Rolle im ganzen Staat anmutet? Woher kommt dieser unmittelbar sich äußernde, regulierende, maßhaltende, sich in Reih und Glied stellende, einem idealen Typus, einem vorangegangenen Plan nachbildende Gesamtwille, der aus dem Chaos des Formlosen, aus dem Nebel des scheinbar Wahllosen und Zufälligen höchste Organisationen, wundersamste Funktionen herausbildet? Da drängt sich dem dazu disponierten, sinnenden Betrachter jene Ehrfurcht auf, die im Kleinen wie im Großen Unbegreifbares als einen Teil des Erhabenen nie ohne innere Bewegung anschaut und die dem Naturforscher so leicht verloren geht, obwohl gerade er so vielen Anlässen zu ihr begegnet. So ist auch dem Praktiker der Wundpflege ein immer reges, naives Sichwundern dienlicher, als ein gleichgültiges "Das muß so sein!" Beim allzu kühnen Eindringen in das Allerheiligste menschlicher Gewebe und bei den gewohnten Erfolgen der Chirurgie erstirbt zu leicht das so natürliche Dankgefühl gegen die wunderbaren Hilfsmittel, die uns das ewig um Erhaltung ringende Leben in die Hand gibt; nicht wir sind die Meister, es sind alles Seine hohen Werke!

Daß unsere Kunst es verstanden hat, gerade gegen Ende des vergangenen Jahrhunderts sich zum Diener dieser Naturkräfte zu machen, ist der Schlüssel zum Verständnis ihrer staunenswerten Erfolge; nicht allein hat sie es gelernt, die Hemmungen eines ungestörten, natürlichen Wundverlaufs (prima intentio naturae) auszuschalten (Antisepsis, Asepsis), indem sie die überall drohende Wundsaftzersetzung verhüten lehrte, die Gesamtheit namentlich der deutschen Chirurgen, allen voran ein v. Langenbeck, Billroth, Thiersch, Mikulicz, Czerny, v. Bergmann, haben die Technik der Benutzung der natürlichen Hilfsquellen wahrhaft erstaunlich gefördert. Hier hat sich der Fleiß und das

Genie des Menschen wetteifernd den Wundern der Natur an die Seite gestellt. Gleichsam als hätte eine bewußte Arbeitsteilung Talent und Energie je nach der Individualität vor eine besondere Aufgabe gestellt, so hat jeder der Genannten und viele neben ihnen bestimmte Gebiete der Kunst mit besonderem Glück auszubauen verstanden, v. Bergmann lehrte zahlreiche Vorbedingungen zu erfolgreichen Eingriffen am edelsten Organ, am Gehirn, v. Langenbeck war ein Reformator der plastischen Chirurgie, Mikulicz und Czerny haben mit Billroth gewetteifert, die Chirurgie des Unterleibs technisch zu erschließen, Thiersch, Reverdin und Gluck waren Begründer der künstlichen Gewebsüberpflanzung, und noch neuerdings haben Rehn in Frankfurt und Kümmel in Hamburg gelehrt, daß man selbst Wunden des Herzens und der größten Gefäße zur Heilung zu bringen vermag. So ist denn der plastische Ersatz und die Vereinigung getrennter Gebiete durch die Naht und durch die verklebende und substituierende Narbe fast für jedes Organsystem fruchtbar gewesen, und die glückliche operative Entfernung verlorengegangener Gehirnteile, die Ausschneidung auch größerer Teile von Darm- und Magenstücken, die zweckmäßige Wiedervereinigung und Umschaltung der röhren- und sackförmigen Gebilde des Verdauungskanals sind dem oft rettenden Walten geschulter Chirurgen ebenso zugänglich, wie das Herz, die Lunge, die größten Gefäße, in denen das Leben an seiner Wurzel strömt und atmet. Das alles wäre nicht möglich gewesen ohne ein immer eingehenderes Betrachten der Wunder der Wundheilung, zu denen das bloße Auge nicht ausreichte, sondern sich mit den schärferen Linsen des Mikroskops bewaffnen mußte. So wurden denn von den Meistern der reinen Naturbetrachtung in stillen Werkstätten die Geheimnisse enthüllt, die der Chirurgie in ihrer praktischen Anwendung so ungeheure Erfolge brachten.

DAS MYSTERIUM DER ERNÄHRUNG

Einer die Weisheit, Allmacht und Harmonie des Weltgeistes preisenden Weltanschauung muß es ein unbequemer Gedanke sein, sich ganz nüchtern klar zu machen, daß das Leben nur bestehen kann, indem es Leben vernichtet. Erhaltung und Erzeugung auf dem Umwege von Tier- und Pflanzenvernichtung! Dieses mörderische Gesetz vom Werden durch Sterben ist vom Standpunkte menschlichen Erkennens ebenso grausam und fühllos von Mutter Natur gedacht, wie es unästhetisch ist. Eine Art Lebewesen scheint immer nur geschaffen, um von der anderen vernichtet und gefressen zu werden: das wäre so eigentlich die Quintessenz des Kampfes ums Dasein, bei welchem dem zeitweisen Sieger am Ende dieselbe Vernichtung durch Verwesung droht, wie den Wesen, auf deren Kosten es sein mehr oder weniger kurzes Dasein gefristet hat. Sollte diesem unableugbaren, schrecklichen Grundgesetze des Lebens nicht doch eine versöhnlichere, dem menschlichen Fühlen weniger schmerzliche und peinliche Betrachtungsweise abgewonnen werden können?

Ja, hat nicht vielleicht die Chemie, die Beherrscherin der Kultur, aufgestiegen aus dem Schlamm der Alchymie wie eine schönheitleuchtende, schöpferische Göttin, die Möglichkeit, uns Menschen von diesem Bannfluche alles Lebendigen--der übrigens schon im Paradiese am Werke gewesen sein muß--zu befreien durch künstlich hergestellte Nahrungsmittel? durch Laboratoriumsbrot und Fabrikeiweiß? durch Synthese von Stickstoff, Kohlenstoff, Wasser, Kalk, Phosphor usw., kurz alles dessen, was in der Nahrung chemisch und theoretisch vorhanden sein muß, um den Stoffwechselbetrieb zu erhalten? Das ist durchaus keine Utopie vom Standpunkte der Eiweißchemie aus. Ist es doch gelungen, eine dem Eiweiß sehr ähnliche Verbindungsreihe von Körpern, nämlich die Peptonoide, eigentlich Eiweiße, wie sie im Magen zur Verdauung umgearbeitet werden, tatsächlich herzustellen und damit Tiere zu füttern.

Mit welchem Effekt? Mit dem des langsamen Verhungerns! Ich habe mich vor dieser Tatsache erschüttert gefühlt wie vor einem gedanklichen Elementarereignis! Es müßte etwas wie eine Weltanschauungskatastrophe, wie ein Erdbeben der Erkenntnis durch die wissenschaftliche Welt gehen, wenn diese Tatsachen wirklich bestätigt würden. Die Mehrzahl der Naturwissenschaftler steht selbstverständlich auf dem Standpunkte, daß, wenn es gelänge, das Eiweiß chemisch rein aus seinen Elementen aufzubauen, das Problem der Nahrungsmittelsynthese gelöst wäre. Dann reißt man Schlachthäuser nieder und baut den küchen-chemischen Großbetrieb!

Hier hat nun die Rechnung ein Loch! Man wird mit künstlichem Eiweiß nach meiner Ansicht weder Tier noch Mensch erhalten können, was schon die scheinbar gänzlich mißlungenen Versuche der Hundefütterung mit peptonähnlichen Körpern beweisen dürften; was aber erst würde für eine Verblüffung entstehen, wenn wirklich chemisch reines Eiweiß künstlich durch Aufbau im Laboratorium gewonnen--kein Nahrungsmittel wäre? Hier ist ein Rhodus für unser naturwissenschaftliches Denken, das wir überspringen oder überwinden müssen. Hier ist eine Probe auf die Stichhaltigkeit unserer gesamten naturwissenschaftlichen Überzeugung!

Man hat eben, befangen in der Lehre von Kraft und Stoff, das Mysterium in der Ernährung vergessen! So muß eines Tages die Lehre von den Wärmeeinheiten (Kalorien), die der Körper zu seinem Betriebe aus der Nahrung nimmt, erstaunlichen Schiffbruch leiden, weil der Ernährungsvorgang keine Maschinenheizung allein ist, sondern weil über seinem chemischen Mechanismus noch ein Rätsel, ein Wunder, ein Sonderbares schwebt, das erst erklärt, warum Leben nur durch Leben sich erhalten kann.

Ich stehe nicht an, hier meine eigenen Gedanken darüber auszusprechen, nicht allein weil ich sie für interessant genug auch für ein breites Publikum erachte, sondern weil ich die hier angeregte Fragestellung für durchaus neu und wichtig halte.

Meine Ansicht ist, daß die Ernährung eigentlich eine stetige

Neuerzeugung ist, nicht nur eine Erhaltung des Bestandes. Wir erzeugen uns ständig in uns selbst von neuem, alle unsere Zellen erzeugen sich neu, nachdem sie abgestoßen und verbraucht sind. Wir werden immer von neuem geboren, täglich, stündlich. Wir sind nach Jahren nicht mehr dieselben, welche wir waren. (Welch Trost für veredlungs- und besserungsbedürftige Seelen!) Wir wechseln in dieser ununterbrochenen Selbsterzeugungskette nicht nur Haare und Haut, wie die Schlangen, sondern den ganzen Zellstaat, der uns in seinem Betriebsschwirren und Schöpfungsweben das Bewußtsein unseres Ichs zuflüstert, dieser ganze Zellstaat des Individuums stirbt fortwährend ein bißchen und wird fortwährend ein wenig geboren. Das ist bekannt und wird von niemand geleugnet. Was aber bisher nicht beantwortet ist, das ist die Frage nach der Herkunft aller der Saatkörner, die nun einmal für eine Zeugung unerläßlich sind. Sind sie gleich mit der Geburt uns schon mitgegeben, so daß der Zeugungsakt das ganze Leben hindurch abliefe wie eine Spule vom himmlischen Webstuhl der Liebe, oder erhalten wir von außen irgendwie neue in uns hineingetragene, an jeder Stelle unseres Leibes wirksame Saat?

Das letztere ist der Fall! Zu allem Leben ist die Zelle nötig. Aber sie selbst ist schon eine hochkomplizierte Maschine. Der Kern der Zelle scheint ihr Wesentlichstes. Der hat eine sonderbare Struktur und eine merkwürdige chemisch-physiologische Zähigkeit. Er besteht aus Nukleinsubstanz. Dieses Nuklein ist chemisch oder physikalisch schier unzerstörbar. Keine Säure, keine Lauge, keine Verdauung kann es vernichten. Nur dem Feuer widersteht es nicht. Hier im Nuklein der Kerne steckt das Mysterium der Ernährung. Dieses ist in jeder Pflanze-- in jeder Tierzelle, die wir zu uns nehmen, enthalten. Ohne Nuklein ist keine Nahrung denkbar, es kommt aber nur im Zellkern vor. Es ist aber auch der Träger aller Befruchtungsvorgänge.

Durch einen Zufall sah ich einst ein Stückchen Schleimhaut von einem Menschenmagen unter dem Mikroskop, von einem Magen, der eben im Begriff war, zu verdauen. Ich war aufs höchste erstaunt. Die ganze Schleimhaut nicht nur, auch die gesamte Magenwand war durchsetzt mit weißen Blutkörperchen, dieser Armee von Heinzelmännchen und Liliputanerpolizei in unserem Leibe, in so auffallender Weise, daß ich das für eine Entzündung oder Eiterung hielt. Aber eine Eiterung der Magenwand bei einem völlig gesunden Menschen! Damals lebte noch mein alter Lehrer Virchow, dieser Meister der Deutungskunst des Kleinen. Er schüttelte den Kopf und meinte, das müßte ein Leukom (eine Geschwulst) sein. Ich weiß jetzt, belehrt durch weitere Erfahrungen, daß jede Magenwand im Zustand der Verdauung prall gefüllt mit diesen weißen Ameisen des Lebens ist und daß sie dort lauern auf die freigewordenen chemisch unverdaulichen Nukleinkerne der Nahrung. Diese nehmen sie in sich auf, tragen sie überall mit dem Blutstrom und treten durch die Gefäßlücken ins Gewebe und streuen, die echten Säemänner des Geheimen, die Samen aus, die sie aus der Nahrung nahmen, überall wo es nottut, wo der wallende, wogende, rollende Teppich des kleinsten Lebens eine Lücke, einen Defekt erhalten hat. Mag Darm und Magen seinen Chemismus treiben nach dem Gesetz der Maschinenheizung und nach dem Äquivalent von Wärme und Arbeit, die Millionen Nukleinkörnchen, kleine Wundersterne ewiger Erzeugung und ewigen Gebarens, würden ganz verloren sein und nur die Äcker düngen, wenn diese kleinen Wächter des Zellbestandes sie, die sonst Unverdaulichen, nicht abfangen würden, als die eigentlichen Träger des Wunders der Ernährung, und sie verteilten auf alle die mikroskopischen Wiesen und Zellrasenflächen, denen im kleinen Maßstabe das menschliche und tierische Gewebe gleicht. Das eigentliche Charakteristikum des Lebens sind die Nukleinsterne der Zelle, sie sind die Himmelsschlüsselein, die, eindringend in das Herz anderer Zellen, das ganze Wunderwerk der Zeugung aufschließen, die die Wunderfedern und Zaubermotoren anspringen lassen zum Ablauf alles kleinen und riesengroßen Lebens. Nuklein ist sogar der Träger der Persönlichkeit, der Artcharaktere, der Stammeseigenschaften, es ist schlechthin das Individuellste, was es auf Erden gibt, denn es gibt jedem Wesen sein ureigenes Gepräge, von einer beispiellosen, durch alle Generationen, alle

Wandlungen fortwirkenden Konstanz.

Es ist meine aus dieser Betrachtung gewonnene Überzeugung, daß die Ernährung nicht erschöpft ist durch die Bilanz von Aufnahme von Wärme und Umsatz in Arbeit, sondern daß neben diesen betriebstechnischen Vorgängen noch ein Prozeß einherläuft, welcher das Rätsel des Lebens in sich schließt und darum mysteriös und wundervoll ist. So aufgefaßt ist die Wandlung, die die Nukleinsubstanzen des Lebendigen im Kreislauf aller Lebewesen durchmachen, gleich dem ewigen Kartenmischen eines allmächtigen Wesens, dessen gigantische Phantasie niemals Genüge finden konnte an dem schon Erreichten, sondern das unablässig am Werke ist zu variieren, zu kombinieren, zu hemmen und zu treiben und geruhig sich des bunten Spieles zu freuen an den wandelnden Erscheinungen des Alls; ein Wesen, für das Sonnen- und Kometenbahnen nicht wichtiger sind als die Staubflüge des Sonnenstäubchens und das Lieben und Zeugen der allerkleinsten Lebenseinheiten, der Nukleinsternchen in den Zellen von Mensch, Tier und Pflanze.

DIE HAUT ALS EIN ORGAN DER SEELE

Um alle ihre Lebewesen hat Mutter Natur einen Mantel geschlagen. Sie läßt nichts hüllenlos und wahrhaft nackt. Pflanze und Tier, vom niedrigsten einzelligen belebten Organismus bis zu den kompliziertesten Prachtexemplaren: an Körperlichkeit dem Mammuttier, an Geistigkeit dem Herrn dieses Planeten, dem Menschen, sie alle tragen ein natürliches Kleid, gewebt aus elastischen Fasern, über die schillernde Schuppen, leuchtende Farbenglut, Blütenschmelz und schmückende Zier verschwenderisch und in staunenswerter Vielgestaltigkeit nicht minder ausgebreitet sind, als ein rauher und den Feinden aller Art trotzender Abwehrpanzer, ein schützender Wall von Höckern, Stacheln, Borken und Horngerüsten. Diese Enveloppe ist eng angeschmiegt an die Struktur des eigentlichen Leibes in wunderbarer Anpassung an das Milieu der Milliarden von Variationen zulassenden Lebensformen und schließt die Organe ein enger und dichter, als es je ein Kleiderstoff tun könnte. Wir sprechen von einem Federkleid, vom Pelz, vom Mantel, von Hautdecken und Körperhüllen bei allen Tieren; und nur der Mensch, dieser einzige Vollstrecker und Vervollkommner der Naturidee, hat sein Corriger la nature der eingeborenen Hülle hinzugefügt, wiederum in analoger Verquickung von Schutz und Schmuck--nämlich unsere Kleidung, bei welcher die Variationslust unter dem Direktorium der Mode nicht weniger lebhaft am Werke ist, als bei der Meisterin der Vielgestaltigkeit, Mutter Natur selber. Welches Wunderwerk aber ist diese unsere Haut, ein feinmaschiges Trikot, in dem wir immer herum gehen müssen und das wir niemals ablegen können! Es ist ein Zaubergewebe von eigenartiger Pracht, Leuchtkraft und reichem Glanz, das hinreißend schön sein kann, solange der Jugend Blütenschmuck über ihm gebreitet liegt, und das im Alter die Runenschrift alles Menschenleides aufweist. Welch eine Rolle spielt die Haut im Haushalt unseres Leibes! Sie atmet, sie reguliert die Körperwärme, sie sondert Verbrauchtes ab, sie nimmt Luft, Licht, Feuchtigkeit ein und gibt sie aus, sie resorbiert

Heilstoffe und Gifte und sondert schützende Öle ab, sie zieht sich zusammen und dehnt sich aus, sie hat einen eigenen Duft, der nicht nur die Rassen voneinander unterscheiden läßt, sondern auch viel mehr, als man gemeinhin weiß, der Träger eines gut Teils unserer Persönlichkeit ist, sie hat eine Farbenskala von großem Reichtum und trägt ein mikroskopisches, Wiesendecken gleiches Feld feinster Härchen, das sich zu Busch und Wald verdichtet, in denen Mysterien wohnen und Lebensrätsel sich verbergen, das unser Göttlichstes, Auge, Mund und Stirn, umrahmt und unser Menschlichstes versteckt! Sie ist aber ferner unser nervösestes Organ! Nicht allein, daß sie ein Teppich ist, in den die Wundersternchen des Gefühls und des Empfindens eingewebt sind, zahllos wie die Sterne am Himmel, sie hat ein hochkompliziertes seelisches Leben, auf das sich einmal ernstlich hinzuweisen durchaus der Mühe lohnen dürfte. Die Haut erschrickt, schaudert, ist durchrieselt von Gefühlen der Lust und des Abscheus, es kann ihr weh und wohlig sein, sie kann erglühen vor Erregung, Zorn oder Scham und kann erblassen im Affekt des Schreckens, der Ohnmacht, der Wut. Sie ist der feinste Barometer unseres Krankseins, und der Rückschlüsse, welche der Kundige allein aus ihrem Befühlen auf unsern Gesundheitszustand, auf Gefahr oder kommende Genesung machen kann, sind unzählige. Und nun dies Befühlen selbst. Welche Fülle seelischen Geschehens birgt es in sich! Welche Wonnen, welche Beruhigung einerseits, welche Beleidigung und welchen Abscheu auf der andern Seite übermitteln diese Milliarden kleiner Empfindungsknäuel, die als sogenannte Nervensprossen in der Haut und als Tastkörperchen ausgesät sind und von Mensch zu Mensch ihre Ströme senden! Welche Wunder der Seele im Streicheln, im Liebkosen, im einfachen Handauflegen! Alles das wirkt von Seele zu Seele durch das Medium der Haut, die ja buchstäblich nichts anders ist als ein Schilfwald von Polypenarmen, den das Nervensystem nach außen in die Welt ausgestülpt hat. In der Haut schuf sich Natur die Wunderharfe, auf der des Lebens Zauberfinger spielen, hier wogen und wallen die feinsten Nervenströme hin und her, die uns orientieren, uns mit sichtbaren und unsichtbaren Strahlen laden, von hier aus spielt die Sonne und das Licht, das Dunkel und die Finsternis ihre Funken- und Schattenlieder. Hier sind der Seele durstige, saugende Kelche, mit welchen sie, lechzend nach Erregung, Kraft und Bewegung, den ganzen Funkenkranz der Sonnenwellen jenseits und diesseits vom Spektrum einschlürft. Ein Sonnenbad, ein Meeresbad, ein Freiluftbad, eine Dusche,-- welche Quellen von Schwungrad treibender Lebensenergie übermitteln sie allein und direkt durch diesen Zaubermantel übersät mit Nervenflitter und Glühlämpchen von ebenso geheimnisvoller wie schönheitdurchleuchteter Zweckmäßigkeit. Es ist meines Wissens noch niemals genügend betont, daß die Haut, diese Hülle und diese Offenbarung unserer Persönlichkeit, nachweisbar anatomisch und entwicklungsgeschichtlich ein echtes Seelenorgan ist.

Wenn das Wunder aller Wunder geschehen ist, wenn die mütterliche Eizelle befruchtet ist, wenn mit goldenem Schlüssel des werdenden Menschen erste Blüte aufgeschlossen wird, lagert sich die wachsende Keimsubstanz in drei mikroskopisch deutlich erkennbaren Teppichen übereinander: den sogenannten Keimschichten. Aus einer wird das Baugerüst des Leibes, das Skelett mit seinen Säulen, Röhren und Kapseln, Schädel und Rückgrat, aus dem anderen Herz, Gefäße, große Drüsen und der Ernährungsweg, und aus dem dritten, dem Horn-Sinnesblatt: Gehirn, Nervensubstanz und--Haut! Da haben wir des Rätsels Lösung: Gehirn und Haut sind als ein einheitliches Organ angelegt und gedacht. Sie entstammen denselben Adern aus dem tiefsten Schacht des Lebens, sie sind eine anatomische und physiologische Einheit. Da dem so ist, wage ich kühn den Satz: unsere Haut ist ein Teil unserer Seele! Jetzt wird es uns klar, warum sie von unserer Seele ebensoviel zu künden, wie von der des anderen zu empfangen vermag; sie ist ja ein Teil, ein Substrat des Seelenorgans selbst, sie ist nach außen gestülptes Gehirn, sie enthält, entladet und empfängt einen beträchtlichen Teil des seelischen Geschehens überhaupt. Jetzt erkennen wir deutlich-- und das ist das Wichtigste dieser ganzen Betrachtung--warum von hier aus, von der Haut her, so gewaltige Eingriffe in den Gesundheitsbestand unseres gesamten Organismus möglich sind.

Die ganze Hygiene der Haut ist oder sollte es wenigstens sein--eine psychologische Angelegenheit. Jetzt erhellt, warum die Reinlichkeit ein Teil, eine Funktion seelischer Schönheit ist, warum Sauberkeit eine kardinale Tugend, ein soziales Erfordernis, eine sittliche Pflicht ist. Die Kultur eines Volkes wie des einzelnen kann gemessen werden an dem Maß von Sorgfalt, das beide auf die Kultur der Haut verwenden. Zur Kultur der Seele gehört untrennbar die Kultur der Haut. Die Zeiten sind für immer vorüber, in denen struppiger Bart, ungepflegte Hände, Wasserscheu und Nonchalance der Tracht für das Erkennungszeichen genialischer Kraftnaturen galten: "er gibt nichts aufs Äußere", pflegte man früher von einem solchen teutonischen Kraftmeyer entschuldigend im Hinblick auf die Gewalt seines Innenlebens zu sagen, wobei man eben vergaß, daß das "Äußere" unseres Leibes, die Haut, durchaus ein Teil des Innerlichsten ist. Gewiß können wir es durch keine Kultur erzwingen, unserer Haut wieder jenen weichsamtenen Blütenschmelz zu geben oder zu erhalten, wie ihn beispielsweise die Halspartie oder der Nacken eines Kindes aufweist, man kann die Haut nicht schöner gestalten, als sie von Natur angelegt ist, aber jeder kann ihr den Höhepunkt ihrer Elastizität, Leuchtkraft, Frische und dynamischen Strahlenwirkung--denn an diese glaube ich in irgendeiner Form von X-, Y-oder Z-Strahlen--abzwingen.

Ein Blick auf eines Menschen Haut--übrigens instinktiv zur Abschätzung der Persönlichkeit ebensooft geübt wie der forschende Blick in die viel weniger durchschaubaren Augen--kann uns von der Seele mehr verraten, als viele, viele Worte und andere Lockmittel zum Fallenlassen der seelischen Maske, die den meisten nun doch einmal das Leben, die Gesellschaft, der Kampf ums Dasein aufnötigt. Das Gehirn kann sich mit Hilfe seiner Sklaven, der Muskeln des Gesichts, leicht "verstellen", die Haut verstellt sich nicht, sie kann nicht posieren, die sagt wie eine schlecht gepflegte Pflanze: man kultiviert mich nicht, meines Trägers Seele ist matt, wie meine welken Fasern, oder sie blitzt uns entgegen: seht! wie mein Herr mich hält, so ist sein ganzes Wesen! Welch armseliger Versuch, dieses Seelenorgan zur Lüge zu zwingen, durch Puder, Schminke, Tinten und Creme!

Wahrlich, die Frauenwelt muß uns Männer für lauter kurzsichtige Troddel halten, wenn sie immer wieder glauben kann, es gäbe jemand, der diese Maskerade der Haut nicht durchschaute. Hier kann die Kunst nichts tun, aber desto mehr hat die Natur uns Mittel gegeben, diesem unserem Seelenorgan auf das wirksamste beizukommen. Wer nicht täglich eine halbe Stunde Zeit hat, mit Seifung, Dusche, Luftbad, Abreibung usw. seiner Haut und seiner Seele zu dienen, versäumt ja nicht nur, den natürlichsten Schmuck, den wir haben, zu putzen und sauber zu halten, sondern er verzichtet auch darauf, seiner Energie die unerläßlichsten Kraftquellen zu erschließen. Es ist wissenschaftlich noch nicht völlig geklärt, warum die täglichen kalten und wechselnden Vollduschen die Nervenspannkraft so offensichtlich steigern--ich glaube an eine Art Turnübung der kleinsten Gefäßmuskeln der Haut und sekundär des Gehirns, welche unsere Willenskräfte zu beeinflussen imstande sind--aber die Tatsache ist unbestreitbar, das kalte Wasser hat Mühlenwind für die Flügel unserer Seele, es hat die Fähigkeit, Spannungen in uns zu akkumulieren, wie die Sammler der elektrischen Ladung. Denn abgesehen von dem Segen der Disziplinierung, morgens zunächst durch eine Dusche den Gesamtbetrieb anzudrehen, wie eine Kurbel am Automobil, es sind direkte physische Kräftespannungen, welche von der Frottierung der Haut, der rhythmischen Zusammenziehung aller ihrer Millionen mikroskopischer Muskeln beim Duschen, Luftbad und beim Abreiben ausgelöst werden und die direkt von der Haut in die Seele einströmen wie unzählige Bäche in den brausenden Strom, der unsere Persönlichkeit in den Ozean des Lebens trägt.

Wie hübsch symbolisiert alles das, was wir von der seelischen Natur der Haut gesagt haben, die durch alle Natur- und Kulturvölker hindurchgehende Sitte, die Haut zu schmücken mit Farben, Perlen, Edelgestein und Flimmerwerk. Es ist, als wenn dieser Ziertrieb des Menschen uns all die herrlichen Eigenschaften der Haut in konzentriertestem Maße zum Bewußtsein bringen wollte: da ist die Perle obenan ein Symbol für den matten Glanz ihrer schmiegenden, schimmernden Weichheit, da ist der Diamant ein Symbol für die funkelnde schillernde Pracht ihrer seitlichen Durchleuchtung, da ist der Rubin als Symbol ihrer Durchströmung mit der flüssigen Glut des Lebenssaftes. Das ist vielleicht auch der geheime Sinn, warum die Menschen und namentlich die Frauen, die ja durchschnittlich eine so unendlich viel schönere Haut besitzen als der Mann, sich so gern mit Naturgebilden schmücken, die, was Schönheit der Hülle betrifft, im ganzen Reich der Erde beispiellos dastehen, mit den Pflanzen und Blüten! Auch hier symbolisiert die Weichheit des Flaums im Blütenkelch und Blütenblatt einen Reiz, der der menschlichen Haut keineswegs versagt ist! Blütenschmuck ist ja eine Art Huldigung, die der Mensch dem Naturgedanken schöner Umhüllung darbringt; denn, wenn Großvater Goethe und Vater Darwin recht haben, diese Träger aller unserer modernen Naturgedanken, so ist die Blütenhaut in ihrem Farbensamt und ihrer schneeigen Decke die Stammutter und das Urgebild auch der menschlichen Haut! Was wir auch mit unserer Haut anfangen, denken wir daran, daß sie von Blüten stammt und ihr Ebenbild ist, daß sie Zartheit und Innigkeit verlangt in ihrer Pflege, wie ihre duftenden, das ganze Leben verschönenden Ahnen aus dem Reich der Blumen.